비글보드로 배우는

안드로이드 임베디드 시스템 가이드북

박규호, 박기웅 공저

비글보드로 배우는 안드로이드 임베디드 시스템

독자님의 의견을 받습니다

이 책을 구입한 독자님은 영진닷컴의 가장 중요한 비평가이자 조언가입니다. 저희 책의 장점과 문제점이 무엇인지, 어떤 책이 출판되기를 바라는지, 책을 더욱 알차게 꾸밀 수 있는 아이디어가 있으면 이메일, 또는 우편으로 연락주시기 바랍니다. 의견을 주실 때에는 책 제목 및 독자님의 성함과 연락처(전화번호나 이메일)를 꼭 남겨 주시기 바랍니다. 독자님의 의견에 대해 바로 답변을 드리고, 또 독자님의 의견을 다음 책에 충분히 반영하도록 늘 노력하겠습니다.

주   소   (우)153-803 서울특별시 금천구 가산동 664번지 대륭테크노타운 13차 10층 영진닷컴 기획1팀

대표전화   1588-0789

대표팩스   (02) 2105-2207

등   록   2007. 4. 27. 제16-4189호

이 메 일   support@youngjin.com

ISBN   978-89-314-4344-8

저자 박규호, 박기웅 | **총괄** 김태경 | **진행** 조충래
본문 편집 이경숙 | **표지 디자인** 임정원

머리말

현재 임베디드 시스템 기반의 안드로이드 플랫폼은 단순한 스마트 폰을 위한 소프트웨어 플랫폼을 넘어, TV, 자동차, 가전기기에 적용되는 트렌드를 보이고 있습니다. 안드로이드 플랫폼 뿐 아니라 임베디드 시스템에 관한 이론 및 실습은 산업체에서도 매우 중요한 기술로 각광을 받고 있어, 대학 및 학원에서도 이와 관련된 강의를 개설 및 운영 중에 있습니다.

이 책은 매우 저렴한 가격에, 그리고 쉽게 구매가 가능한 비글보드를 기본 실습 장비로 활용하고 있습니다. 비글보드는 안드로이드 및 리눅스 구동에 필요한 모든 기능을 포함하고 있어 임베디드 시스템 연구 및 개발에 관심이 있는 학생 및 개발자에게 매우 매력적인 장비입니다.

그리고 임베디드 시스템에 대한 경험이 없는 초보자더라도, 리눅스 운영체제 실습부터, 안드로이드 내부 분석 및 관련 실습까지 경험해 볼 수 있도록 집필되었습니다. 한 단계씩 따라해 보며, 각 단계의 원리를 이해할 수 있도록 구성을 하였고, 리눅스 및 안드로이드 플랫폼을 소프트웨어 적인 측면뿐만이 아닌, 하드웨어 측면까지 깊숙이 파고들고, 실습을 수행해 보도록 하였습니다.

또한, 이 책은 지난 10년간 KAIST의 "컴퓨터응용실험"이라는 과목의 이론 및 실습 내용을 기반으로 집필된 교재입니다. 지난 10년간 다양한 개발 프로젝트를 수행하며 얻은 지식을 기반으로, 실무에서 반드시 알아야할 핵심이 되는 실습을 이론과 함께 본 교재에 담으려 노력하였습니다. 다음은 각 Chapter를 집필하는데 있어 힘써준 실무진들입니다.

박기웅(Chapter 01, Chapter 02), 석현철(Chapter 03, Chapter 12), 김철민(Chapter 09, Chapter 10), 김동진(Chapter 08, Chapter 11), 황우민(Chapter 07), 유종운(Chapter 13), 신동재(Chapter 06), 맹민규(Chapter 04), 김성민(Chapter 05)

위에서 언급된 실무진과 더불어 이미 사회에서 활약 중인 KAIST 컴퓨터공학연구실의 졸업생 및 지금도 연구실에서 연구에 매진하는 연구실원이 없었다면, 이 책은 집필될 수 없었을 것입니다. 다시 한 번, 이 책을 완성하는데 있어 많은 노력과 시간을 쏟아준 KAIST 컴퓨터공학연구실 실원 및 졸업생들께 감사의 말씀을 전합니다.

박규호, 박기웅

일러두기

이 책은 비글보드에 리눅스 및 안드로이드 플랫폼을 적재하는 것을 실습해 볼 뿐 아니라, 독자 여러분들이 웹캠 등과 같은 하드웨어를 비글보드에 연결시켜 구동해 보고, 그것을 안드로이드 앱을 통해 구동시켜 볼 수 있는 실습 내용을 포함합니다. 즉, 안드로이드 플랫폼의 소프트웨어 적인 측면뿐만이 아닌, 하드웨어 측면까지 깊숙이 파고들고, 실습을 수행해 보도록 합니다. 이를 기반으로 여러분들은 비글보드에 안드로이드를 적재시키고, 여러 주변기기들을 하드웨어와 연결시켜 볼 수 있을 것입니다. 또한, 여러분들이 가지고 있는 아이디어를 하드웨어와 안드로이드 플랫폼을 연동시켜 구동해 볼 수 있을 것입니다.

이를 위해서 이 책은 안드로이드 플랫폼의 기반이 되는 리눅스 및 드라이버 부분과 안드로이드 앱 개발을 위한 내용을 모두 다루고 있으며, 본 교재의 각 Chapter는 다음과 같이 구성되어 있습니다.

Chapter 01. 리눅스와 안드로이드

비글보드에 적재할 리눅스와 안드로이드 시스템에 대하여 소개합니다. 특히, 안드로이드의 기반이 되는 리눅스 운영체제, 그리고 안드로이드 플랫폼의 내부 구조를 살펴봄으로써 앞으로 수행할 여러 실습 내용에 대한 이해도를 높일 수 있습니다.

Chapter 02. 비글 보드 알아보기

이 책의 실습 장비로 활용할 비글보드에 대해서 알아봅니다. 비글보드의 구매 방법부터 내부 구성까지 소개될 것입니다.

Chapter 03. 비글 보드 개발 환경 구축

비글보드에 리눅스 및 안드로이드 플랫폼을 설치하여 사용하는 방법을 소개합니다.

Chapter 04. 리눅스 기초, 쉘 및 Makefile

비글보드에 설치한 리눅스 운영체제를 사용하고 개발 환경을 구축하는 방법을 소개합니다.

Chapter 05. 시스템 및 네트워크 관리

리눅스에서 제공하는 여러 기능 중 시스템 및 네트워크 관리 기능 및 사용 방법을 소개합니다.

Chapter 06. 비글보드 디바이스 드라이버 실습

리눅스 시스템에서 드라이버를 개발하여 비글보드에 적재하고 이를 운용하는 방법에 대해서 소개합니다.

Chapter 07. 인터럽트 처리

운영체제의 핵심 기능중 하나인 인터럽트 처리에 관한 이론을 소개하고, 이를 응용하기 위한 실습을 수행합니다.

Chapter 08. GPIO 제어

비글보드에서 제공하는 외부 입출력 인터페이스를 활용하여 버튼이나 각종 센서로부터 신호를 받고 출력하기 위한 기술을 소개합니다.

Chapter 09. 비글보드 USB 제어하기

비글보드에 장착된 USB 인터페이스를 활용하여 구동하기 위한 방법을 소개합니다.

Chapter 10. 오디오 제어하기

비글보드의 오디오 입출력 인터페이스를 활용하기 위한 기술 및 관련 드라이버 소스 코드를 소개합니다.

Chapter 11. 디스플레이 제어하기

비글보드의 디스플레이 출력에 관한 이론을 소개하고, 이를 활용하기 위한 실습을 수행합니다.

Chapter 12. 안드로이드 앱 개발 환경 구축

비글보드위에 적재된 안드로이드 플랫폼 상에서 앱을 개발하기 위한 개발 환경 구축을 소개합니다.

Chapter 13. 비디오 카메라 시스템 만들기

지금까지 배웠던 드라이버 및 운영체제 관련 실습 내용을 바탕으로 비글보드와 USB 웹캠을 연동한 비디오 카메라 시스템을 만들어 보는 실습을 수행합니다.

[참고 사이트 및 문헌]

- http://beagleboard.org/
- http://www.google.com/tv/
- http://en.wikipedia.org/wiki/Android_version_history
- http://www.linux.org/
- http://developer.android.com/
- http://www.eclipse.org/
- http://www.ti.com/lit/ds/symlink/omap3530.pdf
- http://www.ti.com/lit/ds/symlink/omap3730.pdf
- http://www.denx.de/wiki/U-Boot/
- http://www.ubuntu.or.kr/
- http://communities.vmware.com/index.jspa
- Warren W. Gay, Linux Socket Programming by Example(Prentice Hall)
- Essential Linux Device Drivers(Prentice Hall)

chapter 01 ···· 리눅스와 안드로이드

chapter 02 ···· 비글보드 알아보기

chapter 03 ···· 비글보드 개발 환경 구축

chapter 04 ···· 리눅스 기초, 쉘 및 Makefile

chapter 07 ···· 인터럽트 처리

chapter 08 ···· GPIO 제어

chapter 09 ···· 비글보드 USB 제어하기

chapter 12 ⸺ 안드로이드 앱 개발 환경 구축

chapter 13 ⸺ 비디오 카메라 시스템 만들기

chapter 01
리눅스와 안드로이드

오픈소스 운영체제 리눅스에 기반한 안드로이드 플랫폼은 단순한 스마트폰을 위한 소프트웨어 플랫폼을 넘어, TV, 자동차, 가전기기 등 다양한 기기에 적용되는 트렌드를 보이고 있습니다. 이 책에서는 리눅스 및 안드로이드 기반 시스템을 구축하기 위한 소프트웨어 지식뿐만이 아닌, 여러 실습을 통해 "비글보드"라는 임베디드 시스템에 리눅스와 안드로이드를 적재하고, 여러 주변기기들을 비글보드와 연결시켜 하나의 기능을 수행하는 시스템 개발 과정을 체험해 보도록 할 것입니다.

예를 들어, 이 책에서 활용할 임베디드 보드인 비글보드를 이용하여 비디오 플레이어, 카메라를 제작해 볼 수 있을 것입니다. 또한 이 책에서 다루고 있는 여러 실습 예제를 통해 얻은 지식을 활용하여 시중에 판매되고 있는 여러 센서 장비와 연결하여 간단한 의료장비도 개발할 수 있을 것입니다.

Section 01.

리눅스와 안드로이드 기반 시스템

번뜩이는 아이디어가 떠올라, 그 아이디어를 안드로이드 기반 시스템으로 개발한다고 가정해 봅시다. 여러분이 가지고 있는 아이디어를 안드로이드 기반 소프트웨어로 구현하고, 이를 하드웨어에 적재시켜 구동하는 것은 녹녹하지 않은 작업입니다. 예를 들어, 비디오 플레이어 시스템도 이를 구성하기 위해서는 주어진 하드웨어 위에 운영체제와 비디오 장치를 구동하기 위한 드라이버 및 응용 소프트웨어를 적재시켜야 합니다.

이렇게 하나의 시스템을 만들려고 할 때 아무 것도 없는 밑바닥에서부터 시작하지는 않을 것입니다. 오픈소스에 구현되어 있는 것을 최대한 재활용하고 가능하다면 이미 존재하는 부품을 활용하는 것이 좋은 접근 방법입니다. 이러한 '재사용'이라는 개념이 리눅스 및 안드로이드 개발 환경에도 똑같이 적용됩니다. 이 책에서는 리눅스 및 안드로이드 플랫폼을 주어진 하드웨어에 적재시키고, 오픈소스들을 쉽게 재사용하는 방법을 제시하려 합니다.

안드로이드와 기반 운영체제인 리눅스는 오픈소스이기 때문에 누구나 무료로 사용할 수 있습니다. 리눅스와 안드로이드는 넓은 이식성을 가지고 있어 비글보드를 포함한 수 많은 하드웨어 기기에 적재할 수 있습니다. 안드로이드 기반으로 개발되어 유명해진 구글 TV만 보아도 스마트폰에 적재가 되었던 안드로이드 플랫폼을 확장하여, 홈 엔터테인먼트 영역까지 확장하고 있습니다.

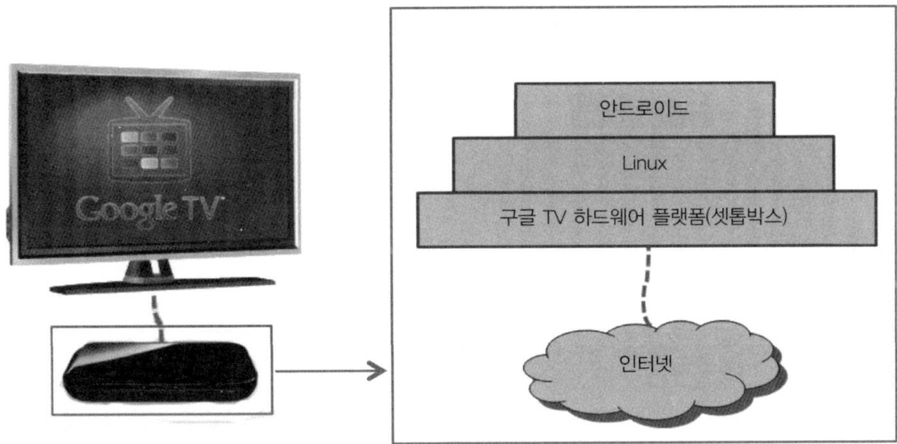

▲ 구글 TV(안드로이드 플랫폼에 기반한 셋톱박스와 HDTV를 위한 소프트웨어, 하드웨어 플랫폼)

구글 TV의 경우 안드로이드 플랫폼을 TV에 적합하게 개발하였으며, 구글의 크롬 브라우저를 구동하여 두 플랫폼의 장점을 활용합니다. 즉, 안드로이드 마켓의 여러 앱들이 구글 TV에서도 구동이 될 수 있어, 확장성도 겸비하게 되었습니다.

구글이 안드로이드 플랫폼을 기반으로 TV를 만들었다면, 독자 여러분들은 무엇을 만들 수 있을 것인가요? 그것은 여러분의 몫입니다. 하지만 한 가지 확언할 수 있는 것은, 안드로이드 플랫폼에 관한 지식과, 이 책에서 다루려고 하는 하드웨어 지식을 습득하면 여러분이 가지고 있는 여러 아이디어를 단순히 앱 개발에 그치지 않고, 보다 큰 안목과 함께 시스템 구현이 가능하다는 것입니다. 주변에 존재하는 여러 전자기기 및 생활용품과도 접목이 가능할 것입니다.

자, 그럼 안드로이드 기반 시스템의 핵심 구성요소인 리눅스와 안드로이드 플랫폼에 대해서 본격적으로 알아보도록 하겠습니다.

Section 02.
안드로이드의 기반 운영체제 "리눅스"에 대해 알아보기

리눅스와 안드로이드는 서로가 뗄래야 뗄 수 없는 관계입니다. 리눅스는 안드로이드 플랫폼 하부 단에 위치하며, 하드웨어의 추상화 기능을 담당하기 때문입니다. 안드로이드는 리눅스가 제공하는 각종 하드웨어 드라이버뿐만 아니라, 네트워킹, 프로세스 관리까지 도움을 받게 됩니다. 그럼 지금까지 출시된 안드로이드 플랫폼에 탑재된 리눅스를 알아볼까요?

안드로이드 플랫폼 별 탑재된 리눅스 버전

2009년 4월 30일 안드로이드 정식 버전 1.5(코드명: 컵케이크)가 출시되었습니다. 이후, 지금까지 출시된 안드로이드 플랫폼 버전은 다음 표와 같습니다. 코드명은 디저트 음식 이름을 사용하였고, 출시 버전에 따라 알파벳 오름차순 규칙을 적용해 코드명을 부여합니다. 초기의 안드로이드 모델인 컵케이크는 리눅스 2.6.27를 탑재하고 있으며, 가장 최근 출시된 안드로이드 플랫폼인 젤리빈의 경우 리눅스 3.1.31을 탑재하고 있습니다.

보다 구체적인 안드로이드 플랫폼 이야기는 다음 Section에서 하기로 하고, 그럼 지금부터 리눅스에 대해 알아보도록 하겠습니다.

안드로이드 플랫폼 버전		리눅스 버전
	Andriod 1.5 컵케이크(Cupcake) (2009. 4. 30)	Linux 2.6.27
	Android 1.6 도넛(Donut) (2009. 9. 15)	Linux 2.6.29
	Andorid 2.0/2.1 이클레어(Eclair) (2009. 10. 26 / 2010. 1. 12)	Linux 2.6.29
	Android 2.2 프로요(Froyo) (2010. 5. 20)	Linux 2.6.32
	Android 2.3 진저브레드(Gingerbread) (2010. 12. 6)	Linux 2.6.35
	Android 3.0/3.1 허니콤(Honeycomb) (2011. 2. 24/2011. 5. 10)	Linux 2.6.36
	Android 4.0 아이스크림 샌드위치(Icecream sandwitch) (2011. 10. 19)	Linux 3.0.1
	Android 4.1 젤리빈(Jelly Bean) (2012. 6. 28)	Linux 3.0.31

▲ 안드로이드 버전 히스토리

리눅스의 탄생

리눅스는 유닉스 형태의 공개 운영체제입니다. 리눅스는 리누스 토발즈(Linus Torvalds)가 창시자로 세계 각국의 많은 개발자들에 의해 발전되고 있습니다. 리눅스의 소스 코드는 GNU General Public License에 따라 누구나 아무런 대가 없이 이용 가능합니다. 소스가 공개되어 있다는 사실은 누구나 사용자의 목적에 맞게 소스 코드를 수정할 수 있다는 것을 의미합니다. 이는 사용 목적에 따른 운영체제의 확장을 가능하게 만들며, 다양한 시스템에 적용될 수 있도록 만듭니다. 안드로이드 플랫폼의 하단에 위치하는 리눅스도 공개 운영체제라는 큰 장점이 안드로이드 플랫폼과 부합이 되어, 동반 성장하게 된 것입니다.

리눅스 운영체제 다운로드

앞으로 설명할 리눅스 운영체제는 Linux 3.0.1 버전을 기준으로 설명드릴 것입니다. Linux 3.0.1은 안드로이드 플랫폼 4.0(코드명 : 아이스크림 샌드위치)에 탑재된 리눅스 버전입니다. 각 기능별로 소스 코드의 위치를 확인하고 싶은 독자들은 http://www.kernel.org 사이트에 방문하여 Linux 3.0.1 버전의 Full Source 부분을 다운받으면 됩니다. Linux 3.0.1 버전의 소스 코드를 다운받을 수 있는 링크는 다음과 같습니다.

- http://www.kernel.org/pub/linux/kernel/v3.0/linux-3.0.1.tar.gz

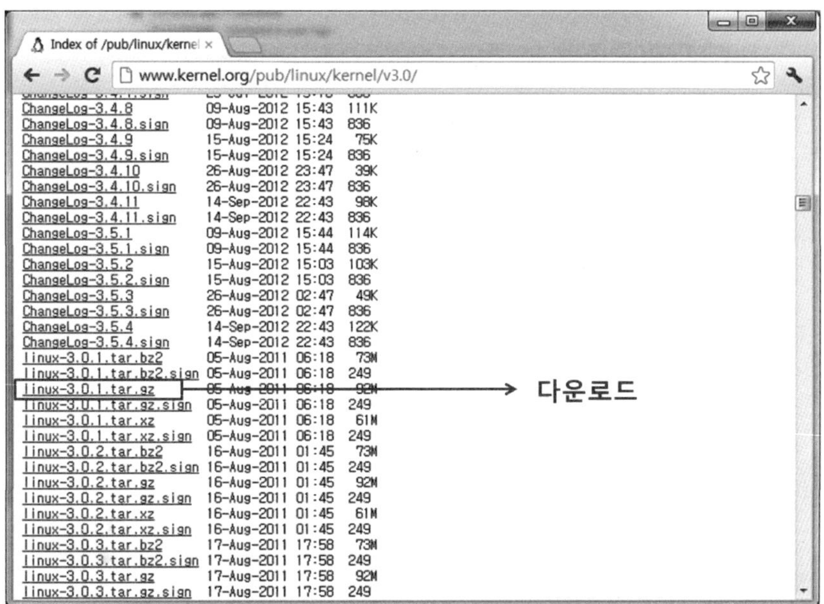

▲ 리눅스 소스 코드를 다운로드 받을 수 있는 사이트(http://www.kernel.org/)

리눅스 운영체제는 C 언어와 어셈블리 언어로 구성되어 있는데, 모든 기능별로 각 소스 코드를 모두 이해할 필요는 없습니다. 하지만, 앞으로 설명할 각 운영체제의 기능이 소스 코드의 어느 부분에 위치하고 있는지를 알아가면서 학습한다면, 드라이버 작성 및 운영체제의 소스 코드 수정에 있어서 큰 도움이 될 수 있을 것입니다.

그럼 다운받은 리눅스 소스 코드가 들어 있는 압축 파일을 풀어 보도록 하겠습니다. 매우 방대한 양의 리눅스 소스 코드가 위압적으로 느껴질 수 있을 것입니다. 뒤에서 운영체제의 구조와 함께 보다 자세한 내용을 다루겠지만, 커널 소스의 대략적인 배열을 짚고 넘어가도록 하겠습니다. 소스 트리의 시작인 src/linux의 하부에는 다음 그림처럼 여러 개의 디렉토리로 구성이 되어 있습니다. 중요 디렉토리의 이름과 각 디렉토리가 포함하고 있는 코드의 기능은 다음과 같습니다.

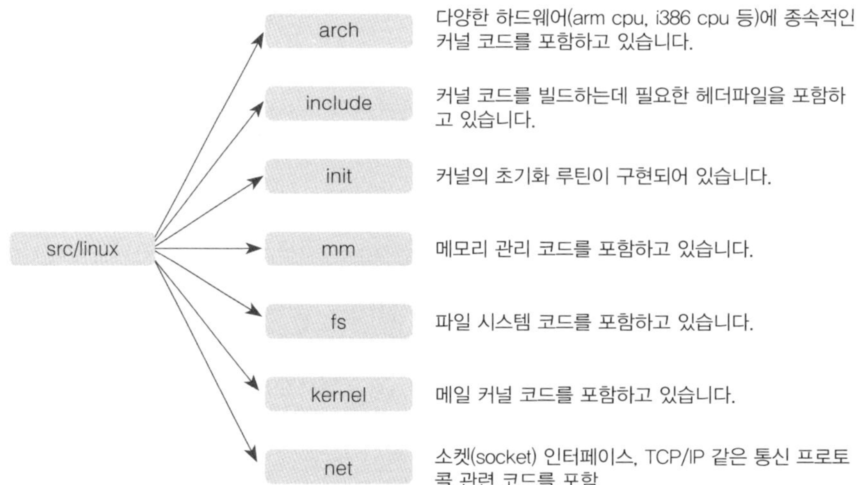

▲ 리눅스 소스 코드의 디렉토리 트리 구조

자, 그럼 지금부터 본격적인 리눅스의 내부 세계로 들어가보도록 하겠습니다.

리눅스 운영체제의 구조

먼저 리눅스 기반 시스템의 전반적인 구조를 알아보도록 하겠습니다. 다음 그림은 리눅스 운영체제를 구성하고 있는 요소를 계층별로 보여주고 있습니다. 리눅스 기반 시스템은 크게 2개의 계층으로 나눠볼 수 있습니다. 사용자 영역과 커널 영역이 그것입니다.

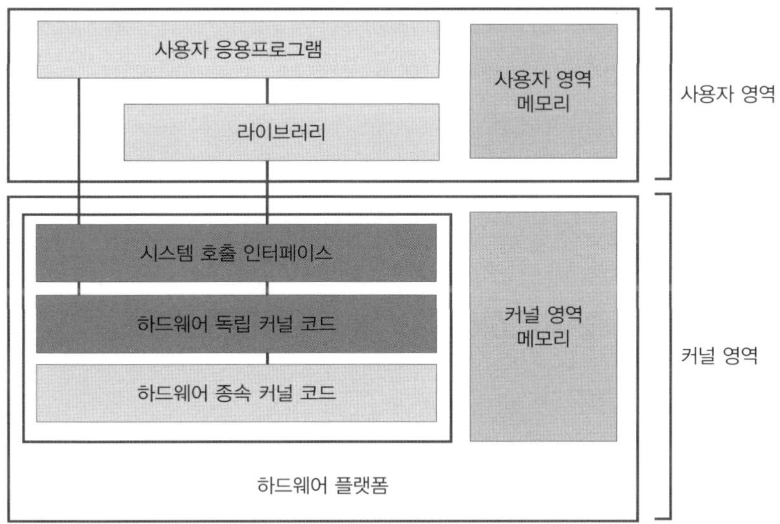

▲ 리눅스 운영체제의 사용자 영역과 커널 영역

■ 사용자 영역

사용자의 애플리케이션이 실행되는 영역입니다. 애플리케이션은 사용자 영역이라는 제한된 공간을 운영체제로부터 할당을 받아 실행됩니다. 이와 같이 운영체제는 제한된 공간을 각 프로그램에게 할당하고, 할당된 영역만 접근을 할 수 있도록 함으로써, 하나의 운영체제에 여러 프로그램이 동시에 수행이 되더라도, 하나의 잘못된 프로그램이 전체 시스템에 영향을 주지 않도록 하게 되는 것입니다. 그러므로, 사용자 애플리케이션은 각기 다른 메모리 공간에 위치하게 되며, 각 애플리케이션의 프로세스가 독자적인 가상 주소 영역을 점유하게 됩니다. 반면, 운영체제의 커널은 단일 주소 영역을 점유하게 됩니다.

사용자 영역에는 라이브러리가 존재하여 애플리케이션은 운영체제가 제공하는 시스템 호출 인터페이스(System call interface)를 사용할 수 있게 됩니다. 그러므로, 모든 애플리케이션은 직접적으로 하드웨어로 접근하는 것이 아닌, 시스템 호출 인터페이스를 통해 접근을 하게 되는 것입니다.

■ 커널 영역

커널은 운영 체제의 핵심 부분을 의미합니다. 커널 영역에서는 사용자의 여러 애플리케이션이 원활하게 구동이 될 수 있도록 I/O, 프로세스 생성, 인터럽트 처리 작업을 수행합니다. 커널은 하부 단의 하드웨어 자원을 효율적으로 관리하여 프로그램의 실행을 원활하게 하며, 사용자에게 Open(열기), Read(읽기), Write(쓰기), Close(닫기) 등과 같은 일관된 시스템 호출 인터페이스를 제공하여, 하드웨어의 복잡한 내부를 감추고, 보다 쉽게 하드웨어를 활용할 수 있도록 하는 추상화 기능을 담당하게 됩니다. 이와 같은 추상화를 디바이스 드라이버라고 합니다.

커널 영역 내부는 크게 세 부분으로 나뉘어 질 수 있습니다. 커널 영역의 최상 단에는 시스템 호출 인터페이스가 있습니다. 애플리케이션에서는 시스템 호출 인터페이스를 통해 하드웨어의 자원을 활용할 수 있게 되며, 하드웨어 제작 업체에서는 정형화된 시스템 호출 인터페이스에 맞춰 드라이버를 제작하여 배포하도록 하여, 개발자들로 하여금 하드웨어를 연동할 수 있도록 할 수 있습니다. 시스템 호출 인터페이스 아래에는 커널 코드가 위치합니다. 커널 코드는 하드웨어에 상관 없이 동일한 코드를 사용하는 영역과, 하드웨어에 따라 사용되는 코드가 달라지는 부분으로 나뉘어 집니다. 하드웨어에 독립적인 부분이든, 종속적인 부분이든, 커널이 하는 중요한 역할은 다음과 같이 정리될 수 있습니다.

① 프로세스 관리(Process Management)

② 메모리 관리(Memory Management)

③ 파일 시스템(File System)

④ 네트워킹(Networking)

⑤ 디바이스 드라이버(Device Driver)

그럼 리눅스 커널의 내부 구성 요소를 보다 자세히 알아보도록 하겠습니다.

리눅스 운영체제의 구성 요소 및 내부 기능

다음 그림은 리눅스 커널의 내부 구성 요소를 보여주고 있습니다. 리눅스 커널은 크게 시스템 호출 인터페이스, 프로세스 관리자, 메모리 관리자, 파일 시스템, 네트워크 관리자, 그리고 디바이스 드라이버, 그리고 리눅스 초기화 모듈의 7가지 주요 부분으로 구성됩니다. 각 부분별로 내부 기능과 해당하는 소소 코드의 위치를 함께 볼 것입니다.

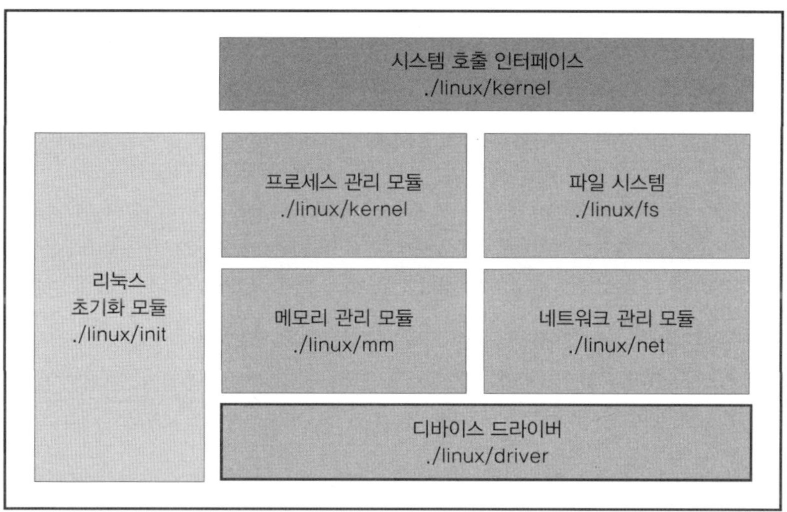

▲ 리눅스 운영체제의 내부 구성 요소

■ 시스템 호출 인터페이스

시스템 호출 인터페이스는 리눅스 운영체제 위에서 실행되고 있는 프로세스에 대한 인터페이스를 제공하는 것이라고 할 수 있습니다. 예를 들어 사용자가 구동한 프로그램은 리눅스 커널 내부의 프로세스 관리 모듈이 제공하는 fork(), execve(), getpid(), signal() 등의 함수 호출을 통해 생성되고, 실행이 될 수 있으며, 파일 시스템이 제공하는 open(), read(), write() 등의 인터페이스를 통해 파일 시스템에 데이터를 저장하거나 읽어올 수 있게 됩니다. 또한, 메모리 관리자가 제공하는 brk(), 네트워크 관리 모듈이 제공하는 socket(), bind(), connect() 등을 통해 메모리 및 통신을 수행할 수 있게 됩니다.

반면, 디바이스 드라이버의 경우 사용자 영역의 프로세스에 대해 직접적인 인터페이스를 제공하는 것이 아니라, 파일 시스템을 거쳐 디바이스 드라이버를 접근할 수 있도록 구현되어 있습니다. 그러므로, 디바이스 드라이버 역시 파일 시스템에서 제공하는 open(), read(), write() 등의 인터페이스를 통해 각 하드웨어 디바이스에 접근할 수 있게 됩니다. 시스템 호출 인터페이스에 대한 구현은 ./linux/kernel에 포함되어 있습니다.

■ 프로세스 관리 모듈

프로세스 관리 모듈은 사용자 영역의 프로세스의 생성, 실행, 스케줄링, 프로세스간 통신 등의 기능을 제공하는 모듈입니다. 프로세스 관리 모듈은 fork(), exec() 등의 시스템 호출 인터페이스를 통해 프로세스를 생성하고, kill(), exit() 등의 시스템 호출 인터페이스를 통해 프로세스를 멈추며, signal()의 시스템 호출 인터페이스를 통해 프로세스간 통신을 가능하게 만들어 줍니다. 또한 프로세스 관리 모듈은 사용자 영역의 여러 프로세스가 하나의 하드웨어 위에서 동시에 구동이 될 수 있도록 하기 위해 각 프로세스의 하드웨어 점유 시간을 제어하는 스케줄링 알고리즘을 제공합니다. 하드웨어에 독립적인 프로세스 관리 코드는 ./linux/kernel에, 아키텍처에 밀접한 프로세스 관리코드는 ./linux/arch/*/kernel에서 찾을 수 있습니다.

./linux/kernel은 프로세스 관리자 모듈이 구현된 디렉토리입니다. 태스크의 생성과 소멸, 프로그램의 실행, 스케줄링, 시그널 처리 등의 기능이 구현되어 있습니다. 반면, 프로세스간 전환과 같이 하부 하드웨어에 따라 구현이 달라지는 부분은 ./linux/arch/*/kernel 디렉토리에 구현되어 있습니다.

■ 메모리 관리 모듈

메모리 관리 모듈은 사용자 영역에서 구동되는 프로세스에게 가상 메모리 공간을 제공합니다. 하나의 하드웨어가 가지고 있는 메모리의 공간은 제한적이기 때문에 메모리를 효율적으로 사용할 수 있게 하기 위해 메모리는 '페이지'라는 단위로 관리되어 프로세스에게 할당 또는 회수가 됩니다. 사용자 영역의 프로세스가 사용하는 메모리 공간을 가상 메모리라 하고, 실제 하드웨어가 가지고 있는 메모리 공간을 물리 메모리라고 합니다. 리눅스의 메모리 관리 모듈은 물리 메모리와 가상 메모리 간의 사상을 위한 하드웨어 메커니즘과 사용 가능한 메모리를 관리하는 기능을 가지고 있습니다. 만약 사용자 영역의 프로세스에게 할당한 가상 메모리 공간이 부족할 경우에는 자주 사용하지 않는 메모리 영역을 임시적으로 디스크에 저장을 하고, 다시 필요할 경우 디스크로부터 읽어오게 됩니다.

./linux/mm은 메모리 관리 모듈이 구현된 디렉토리입니다. 가상 메모리, 각 프로세스에게 할당되는 메모리에 대한 정보 관리, 커널 영역이 사용하는 메모리에 대한 관리 기능이 구현되어 있습니다. 반면, 하부 하드웨어에 따라 구현이 달라지는 메모리 관리 기능에 해당하는 부분은 arch/arch/*/mm 디렉토리에 구현되어 있습니다.

■ 파일 시스템

파일 시스템은 운영체제 및 사용자의 데이터를 쉽게 저장하고 접근할 수 있도록 보관 및 관리하는 기능을 담당합니다. 이를 위해서 파일 시스템은 파일의 생성, 접근 제어, 디렉토리 관리 등의 서비스를 제공합니다. 리눅스 커널은 가상 파일 시스템(VFS, Virtual File System)이라 불리는 공통 인터페이스를 통해 저장매체에 대한 접근뿐만이 아닌 하드웨어 리소스까지 파일처럼 다룰 수 있도록 하는 추상화 기능을 제공합니다. 아래에 있는 그림은 리눅스 파일 시스템의 구조를 보여주고 있습니다. VFS 상단에는 open, close, read, write와 같은 공통 API 추상화 함수가 구현되어 있고, VFS 하단에는 여러 파일 시스템이 구현되어 있어, 사용자가 원하는 파일 시스템을 사용할 수 있게 만들어 줍니다. 이와 같은 인터페이스를 통해 다양한 파일 시스템들을 일관된 인터페이스로 접근할 수 있도록 만들어 줍니다. 또한 파일 시스템 하단에는 버퍼 캐시가 있어서, 자주 사용하는 데이터를 저장해 매번 물리적 디바이스로부터 읽어오는 것이 아니라 메모리로부터 읽어올 수 있도록 하여 성능을 높여주는 기능을 하게 됩니다.

./linux/fs는 리눅스에서 지원하는 다양한 파일 시스템들과 open(), read(), write() 등의 시스템 호출이 구현된 디렉토리입니다. 리눅스 소스 코드 내부에 구현된 여러 파일 시스템은 이 디렉토리의 하위 디렉토리에 구현되어 있는데, 대표적인 파일 시스템으로는 ext2, ext3, nfs, fat, proc 등이 있으며, 비글보드의 경우 ext3라는 파일 시스템을 활용하게 됩니다.

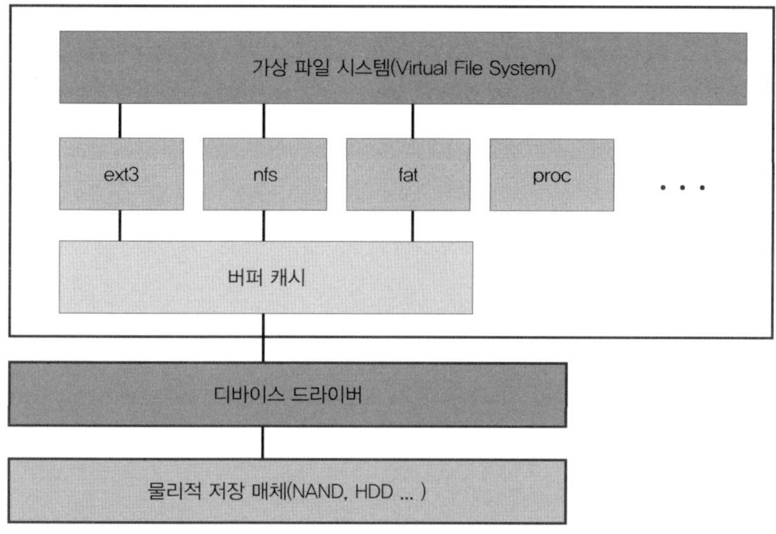

▲ 리눅스 운영체제의 파일 시스템 구조

■ 네트워크 관리 모듈

네트워크 관리 모듈은 소켓(socket) 인터페이스, TCP/IP 같은 통신 프로토콜 등과 같은 통신 기능이 구현되어 있는 모듈입니다. 사용자는 블루투스 또는 와이파이 등 다양한 통신매체를 활용하더라도 일관된 인터페이스인 소켓을 통해 통신을 할 수 있게 됩니다. 소켓 계층은 네트워크 하위 시스템으로 이어지는 표준화된 API이며, 다양한 네트워킹 프로토콜에 대한 사용자 인터페이스를 제공합니다. 비글보드의 경우 유선랜, 무선랜, 블루투스 등 다양한 통신매체를 활용할 수 있는데, 통신 매체가 다양하더라도 소켓 인터페이스를 통해 일관된 프로그램으로 다른 기기와 통신을 할 수 있게 됩니다.

네트워크 관리 모듈은 ./linux/net에 구현되어 있으며, 리눅스에서 지원하는 통신 프로토콜이 구현된 디렉토리라고 할 수 있습니다. 다양한 통신 프로토콜의 추상화된 계층이며 소켓(socket)과 대표적인 통신 프로토콜인 TCP/IP 등이 구현되어 있습니다.

■ 디바이스 드라이버

디바이스 드라이버는 다양한 하드웨어에 대한 기능을 추상화하여, 운영체제와 애플리케이션 및 하드웨어간의 인터페이스를 담당하는 부분이며, 리눅스 운영체제에서 가장 방대한 부분을 차지합니다. 그 이유는 하나의 하드웨어 장치에는 여러 다양한 하드웨어가 연결이 될 수 있기 때문에 다양한 하드웨어에 대한 드라이버가 포함되어 있기 때문입니다. 리눅스의 디바이스 드라이버는 저장 매체, 네트워크 카드, 사운드 카드 등과 같은 다양한 주변 장치를 구동하는 드라이버들로 구성되어 있습니다.

./linux/drivers에 리눅스가 지원하는 디바이스 드라이버가 구현되어 있습니다. 리눅스에서 디바이스 드라이버는 크게 블록(block) 디바이스 드라이버, 문자(character) 디바이스 드라이버, 네트워크 디바이스 드라이버로 구분될 수 있습니다. 예를 들어, 이전 Section에서 알아보았던 파일 시스템의 하부 단에 위치하는 물리 장치의 경우 블록 디바이스 드라이버 형태로 구현되어 있으며, 블록 디바이스 드라이버는 driver/block이라는 이름의 하위 디렉토리에 구현되어 있습니다. 대표적인 블록 디바이스 드라이버인 하드디스크의 경우 driver/block/hd.c 파일에 구현되어 있습니다. 마우스, 키보드와 같은 입력 장치, 터미널과 같은 입출력 장치는 대표적인 문자 디바이스 드라이버이며, 문자 디바이스 드라이버는 driver/char 하위 디렉토리에 구현되어 있습니다. 예를 들어, 대표적인 문자 디바이스 드라이버인 터미널의 경우 driver/char/tty_io.c 파일에 구현되어 있습니다. 마지막으로 무선랜, 블루투스와 같은 네트워크 카드를 위한 드라이버는 driver/net 하위 디렉토리에 구현되어 있습니다.

■ 리눅스 초기화 모듈

지금까지 언급했던 방대하고 복합적인 리눅스라는 운영체제가 어떻게 시작이 되고 구동이 될 수 있을까요? 그것은 리눅스 커널의 초기화 모듈이 담당합니다. ./linux/init 디렉토리에 있는 소스 코드는 커널 초기화 부분, 즉 커널의 메인 시작 함수가 구현된 디렉토리입니다.

시스템 초기화 과정은 다음과 같습니다. 시스템에 전원이 인가되면 보드에 장착된 CMOS에 있는 제어 코드가 실행됩니다. CMOS의 제어 코드는 시스템에 장착된 저장

매체를 파악하고 리눅스 소스 코드의 arch/i386/boot/ 디렉토리의 초기 부팅 코드를 메모리에 적재하여 이를 실행시키게 됩니다. 초기 부팅 모드는 시스템에 장착된 파일 시스템의 구조를 확인하고 리눅스 커널을 메모리에 적재하여 리눅스 커널 코드를 실행하게 되는 것입니다. 리눅스 커널의 시작 위치는 물리 메모리의 정해진 영역에 적재되도록 구현되었기 때문에 커널 초기화 코드는 단지 리눅스 코드의 시작 위치로 점프를 하는 것으로 리눅스 운영체제를 시작할 수 있게 되는 것입니다. 리눅스의 메인 함수는 ./linux/init/main.c에 위치하고 있습니다. 리눅스 운영체제가 시작되면 init이라 불리는 프로세스가 생성되어 시스템의 초기화를 수행하게 되며, 운영체제 실행에 필요한 파일 시스템, 터미널, 네트워크 등 다양한 장치를 초기화시키게 되는 것입니다.

Section 03.

안드로이드 플랫폼 알아보기

안드로이드 구조에 대해 알아보기 전에 "왜 안드로이드인가?"라는 질문에 답해야 할 것입니다. 다양한 답을 내놓을 수 있지만 다음과 같은 이유 때문에 스마트 기기에 기본이 되는 플랫폼에는 안드로이드가 널리 활용되고 있습니다.

■ 오픈소스

안드로이드가 모바일 플랫폼으로서 각광을 받을 수 있었던 가장 큰 이유는 개방성 때문입니다. 개방된 개발 환경이 만들어 지면서 모바일 프로그램 개발자들은 오픈 프로그램 구조 덕분에 다양한 기능들을 자유롭게 개발할 수 있게 되었습니다. 안드로이드는 오픈소스인 리눅스 위에서 작동합니다. 리눅스의 경우 소스 코드가 공개되어 있기 때문에 특정 어플라이언스의 필요에 따라 운영체제를 특성화시킬 수 있습니다. 예를 들어, 비디오 플레이어의 경우 기능 실현에 필요한 모듈만 적재시키고 나머지는 제거할 수 있으며, 리눅스 운영체제에 적합한 드라이버를 제작하여 특정 하드웨어와의 연동도 용이합니다. 또한, 별도의 요구사항이 있을 경우 오픈소스를 수정 또는 보완하고 리눅스 위에 안드로이드 플랫폼을 포팅할 수 있고, 취향에 맞게 기능을 특화시킬 수 있습니다. 반면 소유권이 있고 소스가 공개되지 않은 운영체제에서는 이와 같은 최적화가 어렵습니다.

■ 저렴한 개발 비용

적은 초기 자본으로 어플라이언스를 구현할 수 있습니다. 애플, 또는 윈도우 폰의 경우 기반이 되는 플랫폼에 대한 라이선스뿐만 아니라, 드라이버 개발 및 앱 개발을 위해서는 개발 툴 비용 역시 만만치 않은 경우가 많습니다. 안드로이드 프로그래머는 앱 개발을 할 때 대부분 데스크톱 컴퓨터를 활용합니다. 안드로이드 앱 개발에 있어서 실제 하드웨어가 없더라도 안드로이드 플랫폼 및 가상화 장치가 에뮬레이터 역할을 담당하게 됩니다. 이는 하드웨어 개발 부분과 소프트웨어 개발 부분의 동시 진행을 가능하게 합니다.

■ 다양한 하드웨어 지원

안드로이드의 기본이 되는 리눅스는 임베디드 리눅스 기반의 모바일 장치부터, 서버급 컴퓨터에 이르기 까지 다양한 프로세서를 지원하며, 다양한 디바이스에 대한 드라이버 역시 디바이스 벤더들에 의해 제공되는 경우가 많습니다.

■ 개발의 용이성

안드로이드 앱은 많은 사용자 층이 확보된 JAVA 언어를 이용하여 개발을 하기 때문에 정보를 얻기 쉬우며, 이클립스와 같은 편리한 오픈 개발 툴이 존재합니다.

안드로이드의 탄생

구글의 안드로이드는 2005년 7월 안드로이드 사를 구글이 인수하면서 개발이 시작되었습니다. 그 이후 2007년 11월에 하드웨어, 소프트웨어, 통신 회사가 모여 만든 OHA가 결성이 되고, OHA에서 모바일 기기용 공개 표준으로 개발이 진행되었습니다. 첫 릴리즈는 2007년 11월에 안드로이드 플랫폼이 무료로 공개되었으며, 이 때 안드로이드 SDK, 동작 샘플, 안드로이드 시스템 구조 및 안드로이드 내장 소프트웨어 개발 구조 등이 공개되었습니다.

구글은 2008년 9월에 안드로이드 SDK 1.0을 발표하고, 그 해 10월에 안드로이드를 오픈소스로 공개를 하였으며, 미국 T-Mobile에서 최초의 안드로이드 폰인 G1이 출시되고, 안드로이드 마켓이 정식으로 오픈을 하였습니다. 초기 안드로이드 버전부터 최근 안드로이드 플랫폼의 버전 별 발전 과정은 다음과 같습니다.

안드로이드 버전	코드 명칭 (출시일)	특징
Android 1.0	(2008. 9. 23)	최초의 안드로이드 버전. SDK 함께 배포
Android 1.1	(2009. 2. 9)	– 마켓 지원 – 뷰의 패딩 개선 – 새로운 권한 추가
Android 1.5	컵케이크 (Cupcake) (2009. 4. 30)	리눅스 커널 2.6.27에 기반 안드로이드 최초 정식 버전 – 홈 화면에 띄울 수 있는 위젯과 폴더 – 동영상 녹화와 재생 – 유튜브로의 비디오 업로드 및 피카사로의 그림 업로드 – 한글 지원
Android 1.6	도넛 (Donut) (2009. 9. 15)	리눅스 커널 2.6.29에 기반 – 마켓 리뉴얼 – 카메라 및 캠코더 등의 인터페이스 탑재 – 다양한 스크린 사이즈 지원 (QVGA, WVGA) – CDMA 지원 시작 – 제스처 인식 기능과 API 추가 – text-to-speech 엔진 추가 – 통합 검색 기능 추가 – 배터리 사용 상태 표시기
Android 2.0/2.1	이클레어 (Eclair) (2009. 10. 26 / 2010. 1. 12)	리눅스 커널 2.6.29에 기반 – 멀티터치, 블루투스 2.1 지원 – 하드웨어 최적화 진행 – 인터넷 브라우저 상단 주소 창 추가 – HTML5, 라이브 월페이퍼 지원 – 구글 다중 계정 등록 사용 가능 – MS Exchange 계정 사용 가능
Android 2.2	프로요 (Froyo) (2010. 5. 20)	리눅스 커널 2.6.32에 기반 안드로이드 OS의 속도, 메모리, 성능 최적화 – 배터리 타임 성능 개선 – 어도비 플래시 10.1을 지원 – 모바일 Wi-Fi 핫스팟 등 테더링 기능을 지원 – 외장 메모리에 앱 설치 가능
Android 2.3	진저브레드 (Gingerbread) (2010. 12. 6)	리눅스 커널 2.6.35에 기반 – 인터넷 접속을 통한 OS 업데이트 – 인터넷 전화 바로 사용 가능 – 전면 카메라 공식 지원 – 구글맵 5.0, 자이로센서, NFC 등 지원

Android 3.0/3.1	허니콤 (Honeycomb) (2011. 2. 24/2011. 5. 10)	리눅스 커널 2.6.36에 기반 – 태블릿 PC 전용 – 홀로그래픽 UI – usb 기기 지원
Android 4.0	아이스크림 샌드위치 (Icecream sandwitch) (2011. 10.19)	리눅스 커널 3.0.1에 기반 – 태블릿 pc와 스마트폰 공용 OS
Android 4.1	젤리빈(Jelly Bean) (2012. 6. 28)	리눅스 커널 3.0.31에 기반 – 터치 스크린 반응성 개선 – HTML5와 자바스크립트 성능이 향상된 웹브라우저

안드로이드의 특징

안드로이드는 운영체제, 미들웨어, 필수 애플리케이션 및 관련 라이브러리를 포함하는 모바일 플랫폼입니다. 안드로이드는 하부 운영체제 커널로서 리눅스에 기반하고 있습니다. 리눅스는 이전 Section에서 알아보았듯이, 오랜 기간 개발된 커널로서 메모리 관리, 안정적인 멀티 스레드 등의 기능을 제공하고 있습니다. 범용 리눅스 자체는 많은 기능을 포함하고 있기 때문에, 안드로이드에서는 모바일 플랫폼을 위한 운영체제에 적합하도록 무거운 기능을 제외하고, 알람, 디버거 등의 기능을 추가하여, 모바일 환경에서 원활히 구동되도록 최적화 되었습니다. 그리고 안드로이드 플랫폼 상에서 Java 언어를 이용하여 개발을 시작할 수 있도록 툴과 API를 제공하고 있습니다.

Java는 고수준의 프로그래밍 언어로서 이를 통해 생산성을 높이고, 애플리케이션 개발자가 쉽게 사용할 수 있도록 하였습니다. 게다가 이미 검증된 많은 라이브러리를 포함하고 있으므로, 외부의 별도의 라이브러리를 사용하기 위한 수고를 덜 수 있습니다. 한편, 플랫폼에 내장된 프로그램과 사용자가 만든 프로그램이 동일한 API를 사용하므로, 언제든지 기본으로 제공되는 프로그램을 사용자가 원하는 다른 프로그램으로 교체할 수 있으며, 플랫폼을 구성하는 요소들을 자유롭게 선택할 수 있다는 점에서 매우 높은 확장성을 가지고 있습니다.

이외에 안드로이드가 갖고 있는 중요한 특징을 나열하면 다음과 같습니다.

• 응용 프레임워크 : 응용 프레임워크는 일종의 틀로서, 각 컴포넌트의 재사용 및 배치를 가능하도록 합니다. Java API 기반의 프로그래밍 인터페이스를 제공합니다.

- 달빅(Dalvik) 가상 머신 : 안드로이드에서 만든 가상 머신 입니다. 모바일 디바이스에 최적화되어 있으며, 안드로이드용으로 만드는 애플리케이션이 Java로 작성되고, 달빅 가상 머신 위에서 실행되게 됩니다.
- 통합 브라우저 : 오픈 소스 Webkit 엔진 기반의 통합 브라우저를 제공합니다.
- 그래픽 지원 : 2D 그래픽 라이브러리를 제공하며, OpenGL ES 1.0 기반의 3D 그래픽을 지원합니다.
- SQLite : 데이터 저장을 위한 간단한 DB 엔진을 제공합니다.
- 다양한 미디어 형태 지원 : 오디오, 비디오 및 이미지 포맷 지원 (MPEG4, H.264, MP3, AAC, AMR, JPG, PNG, GIF)의 재생을 지원합니다.
- 편리한 개발 환경 : 디바이스 에뮬레이터를 포함해서, 디버깅을 위한 이클립스 기반의 툴 및 플러그인 지원합니다.

안드로이드의 구조 알아보기

지금부터 안드로이드의 내부 구조에 대해서 알아보도록 하겠습니다. 안드로이드의 내부 구조에 대한 지식 없이 안드로이드 기반의 프로그램을 개발할 수 있지만, 내부 구조를 알고 있다면, 단순히 애플리케이션 개발에서 더 나아가, 자신이 원하는 하드웨어를 부착시키고 이를 안드로이드 프로그램과 연동을 시킬 수 있으며, 안드로이드의 불필요한 기능을 제거하고, 필요한 기능을 추가하는 최적화 과정을 할 수 있어 보다 강력한 시스템 구현을 할 수 있게 될 것입니다.

안드로이드 구조는 다음 그림에서 보는 것과 같이 리눅스 커널, 안드로이드 런타임 및 라이브러리, 응용 프레임워크, 애플리케이션으로 4개의 계층으로 구분 할 수 있습니다. 그럼 지금부터, 안드로이드의 최하단인 리눅스 커널 부분부터, 최상 단인 애플리케이션 부분까지 아래에서 위로 올라가며 하나씩 살펴보도록 하겠습니다.

▲ 안드로이드 내부 구조

■ **리눅스 커널**

리눅스 커널은 안드로이드 플랫폼 하단에 위치하며, 하드웨어 추상화 기능을 담당합니다. 안드로이드는 리눅스가 제공하는 각종 하드웨어 드라이버뿐만 아니라, 네트워킹, 프로세스 관리까지 도움을 받게 됩니다. 이와 같은 계층적 구조로, 안드로이드 플랫폼의 프로그램은 리눅스를 직접적으로 호출하기 보다는 안드로이드의 달빅 가상 머신 계층을 거쳐서 접근을 하게 됩니다. 달빅은 리눅스 커널 위에서 동작합니다.

안드로이드는 리눅스의 모든 기능을 사용하는 것이 아니라, 이전 Section에서 알아보았던 리눅스의 메모리 관리, 프로세스 관리, 네트워크 스택, 드라이버 모델과 같은 핵심 시스템 서비스를 위해 사용합니다.

■ **안드로이드 런타임 및 라이브러리**

위의 그림에서 보는 것과 같이 안드로이드 런타임은 달빅 가상 머신과 코어 라이브러리로 구성됩니다. 모든 안드로이드 애플리케이션은 달빅 가상 머신 내에 자신의 인스턴스를 가지고, 자신의 프로세스 내에서 동작합니다. 달빅은 비 표준 자바 가상 머신에 해당합니다. 하지만, 모바일 디바이스에 최적화되고, 다수의 가상 머신 인스턴스를 실행할 수 있도록 제작되었습니다. 또한 리눅스 커널을 사용하여 각 프로세스의 독립성과 스레딩 및 메모리 관리를 지원합니다. 달빅 가상 머신 위에서는 달빅 실행 파일인 DEX 포맷의 애플리케이션을 실행할 수 있게 됩니다. DEX 파일 포맷은 최소의 메모리 영역에 최적화되고, 'dk'툴을 이용하여 Java의 .class 파일을 .dex 포맷으로 변경하게 됩니다. C++ 기반의 클래스보다 작고 호환성이 좋으며 SUN의 라이선스 정책에 따른 비용을 회피하기 위한 한 방법으로 볼 수 있습니다.

안드로이드는 안드로이드 시스템의 다양한 컴포넌트에서 다양하게 사용되는 C/C++ 라이브러리들을 포함합니다. 이러한 라이브러리는 안드로이드의 응용 프레임워크를 통해 개발자에게 제공됩니다. 제공되는 핵심 라이브러리는 다음과 같습니다.

- System C 라이브러리(Libc) : 임베디드 리눅스 기반의 디바이스를 위해서 튜닝된 표준 C 시스템 라이브러리의 BSD 상속 구현체
- 미디어 라이브러리 : 인기 있는 오디오 및 비디오 포맷, MPEG4, H.264, MP3, AAC, AMR, JPG, PNG 등을 포함하는 이미지 파일의 재생 및 녹화를 지원
- Surface Manager : 디스플레이 서브시스템 및 다수의 애플리케이션의 2D, 3D 그래픽 계층
- LibWebCore : 안드로이드 브라우저와 임베딩 가능한 웹 뷰와 같은 웹 브라우저 엔진
- SGL : 2D 그래픽 엔진
- 3D 라이브러리 : OpenGL ES 1.0 API들을 기반, 하드웨어 3D 가속 또는 최적화된 3D 라이브러리
- SQLite : 모든 애플리케이션에서 사용 가능한 강력하고 경량화된 데이터베이스 엔진

■ 응용 프레임워크

안드로이드는 개방된 개발 환경을 제공해, 개발자는 매우 풍부하고 다양한 애플리케이션을 개발할 수 있습니다. 응용 프레임워크는 Java 기반의 API를 제공하는 계층에 해당합니다. 그래서 개발자는 응용 프레임워크를 통해 안드로이드 플랫폼에서 디바이스 하드웨어를 쉽게 이용가능하고, 위치 정보에 접근하거나 서비스들을 백그라운드로 실행시키는 것을 쉽게 처리할 수 있습니다. 그리고 응용 프레임워크는 컴포넌트 재사용을 손쉽게 할 수 있도록 디자인 되었습니다. 세부 사항은 다음과 같습니다.

- 뷰시스템 : 리스트, grid, 텍스트 박스, 버튼, 웹 브라우저 등을 포함하는 애플리케이션을 제작하는데 사용될 수 있습니다.
- 컨텐츠 제공자 : 애플리케이션이 다른 애플리케이션의 데이터에 접근하는 것이나 자신의 데이터를 공유하는 것을 가능하게 합니다.
- 리소스 관리자 : 문자열, 그래픽, 레이아웃 파일과 같은 코드화되지 않는 자원에 대한 접근을 제공합니다.

- 알림 관리자 : 모든 애플리케이션의 상태 표시줄에 알림 메시지를 표시하는 것을 가능하게 합니다.
- 액티비티 관리자 : 애플리케이션의 생명 주기를 관리하고, 공통의 navigation backstack을 제공합니다.
- 윈도우 관리자 : 모든 애플리케이션과 관련된 화면을 담당합니다.
- 패키지 관리자 : 시스템에서 동작 중인 애플리케이션의 정보를 담당합니다.

■ 애플리케이션

안드로이드에는 기본적으로 이메일 클라이언트, SMS 프로그램, 달력, 지도, 브라우저, 전화번호부 등이 탑재되어 있으며, 이들은 모두 Java 언어로 작성됩니다. 애플리케이션은 안드로이드 디바이스에 개인용 데스크톱 PC에서 프로그램을 설치하는 것과 동일하게 설치해서 사용할 수 있습니다.

이전 Section에서 설명 했듯이, 안드로이드 애플리케이션은 가상 머신인 달빅 가상 머신 상에서 동작하게 됩니다. 개발된 안드로이드 애플리케이션은 안드로이드 SDK에 의해서 애플리케이션 코드와 연관된 데이터와 리소스 파일들을 함께 컴파일하고, 안드로이드 패키지를 생성합니다. 안드로이드 패키지는 ".apk"의 확장자 명을 가지는 파일로 만들어집니다. 하나의 .apk 파일에 포함된 모든 코드는 하나의 애플리케이션이 되고, 안드로이드 디바이스가 애플리케이션을 설치하는데 사용됩니다.

안드로이드의 애플리케이션 구조

안드로이드 애플리케이션은 액티비티, 서비스, 컨텐츠 제공자, 브로드캐스트 리시버라는 4개의 필수 컴포넌트로 구성됩니다. 모든 애플리케이션이 이 4가지를 모두 필요로 하지 않으며, 필요에 따라 이들의 조합으로 만들어 집니다. 위의 안드로이드 컴포넌트는 안드로이드 애플리케이션의 핵심 구성 요소라 할 수 있습니다. 각각의 컴포넌트는 안드로이드 시스템이 애플리케이션을 구동시키기 위한 진입점을 가지고 있습니다. 그러나 모든 컴포넌트가 진입점을 가질 필요는 없으며, 다른 컴포넌트를 통해서 사용될 수도 있습니다. 따라서 C 언어로 구현된 프로그램에 있는 main() 함수와 같은 진입점이 따로 없이, 처음으로 생성되는 인스턴스의 생성자가 실질적인 애플리케이션의 진입점이 됩니다.

그럼 지금부터 안드로이드 애플리케이션의 4개의 필수 컴포넌트에 대해서 알아보도록 하겠습니다.

■ 액티비티

액티비티는 유저 인터페이스(UI)를 구성하는 기본 단위로 하나의 화면을 의미합니다. 예를 들어, 이메일 애플리케이션은 받은 이메일의 리스트를 보여주는 하나의 액티비티를 가질 수 있으며, 다른 액티비티로는 이메일의 내용을 확인할 수 있는 보기 화면을 가리키는 액티비티를 가질 수 있습니다. 액티비티는 사용자의 입력을 받고 사용자에게 결과를 보여주는 일을 처리하는, 사용자와 상호작용이 일어나는 역할을 하고 있으므로, 구성을 어떻게 할지에 대한 것이 애플리케이션 개발에 있어 큰 비중을 차지하게 됩니다.

비록 이메일 애플리케이션의 예에서처럼 여러 개의 액티비티가 어울려 하나의 애플리케이션을 구성할 수 있지만, 각 액티비티는 독립적입니다. 한 화면에서 다른 화면으로 이동하는 것은 액티비티가 새로운 것으로 바뀌는 것과 같습니다. 화면이 전환되면, 이전 화면은 멈추게 됨과 동시에 액티비티 스택에 저장이 됩니다. 이 저장된 정보를 사용하여 이전 화면으로 다시 돌아갈 수 있게 됩니다.

■ 서비스

서비스는 백그라운드에서 실행되는 컴포넌트로 오랜 시간 동작하거나 원격 프로세스의 일을 수행하는 역할을 합니다. 따라서 사용자 인터페이스를 가질 필요 없이 동작하게 됩니다. 예를 들면, 서비스는 음악 플레이어의 경우 사용자가 다른 애플리케이션을 수행 중에도 계속 동작하도록 구성할 수 있도록 합니다. 사용자 인터페이스가 없으므로 사용자의 입력을 받아야 할 경우에는 사용자의 명령을 받아들일 수 있는 액티비티와 연결해서 사용합니다.

■ 콘텐츠 제공자

애플리케이션간의 데이터 공유를 위해 표준화된 인터페이스를 제공하는 컴포넌트입니다. 예를 들면, 콘텐츠 제공자는 사용자의 전화번호 등과 같은 데이터를 다른 애플리케이션에서 읽고 사용할 수 있도록 제공할 수 있습니다. 애플리케이션 내의 데이터를 다른 애플리케이션에서도 접근할 수 있도록 하려면, 콘텐츠 제공자를 정의하여 다른 애플리케이션에서 해당 데이터에 접근할 수 있는 범위, 방식 등을 정의해 주어야 합니다.

■ 브로드캐스트 리시버

시스템으로부터 전달되는 브로드캐스트를 대기하고 신호 전달 시 수신하는 역할을 담당합니다. 여기서 브로드캐스트는 시스템에서의 알림 메시지에 해당합니다. 예를 들면, 배터리 부족, 언어 설정 변경, 화면 캡처 등에 대한 알림을 의미합니다. 브로드캐스트 리시버는 서비스와 마찬가지로 사용자 인터페이스를 보여주지는 못하지만 상태줄의 알림 개체를 생성하여 사용자에게 알려주는 방법을 사용할 수 있습니다.

안드로이드 SDK를 사용한 개발

안드로이드 플랫폼을 사용해서 애플리케이션을 개발하는 방법으로는 안드로이드 개발 라이브러리인 SDK를 사용하는 방법이 기본입니다. 애플리케이션 개발 환경을 설치하기 위해서 일반적으로 이클립스를 사용하고, 여기에 안드로이드 플러그 인으로서 ADT(Android Development Tools)을 설치해서 사용하게 됩니다. 설치를 하게 되면 안드로이드 에뮬레이터도 함께 설치가 되므로, 개발자가가 실제 안드로이드 디바이스가 없는 상태에서도 쉽게 개발을 할 수 있게 됩니다.

SDK는 Java API를 이용하여 Java 프로그램 언어를 사용하여 애플리케이션을 개발하게 됩니다. 안드로이드 구성 요소에서 응용 프레임워크는 Java 기반의 API를 제공하게 되는데, 개발자는 이 응용 프레임워크에서 제공하는 API를 통해서 디바이스 하드웨어를 쉽게 이용 할 수 있습니다. 이렇게 제공되는 API 및 서비스가 다양하기 때문에 개발자는 SDK를 통해서 다양한 애플리케이션을 작성할 수 있습니다.

하지만, 다양한 API를 제공하고 있음에도 불구하고, SDK를 이용한 개발에는 몇 가지 한계가 존재할 수밖에 없습니다. 특히 하드웨어에 의존적인 디바이스를 플랫폼에 추가하는 경우라면, 이를 제어하고, 활용할 수 있는 기본적인 API가 없을 경우가 있습니다. 이러한 경우, 안드로이드 플랫폼에서 사용하기 위해서는 다른 방법이 필요합니다. 특히 이 책에서는 SDK를 통한 애플리케이션 개발뿐만 아니라, 비글보드에 맞는 디바이스 드라이버를 작성한 후, 이 디바이스를 안드로이드에서 사용하는 방법에 대해서도 기술하도록 하였습니다. 기본적으로 안드로이드는 리눅스 위에서 동작을 하게 되고, 따라서 디바이스 드라이버의 작성은 리눅스에서 디바이스 드라이버를 작성하는 방법을 사용하여 개발하게 될 것입니다. 이렇게 작성된 디바이스 드라이버를 안드로이드에서 사용하기 위해서 안드로이드는 Native Development Tools(NDK)를 제공하고 있습니다.

NDK는 안드로이드 애플리케이션에서 네이티브 코드를 사용할 수 있도록 해 주는 툴킷에 해당합니다. 즉, NDK는 애플리케이션의 일부를 C나 C++을 사용해서 구현할 수 있도록 해주는 역할을 합니다. NDK에서는 C나 C++로 구현된 코드로부터 라이브러리를 생성할 수 있는 툴과 빌드 도구를 제공하고 있습니다. 그리고 이 개발 과정에서 안드로이드 애플리케이션 패키지 파일(.apk)에 생성한 라이브러리를 포함시킬 수 있습니다. Java에서는 C나 C++로 작성된 코드를 자바에서 사용할 수 있도록 해주는 JNI(Java Native Interface)라는 것이 존재합니다. 이 JNI를 사용하여 안드로이드 애플리케이션에서 C나 C++ 로 작성된 함수를 부를 수 있게 됩니다.

NDK를 사용해서 네이티브 코드를 사용한다는 것이 항상 성능을 향상시키는 것은 아닙니다. NDK를 사용하는 것은 애플리케이션의 복잡성을 증가시키는 단점을 가지고 있기 때문에, 꼭 필요한 부분에서 사용하는 것이 좋습니다. 일반적으로 신호 처리나 물리 시뮬레이션 등과 같이 메모리를 많이 사용하지 않는 계산이 복잡한 연산이 많은 경우에 NDK를 통해 사용할 경우 성능 향상을 기대할 수 있습니다. 하지만 성능의 측면을 고려하지 않더라도, 네이티브 코드를 지원할 수 있는 방법은 중요한 장점을 가지게 되는데, 기존의 애플리케이션의 개발사가 가지고 있는 프로그램의 소스가 거의 C나 C++로 이루어져 있다는 것입니다.

따라서 이 개발사들이 모두 Java로 수정하기를 기대하는 것은 힘든 일일 것이고, 이런 이유 때문에 C나 C++로 코드를 사용하고 사용자 인터페이스(액티비티)에 해당하는 부분만 Java로 처리할 수 있는 방법이 제공할 수 있는 방법으로 NDK의 장점을 활용할 수 있게 됩니다. NDK에 관한 보다 상세한 자료는 안드로이드 개발자 사이트(http://developer.android.com/sdk/ndk/index.html)로부터 다운받을 수 있으며, API, 다양한 문서파일, 그리고 샘플 애플리케이션이 포함되어있습니다. 그리고 리눅스나 윈도우 상에서 네이티브 ARM 실행 파일을 생성할 수 있는 개발 환경 툴킷을 제공하고 있습니다.

이번 chapter에서는 본 교재의 가장 기본이 되는 리눅스와 안드로이드 시스템에 대하여 알아보았습니다. 안드로이드의 기반이 되는 리눅스 운영체제, 그리고 안드로이드 플랫폼의 내부 구조를 살펴봄으로써 앞으로 수행할 여러 실습내용에 대한 이해도를 높일 수 있을 것입니다.

이 책은 비글보드를 기반으로 안드로이드 플랫폼을 구축하는 방법을 보일 뿐만 아니라 독자가 스스로 비글보드 위에 안드로이드 앱을 만들어 볼 수 있도록 여러 실습 내용을 포함합니다. 안드로이드 플랫폼의 기반이 되는 리눅스 및 드라이버 부분과 안드로이드 부분으로 나누었으며, 이를 연결시켜 하나의 안드로이드 앱을 실현하는 방법을 실제 하드웨어 실습과 함께 배워나가는 방법을 다뤄 볼 것입니다.

chapter 02
비글보드 알아보기

이 chapter에서는 실습 장비로 활용할 비글보드에 대해서 알아봅니다. 비글보드의 구매 방법부터 간단한 소개, 그리고 비글보드의 내부 구성까지 알아볼 것입니다. 만약 비글보드를 가지고 있고, 내부 하드웨어 모듈에 대한 기능을 이미 숙달하고 있다면 chapter 03부터 시작해도 됩니다. 하지만 비글보드의 각 모듈과 그 기능은 실습에 필요한 기본 지식이므로 충분히 숙달되지 않았다면 이번 chapter에 있는 내용들을 익히도록 합니다.

Section 01.

비글보드 시작하기

비글보드는 오픈 소스 커뮤니티를 통해 임베디드 실습에 대한 정보를 공유하고, 저렴한 가격에 다양한 실습을 하고 제품 개발을 할 수 있도록 설계되었습니다. 비글보드에는 임베디드 실습에 필요한 핵심 부품들만 적재하여 매우 저렴한 가격에 제작된 임베디드 하드웨어 보드라고 할 수 있습니다. 비글보드는 GPIO 및 JTAG, USB, Sound I/O 등 다양한 확장성을 가지고 있으며, 하드웨어의 회로도까지 자유롭게 사용할 수 있도록 하고 있습니다.

비글보드 버전 알아보기

현재 비글보드는 다음 그림과 같이 3가지의 버전이 있습니다.

▲ BeagleBoard

▲ BeagleBoard-xM

▲ BeagleBone

■ BeagleBoard

비글보드의 초기 버전으로서, OMAP3530이라 불리는 스마트폰에 많이 쓰이고 있는 CPU가 장착되어 있으며, USB 및 DSP가 적재되어 있습니다. 하지만 네트워크 카드가 적재되어 있지 않기 때문에 네트워크 연결이 필요한 시스템을 구축하기 위해서는 추가적으로 랜카드를 구매하여 연결을 하여야 합니다.

■ BeagleBoard-xM

비글보드의 최신 버전으로서 초기 비글보드와 비교하여 속도가 월등히 빠른 1GHz CPU가 장착되어 있으며, DDR 램이 장착되어 있습니다. 또한 초기 비글보드는 네트워크 카드가 내장되어 있지 않으나, 유선 랜포트와, 4개의 USB 인터페이스가 있기 때문에 개발도 매우 용이합니다.

이 책에서는 BeagleBoard-xM 버전을 활용할 것입니다. BeagleBoard-xM은 빠른 CPU 속도와 DSP를 활용하여 멀티미디어 응용에도 매우 좋은 특징을 가지고 있습니다. 이전 버전인 BeagleBoard의 경우 600MHz OMAP3530 프로세서, 256MB RAM 및 256MB NAND 플래시 메모리를 탑재하고 있지만, BeagleBoard-xM은 1GHz OMAP3730 프로세서 및 512MB RAM을 사용하여 더 강력해졌으며, 안드로이드 플랫폼도 원활하게 구동될 수 있습니다.

■ BeagleBone

비글본은 하드웨어 확장에 주안점을 둔 버전으로서, 가장 저렴하게 구매를 할 수 있습니다. 리눅스 커널 개발자 또는 디바이스 드라이버 실습에 보다 적합합니다. 특히 하드웨어 확장성이 매우 뛰어나기 때문에 2D, 3D 카메라를 연결하여 OpenCV, OpenNI와 연동하여 개발이 가능하며, HDMI, VGA, LCD 영상 단자가 있어 소형 모바일 기기의 Reference 보드로도 활용이 가능합니다. 또한 PWM 전용 출력 단자와 USB 단자가 있어 모터 제어나, USB 장치와의 연동도 가능합니다.

비글보드 구매하기

비글보드를 구매하는 방법은 비글보드 웹사이트(http://beagleboard.org/)에서 소개되는 온라인 스토어를 통해 주문이 가능합니다. 비글보드 홈페이지에 들어가면 여러 공급자를 통해서 비글보드를 구매할 수 있는데, Digi-Key의 경우에는 별다른 회원 가입 절차 없이 구매할 수 있습니다.

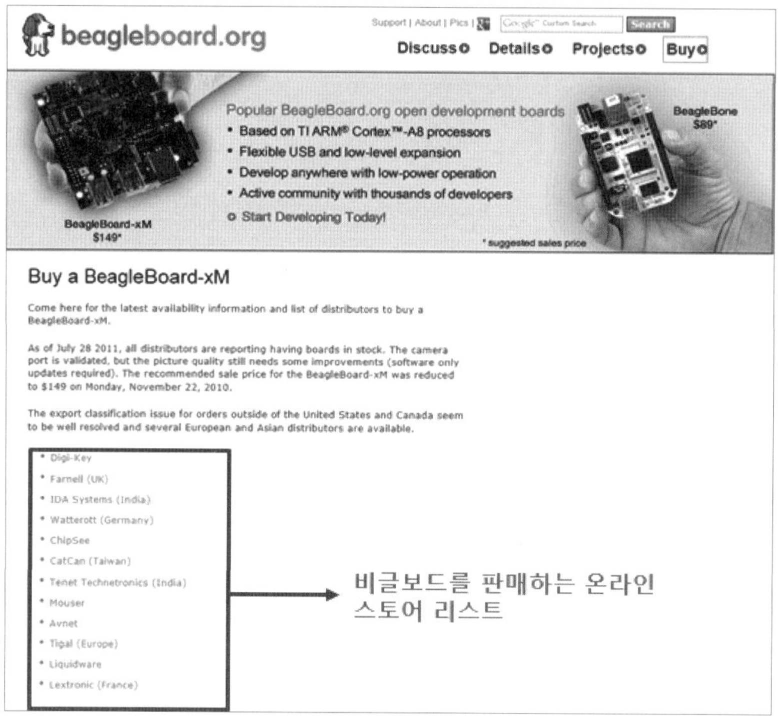

▲ 비글보드 홈페이지(http://www.beagleboard.org)

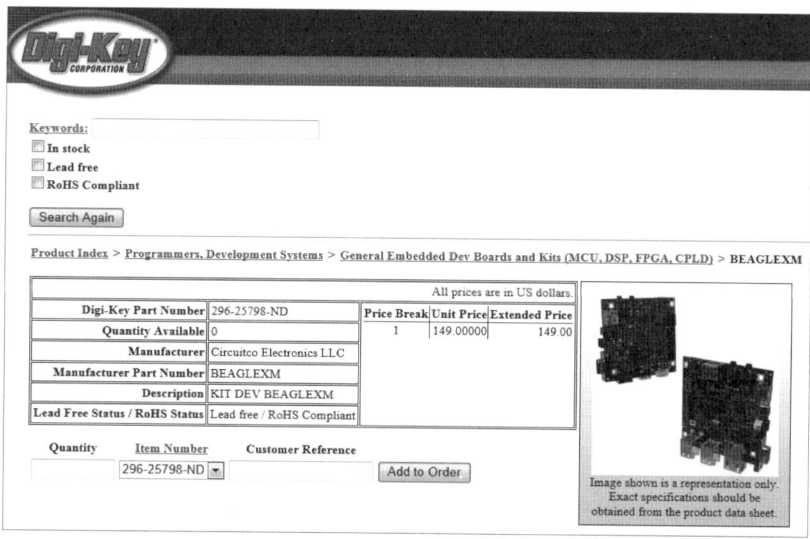

▲ Digi-Key 회사의 비글보드 구매 화면

비글보드를 구매했다면, 다음 그림과 같은 비글보드 세트가 도착했을 것입니다. 비글보드 박스에는 비글보드 본체, 마이크로 SD 카드, 마이크로 SD 카드 변환기가 포함되어 있을 것입니다.

▲ 비글보드 구성품

마이크로 SD 카드에는 비글보드의 초기 구동에 필요한 소프트웨어가 포함되어 있습니다. 소프트웨어에는 전원이 인가되자마자 구동이 되는 부트로더인 U-boot와 부트로더가 구동할 운영체제의 이미지(UImage)에 해당합니다. 그러므로 처음 받은 마이크로 SD 카드를 장착하고 전원을 인가하였을 경우, 운영체제의 로그온 프롬프트를 시리얼 케이블을 통해 확인할 수 있습니다.

Section 02.

비글보드 하드웨어 스펙

먼저 비글보드의 하드웨어 스펙부터 알아보도록 하겠습니다. 비글보드에 장착된 주요 부품에 대한 스펙과 외부 인터페이스에 대해 알아볼 것입니다. 비글보드의 스펙을 알고 앞으로 학습을 이어가는 것은 매우 중요합니다. 왜냐하면 비글보드의 스펙을 인지한 후에 실습을 수행하게 되면, 각각의 부품들이 어떻게 활용이 가능하며, 비글보드를 가지고 무엇을 할 수 있는지를 예측할 수 있기 때문입니다.

다음 표는 비글보드의 전반적인 스펙을 보여주고 있습니다.

모듈	특징	
프로세서	Texas Instruments Cortex A8 1GHz 프로세서	
PMIC TPS65950	직류 전원 생성 모듈, 오디오 코덱, USB OTG 컨트롤러 내장	
디버깅 지원	14핀 JTAG, UART, GPIO, 3 LEDs	
PCB	크기: 78.74mm x 76.2mm, 6층 구조	
외부 표시 장치	파워 공급 여부, PMU 정상 작동 여부, USB 전력 여부, 2개의 LED는 사용자가 설정 가능	
USB OTG포트	미니 AB USB 커넥터, TPS65950 인터페이스	
USB 호스트 포트	TPS65950 인터페이스, SMSC LAN9514 이더넷 허브 장착	
이더넷	10/100Mbps 지원, USB 허브내부에 이더넷 모듈 장착	
오디오 인터페이스	출력: 3.5mm 스테레오	입력: 3.5mm 스테레오
SD/MMC 커넥터	마이크로 SD 카드 장착 가능	
사용자 인터페이스	2개 버튼 장착 (리셋 버튼, 사용자 정의 버튼)	
비디오	2개 비디오 출력포트 (DVI-D, S-Video)	
카메라	커넥터를 통해 연결 가능 (Leopard 이미지 모듈)	
전원 커넥터	USB Power	DC Power
과전압 보호	과전압 공급 시 전원 차단	
외부 확장 커넥터	5V 파워잭, UART, McBSP, McSPI, I2C, GPIO, MMC2, PWM, LCD 커넥터, MMC3, GPIO, ADC, HDQ	

그럼 비글보드의 스펙을 보다 자세히 알아보도록 하겠습니다.

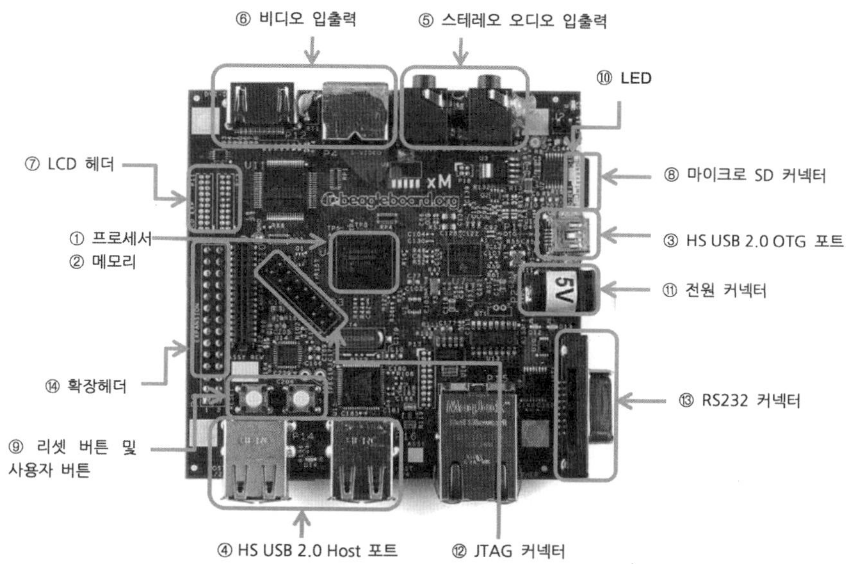

▲ 비글보드 및 기타 외부 장치 및 케이블

■ 프로세서

BeagleBoard-xM 프로세서는 1GHz DM3730CBP 버전입니다. 내부에는 A8 ARM 코어가 내장되어 있습니다. 가장 큰 특징은 모바일 기기에서도 여러 멀티미디어 처리를 하기 위한 DSP가 내장이 되어 있으며, 저전력으로 구동이 가능하다는 것입니다. 또한 하나의 모바일 시스템을 제작하는데 부가적인 모듈 없이 칩 내부에 기능을 집적시킬 수 있게 됩니다.

예를 들어 내부에는 DSP 뿐만 아니라, 외부 디스플레이 출력을 위한 LCD, 비디오 인코딩 기능, 외부 기기와의 연결을 위한 USB 모듈, 시리얼 인터페이스, 메모리 인터페이스 등이 하나의 칩 내부에 집적이 되어 있기 때문에 하드웨어 개발이 용이하게 되는 특징을 가지고 있습니다. 이와 같은 강력한 특징으로, 시중에 나와 있는 수 많은 모바일 기기들이 이와 같은 프로세서를 장착하고 있습니다. 또한 강력한 프로세서가 장착되어 있어 Windows CE, Linux, QNX, Symbian 등 여러 운영체제에서 구동이 가능하게 됩니다.

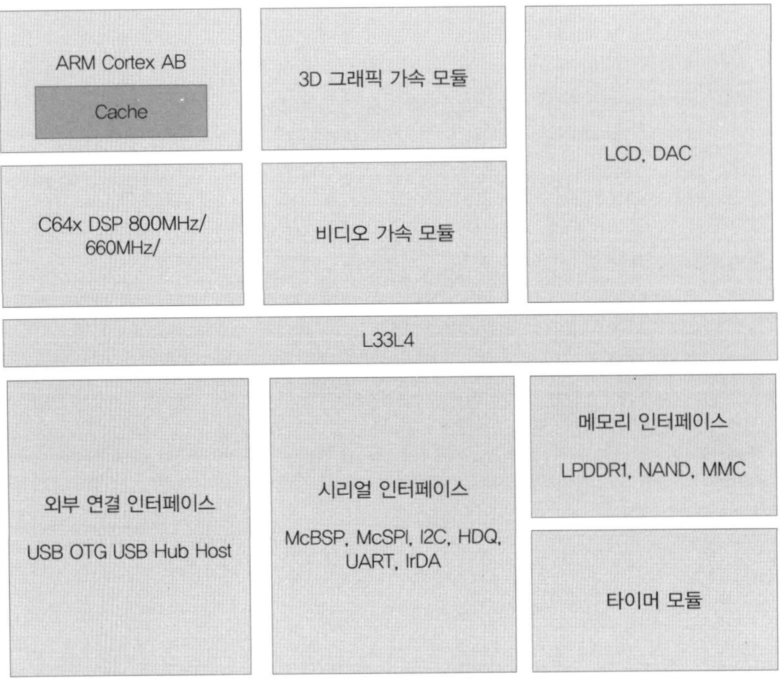

▲ 비글보드에 장착된 Cortex A8 1GHz 프로세서 내부 블록 다이어그램

또 하나의 큰 특징은, 비글보드에 장착된 프로세서 칩은 하나의 패키지 내부에 메모리를 장착하고 있습니다. 이를 POP(Package of Package) 공정이라고 합니다. 다음 그림에서 보는 바와 같이 하단에는 프로세서가 위치하며, 프로세서 위에 메모리가 같이 집적되어 있습니다. 지금까지 알아본 바와 같이 비글보드에 장착된 프로세서의 경우, CPU, 메모리 외에 많은 기능을 하나의 칩에 집적을 시킴으로써 매우 작은 사이즈의 시스템을 개발할 수 있게 되는 것입니다.

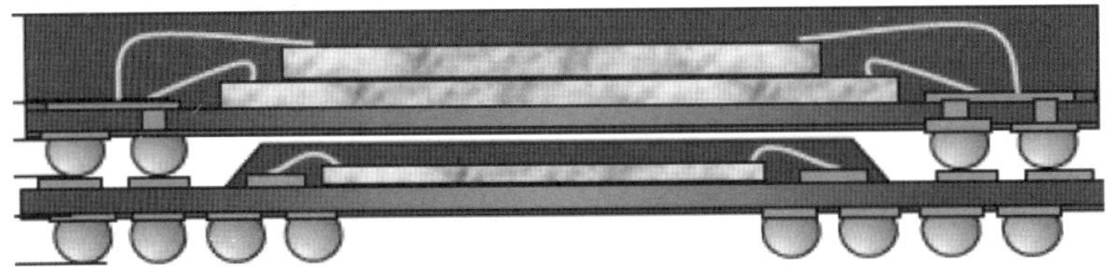

▲ 비글보드에 장착된 Cortax A8 프로세서 및 메모리 패키지

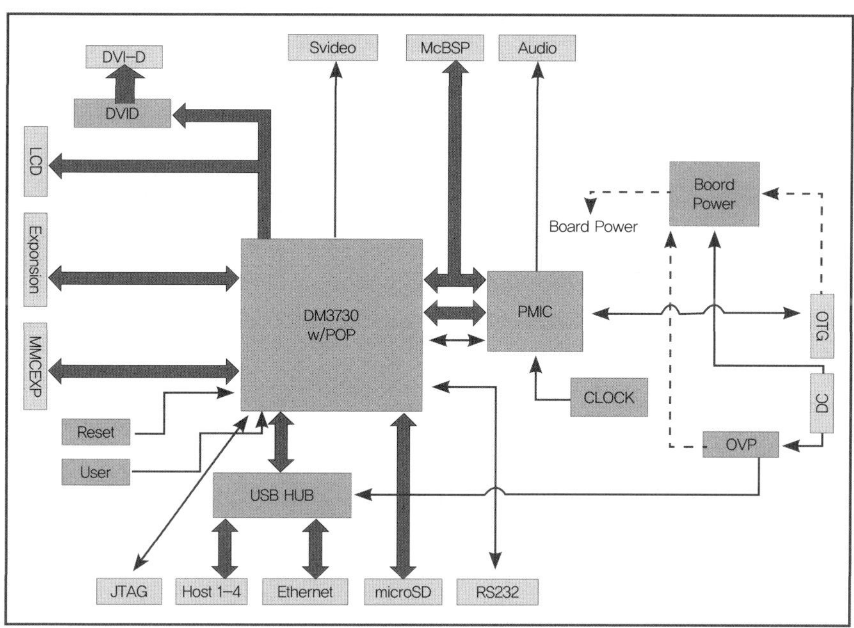

▲ 비글보드 내부 모듈 블록 다이어그램

■ 메모리

BeagleBoard-xM에 사용되는 메모리는 앞에서 설명한 바와 같이 POP 형태로 프로세서 위에 집적된 메모리를 사용하며, 4GB의 용량(512MB), 속도는 166MHz입니다. 이전 버전의 비글보드는 NAND Flash 메모리가 장착되어 있지만, xM 버전의 경우 위의 메모리 외에는 없습니다. 하지만, SD 카드 슬롯이 장착되어 있기 때문에 SD 메모리를 통하여 부트로더, 운영체제, 안드로이드를 구동할 수 있습니다.

■ HS USB 2.0 OTG 포트

USB OTG(On-The-Go)란 PC를 거치지 않고 디바이스끼리 USB로 통신을 할 수 있도록 해주는 USB 2.0 스펙입니다. 이는 디지털 카메라에서 바로 프린터로 연결하여 출력을 한다거나, PDA에서 키보드, 마우스 등을 사용하는 등에 사용될 수 있어 매우 유용합니다. 단, peer-to-peer 방식은 아니며, 전통적인 USB의 방식대로 Host-Device 관계를 가집니다. 즉, 디바이스끼리 통신이 필요할 경우, 둘 중 어느 한쪽이 호스트 역할을 하는 것입니다. 이는 안드로이드 포팅에 있어서 디버그 포트로서 활용할 수 있습니다. USB OTG 포트는 기본 전원과 비글보드에 대한 통신 링크로 사용 가능합니다.

일반 USB 케이블을 통해 PC로부터 전원을 공급받을 수 있으나, 공급될 수 있는 최대 전류는 500mA로 제한됩니다. 이는 PC 또는 노트북에 연결된 비글보드의 경우 충분한 전원을 공급받지 못하는 경우가 발생될 수 있다는 것의 의미합니다. 이와 같은 문제를 해결하기 위해서 Y 케이블을 사용하여 1A에 USB 포트가 제공하는 전류를 공급받을 수 있습니다. USB Y 케이블은 시중에서 쉽게 구매할 수 있습니다.

■ HS USB 2.0 Host 포트

비글보드에는 4개의 A타입의 USB 커넥터가 장착되어 있습니다. 각 포트는 3A 이상의 DC 전원이 공급될 경우 500mA까지 전원 공급이 가능하게 됩니다. 비글보드에 장착된 USB Hub의 칩셋은 LAN9514이며, 이 칩의 가장 큰 특징은 USB 허브 역할도 하면서, Ethernet 역할도 같이 한다는 것입니다.

■ 스테레오 오디오 입출력

비글보드는 스테레오 오디오 입출력 포트를 가지고 있습니다. 3.5mm 표준 스테레오 오디오 출력 잭은 온 보드 오디오 코덱의 스테레오 출력과 연결되며, 오디오 코덱은 TPS65950라는 칩 내부에 적재되어 있습니다. 입력 잭 역시 있으며, 출력과 마찬가지고 온보드 오디오 코덱에 의해 처리될 수 있습니다. 이와 같이 온보드는 스테레오의 오디오 입출력이 가능하기 때문에, 출력 포트에 이어폰, 스피커를 연결하여 오디오 장치를 만들어 볼 수 있을 것입니다. 또한 스테레오 입력 장치를 마이크에 연결하여 녹음 장치를 만들어 볼 수 있을 것입니다.

■ 비디오 입출력

비글보드는 S-Video 커넥터와 DVI-D 커넥터 등 2개의 비디오 출력 포트가 장착되어 있습니다. 그 중 4핀 DIN 커넥터는 S-Video 출력과 연결될 수 있습니다. 또한 비글보드는 DVI-D 디지털 신호 기반으로 영상을 출력하는 LCD 패널로 출력을 할 수 있습니다. DVI-D 신호는 LCD 패널 인터페이스의 표준으로서, 24비트 컬러 출력을 지원합니다. 비글보드는 DVI-D 인터페이스를 장착하고 있기 때문에 HDMI 커넥터를 통해 HDMI 포트가 지원되는 영상 장치에 출력을 할 수 있습니다. 비글보드에 장착된 HDMI 케이블과 연결을 하기 위해서는 DVI-D 입력이 가능한 모니터를 통해 영상을 출력시킬 수 있습니다.

■ LCD 헤더

비글보드는 1.27mm 피치의 2×10 헤더가 장착되어 있습니다. 이는 LCD 신호의 변환을 가능하게 하여 서로 다른 LCD 패널간의 어댑터 역할을 할 수 있게 하며, 다양한 LCD 패널의 사용을 가능하게 합니다.

■ 마이크로 SD 커넥터

비글보드에는 마이크로 SD 카드 장착을 위한 커넥터가 제공됩니다. 이는 비글보드에 있어, 기본 비휘발성 메모리 저장을 위한 수단을 제공합니다. 마이크로 SD 카드를 삽입하여 SD 카드에 저장된 부트로더와 운영체제를 이용하여 구동이 가능합니다.

■ 리셋 버튼 및 사용자 버튼

리셋 버튼(Reset)을 통해 시스템을 사용자 개입에 의해 초기화를 시킬 수 있습니다. 사용자 버튼(USER)의 경우 소프트웨어에 의해 사용할 수 있는 애플리케이션 버튼으로 사용할 수 있습니다.

■ LED

비글보드에는 5개의 녹색 LED가 장착되어 있으며, 이들은 사용자의 프로그램에 의해 제어가 될 수 있습니다. TPS65950칩 인근에 장착되어 있는 LED는 I2C 인터페이스를 통해 제어할 수 있습니다. 프로세서 칩 인근에 장착되어 있는 2개의 LED는 GPIO 핀과 연결되어 있습니다. 파워 LED는 비글보드의 전원 공급 여부를 나타내기 위한 LED이나, 소프트웨어에 의해 꺼질 수 있습니다. 마지막 하나의 LED는 온보드 USB 허브의 파워 공급을 나타내주기 위한 LED로서, 이 역시 소프트웨어에 의해 제어가 가능합니다. 또한 비글보드에는 빨간 색깔의 LED가 장착되어 있는데, 이는 비글보드의 과전류 여부를 보여줍니다. 만약 빨간 LED가 지속적으로 켜져 있다면, 비글보드의 전원 공급에 문제가 있다는 것을 의미합니다.

■ 전원 커넥터

비글보드의 전원은 USB OTG 또는 5V 어댑터 포트를 통해 공급받을 수 있습니다. 만약 5V 어댑터와 USB OTG 포트 모두 연결이 되어 있다면, USB 포트로부터의 전원은 자동으로 차단됩니다.

■ JTAG 커넥터

JTAG(Joint Test Action Group)는 임베디드 시스템 개발 시 디버깅하기 위한 포트입니다. JTAG 인터페이스는 1.8V 전원만 인식을 하므로, 그 이상의 전원을 공급을 하면 치명적인 JTAG 회로 손상이 야기될 수 있으므로 주의해야 합니다.

■ RS 232 커넥터

비글보드는 RS 232 포트를 제공하여 시리얼 통신을 할 수 있습니다. 하지만 최근 출시되는 대부분의 PC는 시리얼 케이블이 없습니다. 이 경우에는 USB-to-Serial 케이블을 이용하여 PC와 연결할 수 있습니다.

■ 확장 헤더

비글보드에는 28핀 헤더가 장착되어 있습니다. 각 헤더의 핀은 GPIO에 연결되어 있어, 제어가 가능합니다. 예를 들어 핀헤더와 연결된 GPIO값을 제어를 하여 PWM 신호를 송출하여 모터를 제어하는데 활용할 수 있습니다. 또한 비글보드에서 옵션으로 구매할 수 있는 확장 카드를 연결하여 추가 기능을 구현할 수 있습니다.

■ 기타 외부 장치

① 카메라 커넥터

비글보드에는 카메라 커넥터가 장착되어 있는데, 카메라는 옵션으로서 추가로 구매할 수 있습니다. 현재 비글보드를 위해 제작된 Leopard Imaging 카메라 모듈은 VGA, 2MP, 3MP 및 5MP를 지원합니다. 카메라를 비글보드에서 구동하기 위해서는 소프트웨어 드라이버가 필요합니다.

② USB to Wi-Fi

비글보드에 Wi-Fi를 연결하여 모빌리티를 향상시킬 수 있습니다. 시중에는 USB 타

입의 다양한 무선랜 카드를 판매하고 있습니다. 이러한 장치는 비글보드의 USB 포트에 연결하여 구동할 수 있습니다. 단, 이와 같은 장치를 사용하기 위해서는 드라이버의 제공 유무가 중요합니다. 비글보드 홈페이지(http://Beagleboard.org)에서는 비글보드와 호환되는 여러 Wi-Fi 카드 정보를 제공하고 있습니다.

Section 03.

비글보드의 활용

지금까지 비글보드에 장착된 각 모듈들의 기능들을 알아보았습니다. 하드웨어에 대한 구성을 알고 실습을 하는 것은 매우 중요합니다. 하드웨어에 대한 구성을 알고 있는 상태에서 여러 실습을 수행하게 되면, 습득한 지식을 활용해서 추후에 어떻게 활용할 수 있는지를 생각해 볼 수 있기 때문입니다.

지금까지 알아보았던 비글보드를 활용해서 무엇을 할 수 있을까요? 다음 그림은 비글보드를 활용하여 가능한 시스템의 예를 보여주고 있습니다. 또한 각 예는 이 책에서 수행할 실습 내용이기도 합니다.

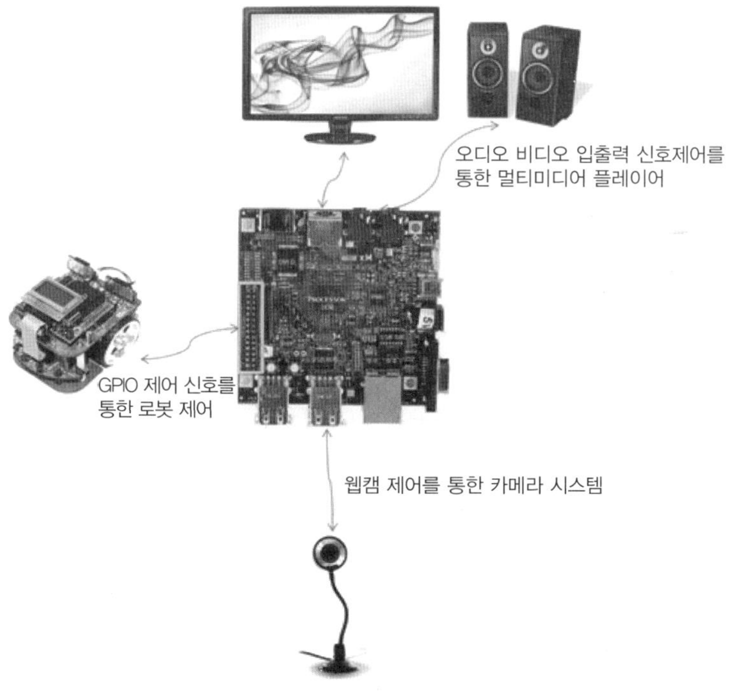

▲ 비글보드를 활용한 시스템의 예

■ 비글보드의 GPIO 제어 신호를 이용하여 로봇을 제어

먼저 비글보드의 GPIO 제어 신호를 이용하여 로봇을 제어할 수 있습니다. 이는 chapter 08에 해당하는 내용입니다. chapter 07의 실습 내용을 바탕으로 인터럽트에 대한 실습을 수행한 후에, 8장의 실습 내용을 바탕으로 인터럽트를 활용하여 GPIO 포트에 1, 0으로 구성된 제어 신호를 출력하는 실습을 할 것입니다. 제어 신호가 출력되는 포트를 로봇에 연결시킨다면 로봇을 제어할 수 있을 것이고, 간단한 센서를 부착시킨다면 센서노드 역시 만들어 볼 수 있을 것입니다.

■ 오디오 비디오 입출력 신호 제어를 통한 멀티미디어 플레이어

오디오 비디오 입출력 신호 제어를 통한 멀티미디어 플레이어를 만들어 볼 수 있을 것입니다. 비글보드에 장착된 프로세서 내부에는 강력한 DSP 기능과, 오디오 및 비디오 신호 처리 모듈이 장착되어 있습니다. chapter 10과 chapter 11에서는 오디오 및 비디오 신호를 제어하기 위한 디바이스 드라이버에 대한 실습을 수행할 것입니다.

■ 웹 캠을 활용한 비디오 카메라 시스템

비글보드에 장착된 USB 포트에 웹 캠을 장착하고 드라이버를 장착하여 간단한 비디오 촬영 장치를 만들어 볼 수 있을 것입니다. 이를 안드로이드 플랫폼과 연동할 수 있다면, 차량에도 장착할 수 있는 블랙박스 시스템도 만들어 볼 수 있을 것입니다.

지금까지 설명했던 여러 가지 활용 예는 극히 일부에 지나지 않습니다. 앞으로 여러 실습을 통해 기본 지식을 익히고, 여러분의 아이디어를 비글보드에 접목시킬 수 있다면 매우 다양한 시스템을 만들어 볼 수 있을 것입니다. 이상으로 본 교재의 실습 장비로 활용할 비글보드에 대해서 알아보았습니다.

비글보드의 세부 하드웨어 스펙에 대해서 알고 싶은 독자는 BeagleBoard.org 사이트에 방문해 보기 바랍니다. BeagleBoard-xM에 대한 참조 매뉴얼을 포함하여, 회로도 정보, 개발 정보 등 다양한 정보가 개제되어 있습니다. 또한 http://code.google.com/p/beagleboard/ 및 http://elinux.org/BeagleBoard도 비글보드에 대한 다양한 정보가 실려있는 유용한 사이트 입니다. 비글보드의 응용 예제부터, 다양한 하드웨어에 대한 드라이버 그리고 실습 내용이 포함되어 있습니다.

chapter 03
비글보드 개발 환경 구축

비글보드를 개발하기 위해서는 비글보드에 운영체제(OS)를 설치하여야 합니다. 이번 chapter에서는 비글보드에 리눅스와 안드로이드 운영체제를 설치하여 사용하는 방법에 대해서 설명을 하고자 합니다. 이를 위해서는 개발자 PC에 개발을 위한 환경을 먼저 갖춰야 합니다. 그럼 지금부터 비글보드를 개발하기 위한 PC 개발 환경 구성 과정과 비글보드에 리눅스와 안드로이드 운영체제를 설치하는 방법을 설명하도록 하겠습니다.

Section 01.

VMware Player 개발 환경 구성

비글보드에 리눅스 또는 안드로이드를 구동하기 위해서는, 각각 리눅스 소스 코드나 안드로이드 소스 코드를 빌드하기 위한 플랫폼이 필요합니다. 이렇게 개발을 위한 플랫폼 환경을 갖춘 컴퓨터를 호스트 컴퓨터(Host PC)라고 부릅니다. 안드로이드의 경우, 리눅스 커널에 기반을 두고 있으므로, 리눅스 플랫폼 환경을 구축함으로서 두 가지를 모두 만족할 수 있습니다. 특히 안드로이드는 리눅스 중에서 우분투 리눅스를 호스트 컴퓨터의 OS로 추천하고 있습니다.

우분투 리눅스가 이미 설치되어 있다면 그대로 이용해도 좋습니다. 혹시 우분투 리눅스 환경이 설치되어 있지 않다고 하더라도, PC상의 운영체제를 지우고 우분투 리눅스를 설치할 필요는 없습니다. VMware Player라는 가상화 프로그램을 이용하여 기존 PC 환경 안에서 가상으로 우분투 리눅스 개발 환경을 충분히 구성할 수 있기 때문입니다.

VMware Player는 기존 설치된 운영체제 위에서 가상 머신(Virtual Machine)을 생성하여, 다른 운영체제 개발 환경의 구성을 도와주는 프로그램입니다. 물론 VMware Player 외에도 가상 개발 환경을 구성할 수 있는 프로그램은 많지만, 비글보드 개발을 위해서는 무료로 이용할 수 있는 VMware Player 사용을 권장합니다.

▲ VMware Player 다운로드 웹 페이지

VMware Player는 웹사이트(http://downloads.vmware.com/)을 통하여 다운로드 받을 수 있습니다. 위 웹사이트로 이동하면 다양한 종류의 VMware 프로그램 리스트가 나타나는데, 여기에서 VMware Player를 찾아 다운로드하면 됩니다. 이 과정에서 이메일 주소를 통한 등록이 필요한데, 이름과 이메일 주소, 국가, 비밀 번호만 입력하면 됩니다. 등록이 끝난 뒤 현재 PC에 맞는 VMware Player를 찾아 다운받은 뒤 설치합니다.

Section 02.

VMware Player 상에 우분투 리눅스 설치

이제 VMware Player 상에 우분투 리눅스를 설치합니다. 먼저 우분투 리눅스 설치를 위한 iso 파일을 다운로드해야 하는데, 우분투 웹사이트(http://www.ubuntu.com/download/ubuntu/download)를 통해 다운로드할 수 있습니다. 이 책에서는 호스트 컴퓨터에서 사용할 OS로 우분투 64-bit 11.10 버전을 사용하였습니다.

우분투 11.10 배포판에서 리눅스의 버전은 3.0.0에 해당합니다. 이는 호스트 컴퓨터로 사용할 리눅스의 버전을 의미하는 것이고, 실제 비글보드에서 구동할 리눅스는 chapter 01에서 소개한 것 처럼 리눅스 3.0.1을 사용할 것입니다.

우분투 리눅스 64-bit 11.10 버전을 다운받은 뒤 VMware Player를 실행합니다. 실행 시 다음과 같은 화면이 나타납니다. 화면 왼쪽에는 기존에 생성되어 있는 Virtual

Machine(줄여서 VM이라고도 함) 리스트가 출력되는데, 만약 VMware Player를 처음 실행한 상태라면 왼쪽 리스트에 Home 하나만 존재할 것입니다.

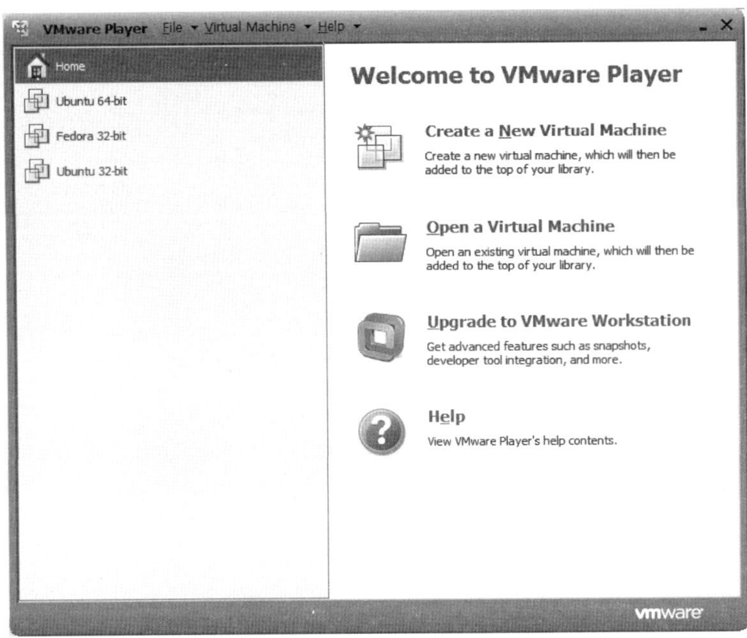

▲ VMware Player 실행 첫 화면

위쪽 메뉴 바 에서 [File]→[Create a New Virtual Machine]을 선택하거나 Ctrl +N 을 입력하면 새로운 VM을 생성할 수 있는 마법사가 나타납니다. 이 마법사에서 "Installer disc image file (iso)"를 선택한 뒤, 조금 전 다운받은 우분투 리눅스의 iso 파일을 선택합니다.

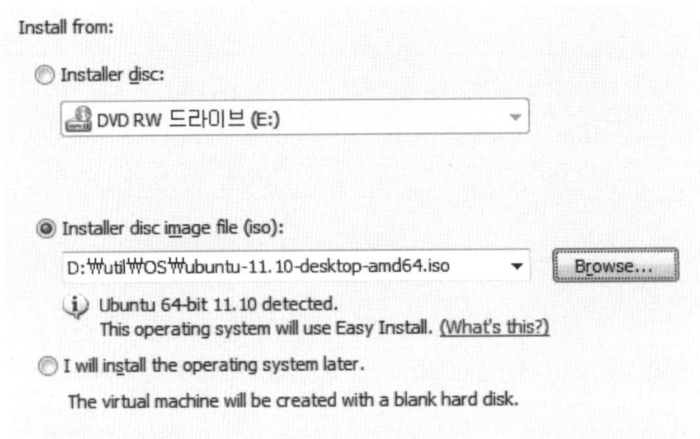

▲ 우분투 리눅스 ISO 이미지 선택

Next 버튼을 클릭하면, 유저 아이디와 비밀번호를 입력하는 창이 나타납니다. 여기에서 입력하는 유저 아이디와 비밀번호는 설치가 완료된 뒤 우분투 리눅스에 로그인할 때 사용되는 아이디와 비밀번호입니다. 원하는 대로 입력한 후 Next 버튼을 클릭합니다. 이 책에서는 사용자 아이디로 beagleboard를 사용하도록 하였습니다.

▲ 유저 ID 및 패스워드 설정

다음은 VM의 이름과 위치를 지정해 주는 창입니다. 원하는 이름과 VM이 저장될 위치를 지정해 준 뒤 Next 버튼을 클릭합니다.

▲ VM 이름 및 저장 경로 설정

이제 우분투 리눅스에서 사용될 디스크 크기를 설정합니다. 특히 안드로이드 소스를 다운 받아서 컴파일을 할 시에 매우 큰 용량을 필요로 하기 때문에, 넉넉히 **50~60GB** 정도로 설정하는 것을 권장합니다. 디스크 크기를 설정한 후, 해당 디스크 파일을 하나의 파일로 관리할 것인지, 여러 파일로 나누어 관리할 것인지를 결정하는데, 원하는 대로 설정한 뒤 Next 버튼을 클릭합니다.

▲ VM 디스크의 크기 설정

이후 설정 내역이 정리되어 나오고, Finish 버튼을 클릭하면 새 VM이 생성됩니다.

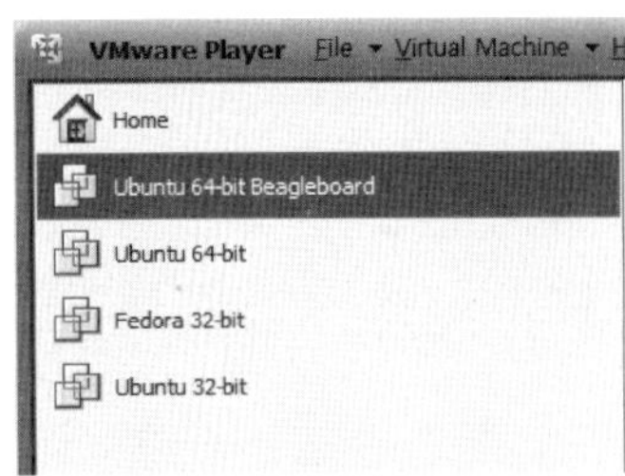

▲ 새로 생성된 VM이 추가된 모습

이제 왼쪽 리스트에 새로 생성한 VM이 추가되었습니다. 해당 VM을 선택한 후, 오른쪽 화면에서 "Play virtual machine"을 선택하면 VMware Player에서 자동으로 우분투 리눅스의 설치를 시작하게 됩니다.

하지만 설치하기에 앞서서 사용할 VM의 하드웨어 설정을 먼저 하도록 하겠습니다. 특히 VM에서 사용할 수 있는 메모리의 크기 설정이 중요합니다. 이것은 후에 안드로이드 소스를 컴파일하는 과정에서 메모리가 부족할 경우, 컴파일 도중 멈추게 되는 현상이 생길 수 있습니다. VM의 하드웨어 설정은 "Play virtual machine" 아래 "Edit virtual machine settings"를 통해서 가능합니다. 선택을 하면 다음 그림과 같이 하드웨어의 설정 정보를 변경할 수 있습니다.

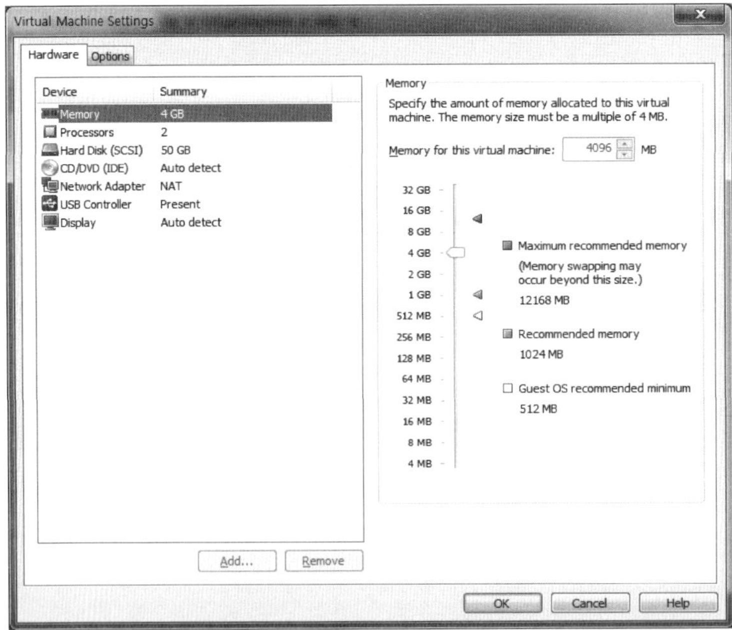

▲ VM의 하드웨어 설정을 하는 화면

우선 메모리의 용량을 위 그림과 같이 **4GB** 정도를 할당하는 것을 권장합니다. Network Adapter의 경우에는 NAT를 사용하도록 설정을 하면, VM에서도 동일하게 네트워크를 사용할 수 있습니다. 그 외의 하드웨어는 필요에 따라서 추가하거나 삭제를 해도 괜찮습니다.

 64-bit용 OS를 VMware Player에서 VM으로 구동하려고 할 때, 다음과 같이 "Software virtualization is incompatible"이라는 메시지가 나오는 경우, 혹은 그 다음 그림과 같이 64-bit가 불가능하여 64-bit 지원 없이 진행하겠는지 여부를 묻는 화면이 출력되는 경우가 있습니다.

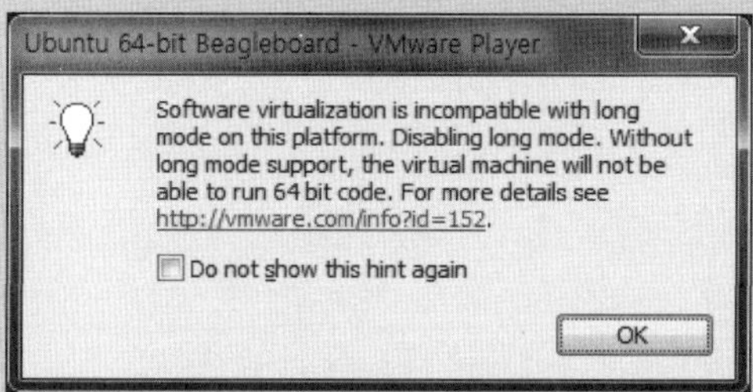

▲ 64-bit OS를 VM으로 설정하지 못하는 에러가 발생한 경우

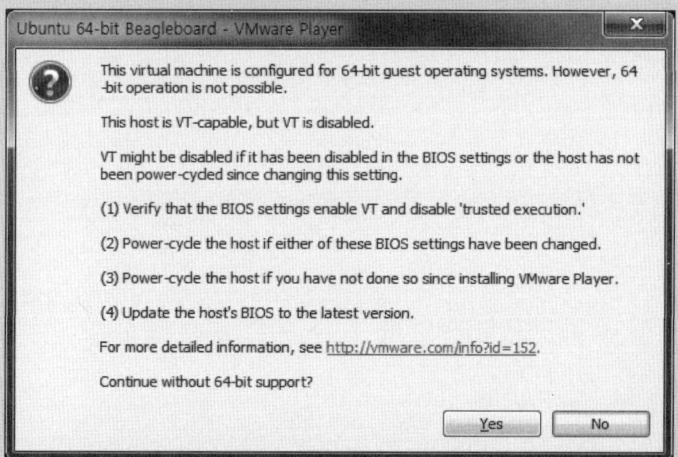

▲ 64-bit OS를 VM으로 설정하지 못하는 에러가 발생한 경우

위와 같은 문제는 인텔 CPU를 사용하고 있는 경우에 Virtualization Technology에 대한 기능이 disable 되어 있는 경우 발생하게 됩니다. 이를 해결하게 위해서는 컴퓨터를 재부팅해서 BIOS에서 설정을 해 주어야 합니다. 일반적으로 PC의 경우 부팅 시 Delete 키를 눌러서 bios setting 화면으로 들어갈 수 있습니다. 각 bios 버전에 따라서 setting을 하는 방법이 조금씩 다를 수 있으나, 일반적으로 Advanced 항목에서 CPU Configuration을 설정할 수 있습니다. CPU Configuration 항목 중에서 Intel Virtualization Technology 항목을 enable로 설정한 후 저장하고 컴퓨터를 재부팅하도록 합니다.

이제 "Play virtual machine"을 선택하여 우분투 리눅스를 설치합니다. 설치 작업
은 수분에서 길면 수십 분 정도 소요될 수 있습니다.

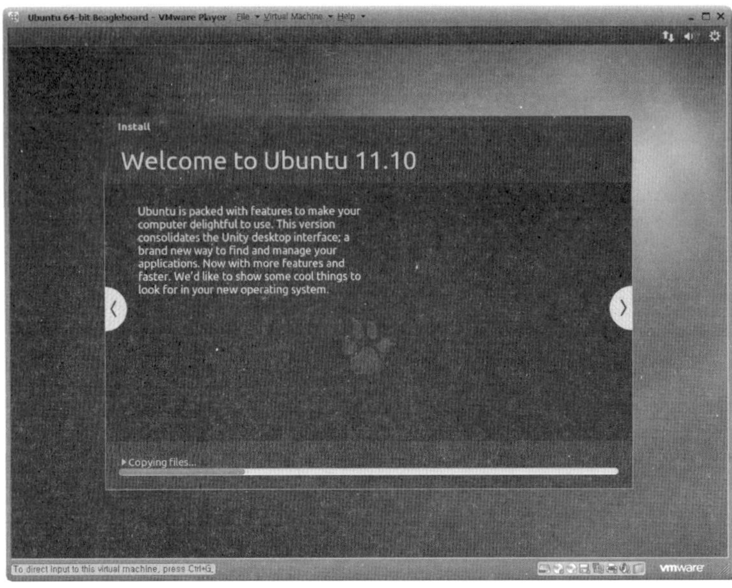

▲ 우분투 리눅스 설치 화면

설치가 끝난 뒤 처음 지정했던 비밀번호를 입력하고 로그인하면 다음과 같은 화면을
볼 수 있습니다.

▲ 우분투 리눅스 첫 실행 화면

리눅스의 터미널(Terminal)은 GUI(Graphic User Interface)가 아닌 CUI (Character User Interface) 기반으로 리눅스를 사용할 수 있는 프로그램입니다. 화면 왼쪽 상단의 Dash home 버튼을 누른 뒤, terminal을 입력하고 나오는 터미널 프로그램을 왼쪽 메뉴 바에 드래그합니다. 이후 메뉴 바의 터미널 아이콘을 클릭하면 터미널을 실행시킬 수 있습니다. 앞으로 개발 과정에서 계속 사용될 프로그램이므로 잘 알아두도록 합니다.

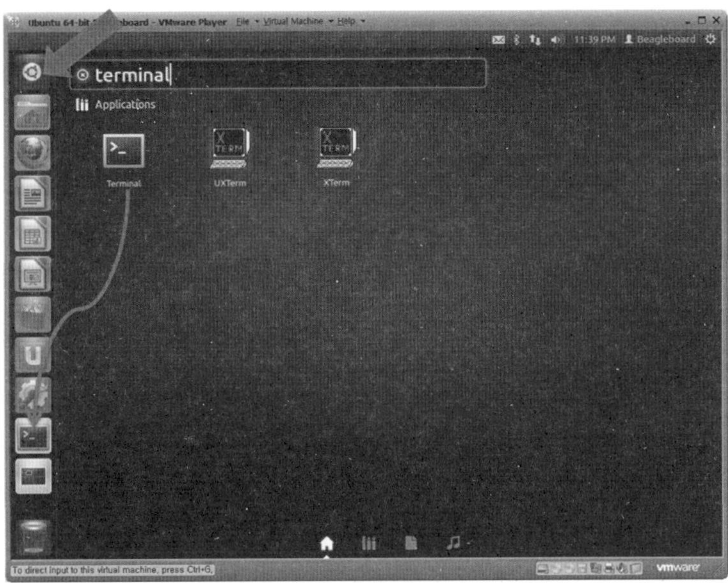

▲ 터미널 프로그램

Section 03.

비글보드에 임베디드 리눅스 커널 구동하기

이번 Section에서는 리눅스 커널 소스로부터 비글보드에 맞는 커널 이미지를 생성하고, 생성된 커널 이미지를 직접 비글보드에서 구동시키는 과정에 대해서 설명하도록 하겠습니다. 이렇게 비글보드에 설치할 리눅스를 빌드하고 구동하기 위해서는 먼저 크로스 컴파일 환경에 대해서 알아야 합니다.

크로스 컴파일 환경

일반적으로 임베디드 환경에서는 타겟머신에 올라갈 OS를 컴파일하는 호스트 컴퓨터가 필요합니다. 이 호스트 컴퓨터에서 타겟머신에 맞는 임베디드 리눅스 이미지를 생성하고, 이렇게 생성된 이미지를 타겟 머신, 즉 비글보드로 다운로드하여 리눅스를 구동하게 됩니다. 일반적으로 임베디드 리눅스를 위한 호스트 컴퓨터는 리눅스를 기본 OS로 설치를 하게 됩니다. 하지만 이를 위해서 새로 컴퓨터를 구매할 필요는 없습니다. 우리는 Section 02에서 VMPlayer를 이용하여 우분투 리눅스를 설치하였습니다. 이렇게 설치한 우분투 리눅스를 호스트 컴퓨터로 사용할 것입니다.

호스트 컴퓨터가 비글보드용 리눅스 커널을 생성하는 것 외에도, 비글보드에서 리눅스가 구동될 시 디버깅 용도로 사용할 수 있습니다. 이를 위해 우분투 리눅스와 비글보드 사이를 시리얼 포트를 사용하여 연결하게 됩니다. 이를 통해 리눅스의 부팅 시 각종 로그 메시지를 확인할 수 있으며, 리눅스 커널이 동작한 후 비글보드에서 리눅스를 사용하기 위한 콘솔로도 사용하게 됩니다.

따라서 다음 그림과 같이 호스트 컴퓨터와 비글보드 사이를 시리얼 케이블을 사용하여 연결하게 됩니다. 최근의 컴퓨터의 경우 시리얼 포트를 가지고 있지 않기 때문에 여기서는 USB-to-Serial 케이블을 사용할 것입니다.

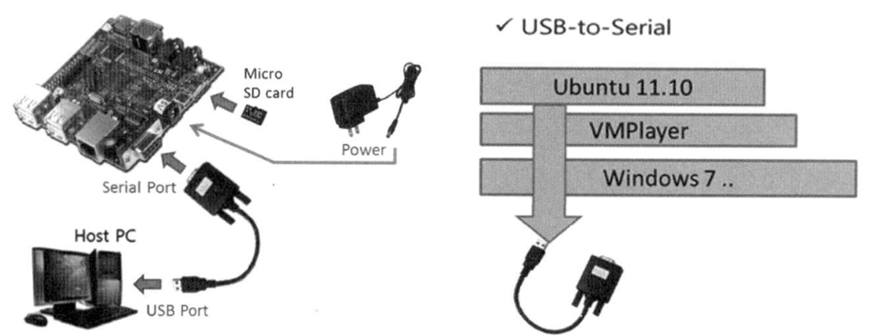

▲ 비글보드에서 임베디드 리눅스 개발을 위한 환경설정

따라서 비글보드의 시리얼 포트와 사용자 컴퓨터의 USB 포트를 연결하게 됩니다. 사용자 컴퓨터에서는 실제 연결된 USB 포트가 위 그림과 같이 VMPlayer를 거쳐서 우분투 리눅스로 연결이 됩니다. 이렇게 VM으로 동작하는 우분투 리눅스가 컴퓨터의 USB 포트를 직접적으로 연결하기 위해서는 다음과 같이 설정을 해 주어야 합니다.

준비된 USB-to-Serial 케이블의 USB 포트를 호스트 컴퓨터에 연결해 보도록 하겠습니다. USB-to-Serial 케이블이 없는 경우, USB 메모리를 사용해서 테스트해볼 수 있습니다. USB 포트에 연결을 할 경우, 자동으로 VMplayer에서 연결된 디바이스 정보를 팝업 메뉴로 보여주고, VMPlayer 프로그램의 오른쪽 하단에 다음 그림과 같이 USB 아이콘이 생성되는 것을 확인할 수 있습니다. 아직 해당 USB 디바이스가 VMplayer에서 구동되고 있는 우분투 리눅스로 직접 연결된 것이 아니므로, 반 투명한 아이콘으로 표시가 됩니다.

▲ VMplayer에서 연결된 USB 장치를 인식한 모습

이제 이 USB 장치를 우분투 리눅스에서 직접적으로 사용하도록 연결을 하겠습니다. 이 과정은 마우스를 위 USB 아이콘으로 옮겨서 클릭을 하면 나오는 메뉴에서 명령을 내릴 수 있습니다. 위 아이콘을 클릭할 경우 다음 그림과 같은 메뉴가 나오게 됩니다. 여기서 "Connect (Disconnect from host)"를 클릭해서 진행하면 됩니다. 진행 시에 다음 그림의 오른쪽과 같은 창이 나타나는데, "OK"를 클릭해서 진행하면 됩니다.

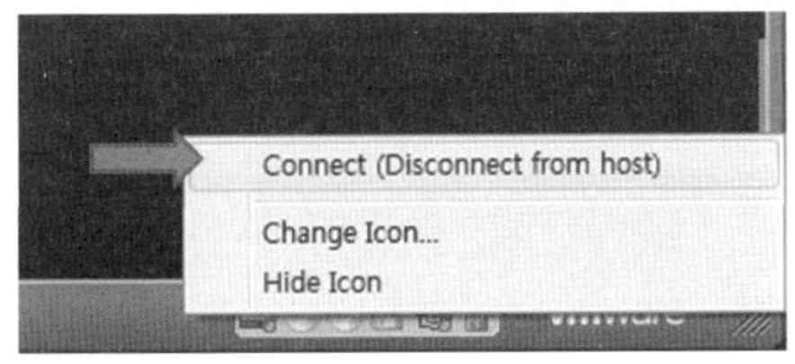

▲ USB 장치를 우분투 리눅스에 연결하기

USB 장치가 우분투 리눅스에 연결이 성공하면, VMPlayer의 오른쪽 아래에 있는 USB 아이콘이 진한 아이콘으로 변하게 됩니다. 반대로 연결을 해제하기 위해서는 위와 동일한 방법으로 해당 아이콘을 클릭하면, "Disconnect (Connect to host)" 라는 메뉴가 나옵니다. 이 메뉴을 선택해서 연결을 해제할 수 있습니다.

지금까지 크로스 컴파일 환경 구성에서 호스트 컴퓨터와 비글보드 사이의 연결에 대해서 설명을 하였습니다. 앞에서 호스트 컴퓨터에서는 비글보드에 올라갈 리눅스 커널을 생성하는 역할과 디버깅 역할을 하게 된다고 했는데, 실제로 이 용도로 사용하기 위해서는 호스트 컴퓨터, 즉 우분투 리눅스에서 다음의 준비 과정이 필요합니다.

① Minicom 설치

② 크로스 컴파일러의 설치

③ OS image를 만들기 위한 빌드 도구 설치

④ 비글보드에 리눅스 부팅하기

미니콤 설치

미니콤(Minicom)은 리눅스에서 사용하는 시리얼 통신 프로그램입니다. 따라서 비글보드에서 리눅스가 구동 시 메시지를 확인한다던가, 리눅스 구동 후에 콘솔의 연결을 위해서 필요합니다. 따라서 개발 환경을 만들기 위해서 반드시 설치해야 할 프로그램입니다. 미니콤의 설치는 apt-get 명령을 통해서 쉽게 설치할 수 있습니다. 다음의 명령을 통해서 미니콤을 설치하도록 합니다.

▥ 미니콤의 설치

```
beagleboard@ubuntu:~$ sudo apt-get install minicom
[sudo] password for beagleboard: ****
```

미니콤을 설치한 후에는 시리얼 포트에 대한 설정을 해 주어야 합니다. 설정에는 통신 속도, 패리티 비트와 사용할 장치의 이름 등을 설정하게 됩니다. 미니콤의 환경 설정은 다음의 명령을 통해서 수행이 됩니다.

▥ 미니콤의 환경 설정

```
beagleboard@ubuntu:~$ sudo minicom -s
```

위 명령을 통해서 나타나는 메뉴에서 "Serial port setup"을 선택해서 다음과 같이 설정을 하도록 합니다. Serial Device의 이름으로는 "/dev/ttyUSB0"를 사용합니다. USB-to-Serial을 통해서 사용을 하게 되는데, 위 과정에서 USB 장치를 연결할 경우, 해당 디바이스가 ttyUSB0 라는 이름으로 등록이 됩니다. 따라서 이 장치 이름으로 시리얼 장치를 사용하게 됩니다. Bps/Par/Bits 값으로는 115200 8N1을 사용하고, hardware flow control은 사용하지 않도록 설정합니다.

한편 설정을 마친 후 미니콤을 다시 시작할 때, 설정한 값을 그대로 사용하기 위해서 디폴트 환경으로 저장해야 합니다. 그래서 "Save setup as dfl" 메뉴를 이용해 저장하도록 합니다. 저장 시에는 반드시 USB-to-Serial 케이블이 USB 포트에 연결이 되어서 /dev/ttyUSB0 장치가 있어야 합니다. 시리얼 장치로 등록한 /dev/ttyUSB0 장치의 여부를 확인하도록 되어있기 때문입니다. 이렇게 저장을 마친 후에는 비글보드에서 리눅스를 사용하고자 할 때, USB-to-Serial 케이블을 연결하고, 미니콤을 실행함으로써 시리얼 통신이 가능하게 됩니다.

```
beagleboard@ubuntu: ~

+-----------------------------------------------------------------+
| A -      Serial Device        : /dev/ttyUSB0                    |
| B - Lockfile Location         : /var/lock                       |
| C -     Callin Program        :                                 |
| D -     Callout Program       :                                 |
| E -      Bps/Par/Bits         : 115200 8N1                      |
| F - Hardware Flow Control     : No                              |
| G - Software Flow Control     : No                              |
|                                                                 |
|   Change which setting?                                         |
+-----------------------------------------------------------------+
        | Screen and keyboard     |
        | Save setup as dfl       |
        | Save setup as..         |
        | Exit                    |
        | Exit from Minicom       |
        +-------------------------+
```

▲ 미니콤의 시리얼 포트의 설정

크로스 컴파일러 설치

비글보드에서 구동하게 될 커널은 호스트 컴퓨터, 즉 우분투 리눅스에서 컴파일해서 생성하게 됩니다. 비글보드의 Core는 ARM 계열이므로, 호스트 컴퓨터에서 컴파일한 실행 파일이 실행될 수 없습니다. 따라서 호스트 컴퓨터에서 실행 파일 및 각종 라이브러리를 컴파일할 시에 타겟 머신인 비글보드에 맞춰서 생성해 주어야 합니다.

이를 위해서 컴파일 시에 사용하는 gcc 외에 ARM용으로 실행 파일을 만들기 위한 크로스 컴파일러를 준비해 두고, 비글보드용 리눅스 커널 및 각종 라이브러리나 실행 파일을 생성할 때에는 이 크로스 컴파일러를 사용해서 생성하도록 합니다. 크로스 컴파일러 역시 쉽게 설치가 가능합니다.

||||| **크로스 컴파일러 설치**

```
beagleboard@ubuntu:~$ sudo apt-get install gcc-arm-linux-gnueabi
```

OS image를 만들기 위한 빌드 도구 설치

비글보드에서 구동하게 될 커널의 생성은 호스트 컴퓨터, 즉 우분투 리눅스에서 컴파일을 하게 됩니다. 이를 위해서 가장 중요한 것이 크로스 컴파일러의 설치입니다. 그리고 크로스 컴파일러 외에도 커널을 빌드하기 위한 몇 가지 도구들이 필요합니다. 그래서 다음의 명령을 통해서 미리 설치를 해 둘 필요가 있습니다.

▐▐▐▐▐ OS 이미지 생성을 위한 빌드 도구 설치

```
beagleboard@ubuntu:~$ sudo apt-get install uboot-mkimage
beagleboard@ubuntu:~$ sudo apt-get install build-essential ccache
beagleboard@ubuntu:~$ sudo apt-get install libncurses5-dev
libncursesw5-dev
```

비글보드에 맞게 만들어진 이미지를 통해서 리눅스 부팅하기

이제 리눅스 커널을 컴파일하고 비글보드에서 구동을 하기 위한 준비를 거의 마쳤습니다. 이제 실제로 리눅스 커널을 준비하고 비글보드에 구동하는 과정에 대해서 설명을 하겠습니다. 비글보드에서 리눅스를 부팅하기 위해서는 리눅스 커널 소스로부터 커널 이미지를 만들어서 사용해야 합니다. 준비된 비글보드에 리눅스 커널을 구동하는 방법으로 이미 만들어진 커널 이미지로부터 구동하는 방법을 먼저 소개하고, 그 후에 커널 소스로부터 직접 컴파일해서 얻은 이미지를 통해서 구동하는 방법에 대해서 소개하겠습니다.

먼저 비글보드에 맞게 만들어진 리눅스 커널 이미지를 사용해서, 비글보드에 리눅스를 올리는 방법에 대해서 알아보도록 하겠습니다. 먼저 비글보드용 리눅스 커널 이미지를 다운받도록 합니다. 여기서는 http://rcn-ee.net/deb/rootfs/oneiric/에 있는 리눅스 커널 이미지를 다운 받았습니다.

▐▐▐▐▐ Pre-Configured Image 다운로드 하기

```
beagleboard@ubuntu:~$ mkdir linuxkernel
beagleboard@ubuntu:~$ cd linuxkernel
beagleboard@ubuntu:~/linuxkernel$ sudo wget http://rcn-ee.net/
deb/rootfs/oneiric/ubuntu-11.10-r8-minimal-armel.tar.xz
[sudo] password for beagleboard: ****

〈중략〉
Resolving rcn-ee.net... 69.163.149.169
Connecting to rcn-ee.net|69.163.149.169|:80... connected.
HTTP request sent, awaiting response... 200 OK
```

```
Length: 121922648 (116M) [application/x-tar]
Saving to: ubuntu-11.10-r8-minimal-armel.tar.xz'

100%[====================================>] 121,922,648 128K/s
in 18m 43s

〈중략〉

beagleboard@ubuntu:~/linuxkernel$ tar xJf ubuntu-11.10-r8-mini
mal-armel.tar.xz
```

비글보드에서 리눅스를 구동하는 방법은 먼저 SD 카드를 호스트 컴퓨터인 우분투 리눅스에 연결해서, 커널 이미지와 부트로드를 SD 카드에 저장합니다. 그 후 이 SD 카드를 비글보드에 삽입합니다. 이제 비글보드에 전원을 연결하면 SD 카드로부터 부트로드를 실행하고, 리눅스를 실행하여 구동하게 됩니다. 이 과정을 확인하는 방법은 시리얼 통신을 통해서 확인 가능합니다. 비글보드에서 리눅스 부팅을 위해서 SD 카드는 부트로드와 리눅스 커널 이미지를 포함하고, 구동된 리눅스가 사용할 루트 파일 시스템을 포함하고 있어야 합니다. 따라서 이 용도에 맞게 SD 카드를 설정하는 방법은 매우 까다롭고 어려운 작업입니다. 다행이 이 과정은 앞에서 다운받은 파일에 있는 스크립트를 사용해서 쉽게 부트로더와 파일 시스템을 설치할 수 있습니다. 사용하는 스크립트는 "setup_sdcard.sh"이고, 이것은 위에서 압축을 푼 디렉토리에 있습니다. 이 스크립트를 실행하기 전에 필요한 도구로서 btrfs와 pv의 두 가지 패키지를 먼저 설치하여야 합니다.

이제 SD 카드를 사용 목적에 맞게 설정하도록 하겠습니다. 먼저 SD 카드를 우분투 리눅스에 연결합니다. 우분투 리눅스에서 SD 카드를 연결하게 되면, /dev/sdb 라는 장치 이름으로 리눅스에 등록이 됩니다. 해당 메모리 카드가 파티션이 나뉘어 있으면, 나뉘어진 파티션 별로 /dev/sdb1, /dev/sdb2와 같은 이름으로 등록이 됩니다.

```
root@ubuntu:~# ls /dev/sd*
/dev/sda   /dev/sda1   /dev/sda2   /dev/sda5   /dev/sdb   /dev/sdb1   /dev/sdb2
```
▲ SD 카드를 삽입 후, 우분투 리눅스에 등록된 장치 이름

우분투 리눅스를 설치할 때 Section 02에서 소개한 방법으로, 디스크를 하나만 등록한 상태라면, 이 디스크가 /dev/sda 장치에 해당합니다. 그리고 이 장치가 3개의 파티션으로 나뉘어진 것을 확인할 수 있습니다. 따라서 이 우분투 리눅스에 새로운 스토리지 장치인 SD 카드를 연결할 시에 /dev/sdb의 이름을 가지게 됩니다. 하지만 우분투 리눅스에서 여러 개의 디스크를 가지고 있다면, SD 카드의 장치 이름은 달라질 수

있습니다. 일반적으로 /dev/sdX의 이름으로 X 부분은 알파벳 순서로 지정이 됩니다. 따라서 SD 카드 삽입 전에 해당 장치 이름들을 확인하고, 연결 후에 새로 생성된 이름을 확인하는 방법으로 SD 카드에 할당되는 장치 이름을 쉽게 확인할 수 있습니다. 앞의 그림에서는 SD 카드 장치 이름 위에 /dev/sdb1, /dev/sdb2의 이름이 추가적으로 존재하므로, 두 개의 파티션이 존재하고 있는 것을 확인할 수 있습니다.

만약 SD 카드가 비어있는 경우가 아니라면, 우분투 리눅스에 연결하게 될 경우, 자동으로 해당 파티션을 마운트하게 되는 것을 확인할 수 있습니다. 따라서 연결한 SD 카드의 파티션 별로 윈도우 탐색기와 같은 프로그램이 동작해서 그 내용을 보여주는 것을 확인할 수 있을 것입니다. 리눅스 파일 시스템에 연결된 SD 카드의 내용을 확인하기 위해서는 "df" 명령을 통해서 가능합니다.

```
root@ubuntu:~# df
Filesystem          1K-blocks      Used Available Use% Mounted on
/dev/sda1           39220672  12073192  25155188  33% /
udev                 1017732         4   1017728   1% /dev
tmpfs                 410656       764    409892   1% /run
none                   5120         4      5116   1% /run/lock
none                1026640       176   1026464   1% /run/shm
/dev/sdb1             65390      6370     59020  10% /media/boot
/dev/sdb2           3732300    624272   2918436  18% /media/rootfs
```

▲ SD 카드가 리눅스 파일 시스템에 마운트된 모습

위 그림에서 보면 SD 카드의 두 파티션 /dev/sdb1과 /dev/sdb2가 각각 /media/boot와 /media/rootfs에 연결된 모습을 확인할 수 있습니다. "cd" 명령을 사용해서 해당 디렉토리(/media/boot 혹은 /media/rootfs)로 이동하면 SD 카드의 내용을 확인할 수 있습니다.

우리는 삽입한 SD 카드를 비글보드 부팅을 위한 SD 카드로 설정을 하고자 합니다. 따라서 "setup_sdcard.sh" 스크립트를 사용할 것인데, 이 스크립트를 실행하게 되면, SD 카드의 파티션을 새로 설정하고, 각 파티션의 파일 시스템을 부팅 용도에 맞게 설정합니다. 그 후에 미리 만들어진 부트로드, 리눅스 이미지 커널, 루트 파일 시스템 등을 복사하는 과정을 거칩니다.

다음 명령을 차례대로 수행을 하도록 합니다.

▥ Script를 통해 SD 카드에 커널 이미지와 파일 시스템 설치하기

```
beagleboard@ubuntu:~/linuxkernel$ sudo apt-get install
btrfs-tools
beagleboard@ubuntu:~/linuxkernel$ sudo apt-get install pv
beagleboard@ubuntu:~/linuxkernel$ cd ubuntu-11.10-r8-minimal
```

```
-armel
beagleboard@ubuntu:~/linuxkernel/ubuntu-11.10-r8-minimal
-armel$ sudo ./setup_sdcard.sh --mmc /dev/sdb --uboot beagle_xm

-- 중략 --

/home/beagleboard/linuxkernel/ubuntu-11.10-r8-minimal-armel/
armel-rootfs-201205010932.tar
 424MB 0:04:08 [ 1.7MB/s] [===================================>]
100%
Transfer of Base Rootfs is Complete, now syncing to disk...
------------------------------
Ubuntu: with no ethernet cable connected it can take up to 2 mins to
login, removing upstart sleep calls...
------------------------------
Ubuntu: to unfix: sudo sed -i -e 's:#sleep 20:sleep 20:g' /etc/init/
failsafe.conf
Ubuntu: to unfix: sudo sed -i -e 's:#sleep 40:sleep 40:g' /etc/init/
failsafe.conf
Ubuntu: to unfix: sudo sed -i -e 's:#sleep 59:sleep 59:g' /etc/init/
failsafe.conf
------------------------------
Finished populating rootfs Partition
------------------------------
setup_sdcard.sh script complete
```

위에서 setup_sdcard.sh 스크립트를 실행시킬 때 사용하는 argument인 /dev/sdb
라는 이름은 연결한 SD 카드의 이름입니다. 만약 다른 이름으로 연결이 되었다면, 해
당 이름을 사용하도록 합니다.

setup_sdcard.sh은 부팅용 SD 카드를 생성하기 위해서 매우 유용한 스크립트입니다. Beagleboard-Xm
버전의 경우, SD 카드에 부트로더인 u-boot와 커널 이미지를 추가하고, 루트 파일 시스템을 포함하여, 이것
을 통해서 부팅을 하게 됩니다. 따라서 u-boot와 커널 이미지가 포함된 파티션과 루트 파일 시스템이 포함
된 파티션을 구분하고, 해당 파일 시스템까지 맞추어야 합니다. 이 모든 과정을 한번에 처리해주기 때문에,
추후 SD 카드를 포맷한다거나 했을 경우에 복구를 쉽게 할 수 있습니다.

위에서 사용한 pre-built된 이미지에서는 커널 이미지로 zImage를 사용하게 되어있습니다. 하지만 리눅
스 커널 3.0 버전을 소스로부터 이미지를 생성할 경우에는 uImage를 생성하게 됩니다. 이 uImage를 사
용하여 리눅스를 부팅하기 위해서는 u-boot의 부트 인자를 수정해줄 필요가 있습니다. 이는 uEnv.txt 파
일에 설정이 되어있으므로, 위 파일에서 다음을 수정하면 됩니다. 4번째 줄에 "bootfile=zImage" 부분을
"bootfile=uImage"로 수정하고 6번째 줄에 "boot=bootz"를 "boot=bootm"으로 수정합니다.

이렇게 생성한 SD 카드를 비글보드에 삽입하고, 비글보드에서 전원을 연결해서 리눅스 부팅을 확인합니다. 부팅 과정은 앞에서 소개했듯이 우분투 리눅스와 비글보드 사이를 시리얼 케이블을 연결하고 미니콤을 통해서 확인할 수 있습니다. 처음 전원을 연결하면, u-boot가 먼저 구동이 되고, 이후 커널 이미지로부터 리눅스가 구동되는 것을 확인할 수 있습니다.

▌▌▌▌ 리눅스 부팅 과정

```
U-Boot SPL 2012.04.01-00005-g45939b4 (Apr 30 2012 - 09:34:17)
Texas Instruments Revision detection unimplemented
OMAP SD/MMC: 0
reading u-boot.img
reading u-boot.img


U-Boot 2012.04.01-00005-g45939b4 (Apr 30 2012 - 09:34:17)


OMAP3630/3730-GP ES1.2, CPU-OPP2, L3-165MHz, Max CPU Clock 1 Ghz
OMAP3 Beagle board + LPDDR/NAND
I2C:  ready
DRAM:  512 MiB
NAND:  0 MiB
MMC:  OMAP SD/MMC: 0
*** Warning - readenv() failed, using default environment

In:  serial
Out:  serial
Err:  serial
Beagle xM Rev C
No EEPROM on expansion board
No EEPROM on expansion board
Die ID #720000029ff800000168301017004011
Net:  Net Initialization Skipped
No ethernet found.
Hit any key to stop autoboot: 0
gpio: pin 173 (gpio 173) value is 0
gpio: pin 4 (gpio 4) value is 0
SD/MMC found on device 0
reading uEnv.txt

865 bytes read
Loaded environment from uEnv.txt
Importing environment from mmc ...
reading zImage
```

```
3017248 bytes read
reading initrd.img

3096544 bytes read
Booting from mmc ...

Starting kernel ...

Uncompressing Linux... done, booting the kernel.
[    0.000000] Booting Linux on physical CPU 0

-- 중략 --

[    8.937164] EXT4-fs (mmcblk0p2) : mounted filesystem with ordered
data mode. )
[    9.522674] init: ureadahead main process (202) terminated with
status 5

Ubuntu 11.10 omap ttyO2

omap login:
```

부팅이 성공하면 위와 같이 로그인 프롬프트가 나타나는 것을 확인할 수 있습니다. 로그인을 하여 간단히 비글보드에서 동작하는 우분투 리눅스를 사용해 보도록 하겠습니다. 로그인을 하기 위해서는 디폴트 유저로 ubuntu, 패스워드로 temppwd를 사용해서 로그인이 가능합니다.

리눅스 소스를 통해서 비글보드에 리눅스 부팅하기

이제 리눅스 소스를 통해서 비글보드에 리눅스를 구동해 보도록 하겠습니다. 리눅스 소스로부터 리눅스 이미지를 생성하기 위해서 가장 중요한 것은 사용하고자 하는 버전에 맞는 리눅스 소스 코드를 준비하는 것입니다. 개발되는 다양한 버전의 리눅스 소스 코드는 리눅스 커널 archive 홈페이지(http://www.kernel.org)로부터 다운받을 수 있습니다. 하지만 여기서 리눅스 커널 소스를 다운로드 받는다고 해서 비글보드에서 바로 동작할 수는 없습니다. OS는 운영되는 하드웨어에도 매우 종속적이기 때문에 사용하고자 하는 비글보드에 맞도록 리눅스 소스 코드를 수정하여야 합니다.

따라서 이번 Section에서는 비글보드에 맞게 수정된 리눅스 소스 코드를 다운받는 방법과 이 소스를 가지고 리눅스 이미지를 생성하고, 직접 비글보드에 동작하는 방법에 대해서 설명하도록 하겠습니다.

비글보드와 관련해서 많은 프로젝트들이 진행이 되고 있습니다. 비글보드 홈페이지 (http://beagleboard.org)의 왼쪽 중간쯤에 보면, "Top Projects"에서 정리된 페이지 들을 확인할 수 있습니다. 여기에 "Ubuntu for BeagleBoard" 라는 프로젝트가 있습니다. 여기에서 우분투 리눅스를 비글보드에 올리기 위한 작업을 진행하고 있고, 다양한 리눅스 커널 버전에 대해서 패치 형태로 소스 코드를 제공하고 있습니다. 위 페이지를 따라서 가보게 되면, 다음의 사이트를 통해서 현재까지 개발된 모든 버전의 리눅스 소스에 대한 패치를 다운받을 수 있습니다. 쉽게 접근을 위해서 다운로드 사이 트의 주소를 소개하면, https://github.com/RobertCNelson/stable-kernel/tags 입니다.

다음으로 리눅스 버전을 선택하여야 합니다. 여기서는 리눅스 3.0.1 버전을 선택하도 록 합니다. 앞으로 안드로이드와 관련된 실습도 진행을 하게 될 것인데, 안드로이드의 버전은 최신으로 안드로이드 4.0 아이스크림 샌드위치를 사용하도록 하였습니다. 이 안드로이드가 사용하는 리눅스의 버전이 3.0.1이므로 비글보드에 올라가는 리눅스 버 전을 3.0.1로 선택해서 진행하도록 하겠습니다.

위 사이트에서 버전 3.0.1-x2를 tar.gz 파일 형태로 다운받도록 합니다. 해당 파 일의 전체 이름은 "RobertCNelson-stable-kernel-3.0.1-x2-0-g5982832. tar.gz"이라는 이름으로 저장이 됩니다. 이제 리눅스 소스 코드와 관련해서 작업할 linuxkernel 디렉토리에서 다운받은 파일을 다음과 같이 압축을 풀도록 합니다.

▥ **비글보드에 올라갈 리눅스 커널 패치 준비하기**

```
beagleboard@ubuntu:~$ cd linuxkernel
beagleboard@ubuntu:~/linuxkernel$ mv 〈다운받은 디렉토리〉/
RobertCNelson-stable-kernel-3.0.1-x2-0-g5982832.tar.gz ./
beagleboard@ubuntu:~/linuxkernel$ tar xvfz RobertCNelson-
stable-kernel-3.0-x1-0-g403b3b5.tar.gz
...
〈중략〉
...
beagleboard@ubuntu:~/linuxkernel$ ls
RobertCNelson-stable-kernel-3.0.1-x2-0-g5982832.tar.gz
RobertCNelson-stable-kernel-919471d
```

위와 같이 압축을 해제하고 나서 해당 디렉토리를 확인하면, "RobertCNelson-stable-kernel-919471d"라는 이름의 디렉토리가 생성이 됩니다. 해당 디렉토리의 내용을 보면 다음과 같습니다.

```
beagleboard@host:~/linuxkernel/RobertCNelson-stable-kernel-919471d$ ls
README            create_dsp_package.sh          patch.sh             tools
build_deb.sh      create_sgx_package.sh          patches              version.sh
build_kernel.sh   create_sgx_package_2.6.37.sh   system.sh.sample
beagleboard@host:~/linuxkernel/RobertCNelson-stable-kernel-919471d$
```

▲ 비글보드 리눅스 소스 코드 패치의 디렉토리 구조

해당 디렉토리에는 몇 가지 스크립트와 폴더가 존재하는 것을 확인할 수 있습니다. 여기서 중요한 스크립트는 "build_kernel.sh" 입니다. 이 스크립트를 실행하여 비글보드에 올라갈 리눅스 커널 이미지를 생성할 수 있습니다. 하지만 해당 디렉토리를 아무리 뒤져보아도 리눅스 커널의 소스 코드는 찾을 수 없습니다. 이것은 다운받은 파일이 리눅스 커널 패치에 해당하기 때문입니다. patches 라는 디렉토리에는 리눅스 커널 소스 원본에서 수정해야 할 내용만 포함되어 있습니다. 따라서 작업을 시작하기에 앞서 같은 버전의 리눅스 소스 코드를 준비하고, 패치를 적용시키고, 그리고 소스 코드를 컴파일해서 최종 이미지를 생성하는 작업을 하여야 합니다.

다행인 것은 이러한 번거로운 작업 모두를 한번에 할 수 있다는 점입니다. 앞에서 언급했듯이 "build_kernel.sh" 스크립트에서 이 모든 작업을 처리하도록 설정이 되어 있습니다. 간단히 해당 스크립트를 확인해 보도록 하겠습니다.

||||| build_kernel.sh 파일의 175~182 라인 부분

```
175       dl_kernel
176       extract_kernel
177       patch_kernel
178       copy_defconfig
179       make_menuconfig
180       make_uImage
181       make_modules
182       make_headers
```

스크립트의 175번째 줄에서 182번째 줄까지 이 스크립트가 처리하는 모든 기능을 확인할 수 있습니다. 각각 줄에 적혀있는 내용은 같은 이름의 스크립트 안에서 정의된 함수의 이름을 가리키고, 각 나열된 순서로 해당 함수를 수행하게 됩니다. 예를들어 175번째 줄에서 "dl_kernel"을 처리하게 되면, 다음의 함수가 처리가 됩니다.

||||| build_kernel.sh에 정의된 dl_kernel 함수(31~41 라인)

```
31      function dl_kernel {
32          wget -c --directory-prefix=${DL_DIR} http://www.
kernel.org/pub/linux  /kernel/v${FTP_KERNEL}/linux-
${KERNEL_REL}.tar.bz2
33
```

```
34    if [ "${KERNEL_PATCH}" ] ; then
35     if [ "${RC_PATCH}" ] ; then
36          wget -c --directory-prefix=${DL_DIR} http://www.
kernel.org/p  ub/linux/kernel/v${FTP_KERNEL}/testing/
${DL_PATCH}.bz2
37     else
38          wget -c --directory-prefix=${DL_DIR} http://www.
kernel.org/p  ub/linux/kernel/v${FTP_KERNEL}/${DL_PATCH}.bz2
39     fi
40    fi
41 }
```

이 함수에서는 32번째 줄의 명령이 수행됩니다. 따라서 wget 명령을 통해서 kernel.
org 사이트로부터 해당 버전의 리눅스 커널을 다운로드하게 되는 것을 알 수 있습니
다. 각 커널의 정보는 디렉토리에 있는 "version.sh" 파일에 정의가 되어있는데, 이
파일을 수정할 필요는 없습니다. build_kernel.sh에 정의된 함수의 세부적인 내용은
설명하지 않겠습니다.

다만, 175번째 줄부터 182번째 줄까지, 차례대로 수행이 되면서 비글보드용 리눅스
커널 이미지가 생성이 되게 됩니다. 그리고 각 함수의 이름에서 알 수 있듯이, 175
번째 줄에서 리눅스 원본 소스 코드를 받게 되고, 그 다음 받은 소스 코드의 압축
을 해제하는 과정을 거치게 됩니다. 그 후 해당 커널 소스를 비글보드에 맞게 패치
하는 과정을 177번째 줄에서 처리하게 됩니다. 그 다음 기본적인 비글보드에 맞는
configuration을 처리하고, 그 이후에는 리눅스의 커널 컴파일 및 이미지 빌드에 해
당합니다.

자, 그럼 build_kernel.sh을 통해서 직접 커널을 컴파일해 보도록 하겠습니다. 사실
아직 컴파일하기 전에 한 가지 더 처리해야 하는 부분이 있습니다. 커널 컴파일을 수
행하기 위해서 RobertCNelson-stable-kernel 디렉토리에 system.sh 이라는 파
일이 필요합니다. 그래서 예제로 제공된 system.sh.sample을 통해서 system.sh을
만들도록 합니다.

▥ 비글보드에 올라갈 리눅스 커널 소스 컴파일하기

```
beagleboard@ubuntu:~/linuxkernel/RobertCNelson-stable-
kernel-6ce0908$ cp system.sh.sample system.sh
```

위 명령을 통해서 system.sh.sample 파일을 system.sh로 복사를 하였습니다. 복
사를 하는 것으로 완료된 것은 아니고, system.sh 파일의 내용을 수정하여야 합니다.
vi나 혹은 다른 에디터를 사용해서 다음의 내용을 수정하도록 합니다.

system.sh 파일에서 25번째 라인에 다음과 같이 적혀 있습니다.

```
#CC=arm-linux-gnueabi-
```

여기서 '#'을 제거해서 컴파일 시에 컴파일러로 gcc가 아니라 arm-linux-gnueabi-gcc가 될 수 있도록 설정하도록 합니다. 즉, 25번째 라인은 다음과 같이 수정합니다.

```
CC=arm-linux-gnueabi-
```

이번에는 42번째 라인을 수정하도록 하겠습니다. 이 라인은 다음과 같이 되어있습니다.

```
#MMC=/dev/sde
```

이 부분을 주석을 없애고 SD 카드를 연결할 시 생성되는 디스크의 이름으로 설정을 합니다. 지금까지의 과정을 따라왔다면, 일반적으로 /dev/sdb의 이름을 가지게 됩니다. 따라서 다음과 같이 수정합니다. 앞에서 SD 카드의 장치 이름을 확인하는 방법으로 확인을 해서 맞는 이름으로 설정하면 됩니다.

```
MMC=/dev/sdb
```

이제 build_kernel.sh을 실행해서 비글보드를 위한 리눅스 커널을 생성합니다. 이 과정은 리눅스 소스 코드를 다운받고, 패치를 수행한 후에 컴파일을 하는 과정을 처리하게 되므로, 한 시간 이상의 긴 시간이 필요합니다.

컴파일이 완료된 후에, 해당 디렉토리를 보면 다음 그림과 같이 KERNEL과 deploy, dl이라는 디렉토리가 생성된 것을 확인할 수 있습니다. dl 디렉토리에는 "wget"을 통해서 받은 리눅스 원본 소스의 압축 파일이 있습니다. 이 압축 파일을 KERNEL이라는 디렉토리에 풀게 되고, 여기에 비글보드용 패치가 적용이 되므로, KERNEL에는 비글보드에 사용될 최종 리눅스 커널 소스가 저장됩니다. 앞으로 임베디드 리눅스에서 커널을 수정한 실습은 이 디렉토리의 소스를 수정해서 실습을 할 수 있습니다. deploy 디렉토리는 생성된 커널 이미지가 포함된 것을 확인할 수 있습니다.

```
beagleboard@ubuntu:~/linuxkernel/RobertCNelson-stable-kernel-6ce0908$ ls
build_deb.sh                      deploy      README
build_kernel.sh                   dl          system.sh
create_dsp_package.sh             KERNEL      system.sh.sample
create_sgx_package_2.6.37.sh      patches     tools
create_sgx_package.sh             patch.sh    version.sh
```

▲ 비글보드 리눅스 소스

이제 새롭게 생성한 커널 이미지를 SD 카드에 추가하도록 하겠습니다. SD 카드를 우분투 리눅스에 연결합니다(자동으로 마운트가 된다면 역시 마운트 해제를 해 줍니다). SD 카드로 리눅스 커널 이미지를 추가하는 방법은 tools 디렉토리에 있는 "load_uImage.sh"라는 스크립트를 사용합니다. 처음 RobertCNelson 패치로부터 압축을 풀면, "load_uImage.sh"의 실행 권한이 없을 수도 있기 때문에 권한 설정을 하고, 이 스크립트로부터 만들어진 커널 이미지를 SD 카드에 추가하도록 하겠습니다. 다음의 명령을 통해서 작업을 완료할 수 있습니다.

▥ **SD 카드에 컴파일한 리눅스 커널 이미지 추가하기**

```
beagleboard@ubuntu:~/linuxkernel/RobertCNelson-stable-kernel-6ce0908$ chmod +x ./tools/load_uImage.sh
beagleboard@ubuntu:~/linuxkernel/RobertCNelson-stable-kernel-6ce0908$ ./tools/load_uImage.sh
Using: Cross Compiler
Installing 3.0.0-x1
[sudo] password for beagleboard: ****

〈중략〉

Done
beagleboard@ubuntu:~/linuxkernel/RobertCNelson-stable-kernel-6ce0908$
```

이제 앞에서와 동일한 방법으로 SD 카드를 이용해서 비글보드에서 리눅스를 구동해보도록 하겠습니다.

앞으로 비글보드에서 리눅스 실습을 수행하게 됩니다. 따라서 직접 리눅스 커널을 수정을 하고 만들어진 리눅스 커널 이미지를 가지고 비글보드에서 동작을 확인하게 될 것입니다. 커널의 수정은 KERNEL 디렉토리에서 작업을 수행하면 됩니다.

커널 컴파일을 수행할 시에 한가지 주의할 점이 있습니다. 앞에서도 설명을 했듯이, build_kernel.sh 파일은 원본 소스로부터 패치를 수행하고, 이것이 KERNEL 디렉토리에 저장이 됩니다. 따라서 만약 build_kernel.sh을 그대로 사용할 경우, 애써 수정한 KERNEL 소스를 모두 잃어버리게 됩니다. 따라서 실습을 위해서 수행을 하는 경우에 있어서는, build_kernel.sh 의 내용을 조금 수정하여 사용하는 것이 좋겠습니다.

앞에서 설명하였듯이, 소스를 받고 패치를 하는 과정은 build_kernel.sh의 175번째 라인부터 177번째 라인에 해당합니다. 그리고 비글보드용 기본적인 커널 설정도

한 번만 수행하면 되기 때문에 178번째 줄 역시 계속 수행될 필요가 없습니다. 따라서 175번째 줄부터 178번째 줄까지 모두 주석으로 처리하면 됩니다. 주석으로 바꾸는 방법은 맨 앞줄에 "#"을 삽입하면 됩니다.

한편, 커널 컴파일 시 새로운 디바이스 드라이버 등을 추가하는 경우가 아니라면, 매번 configuration을 설정하기 위한 UI를 실행할 필요가 없을 것입니다. 이 경우에는 179번째 줄 역시 주석으로 처리하면 됩니다. 실습에서 새로운 디바이스 드라이버 등을 다루게 된다면, 커널 컴파일 전에 커널 설정을 변경하는 경우가 필요하게 되는데, 이 경우에는 179번째 줄을 사용하도록 합니다.

Section 04.
비글보드에 Pre-built 안드로이드 이미지 올리기

안드로이드를 비글보드에 설치하는 작업은 많은 개발자들에 의해 수행되고 있습니다. 비글보드 홈페이지(http://beagleboard.org/) 에서는 다양한 비글보드 관련 프로젝트를 제공하고 있는데, 이들 중 안드로이드 관련 프로젝트는 rowboat 프로젝트입니다. rowboat 프로젝트는 비글보드에 안드로이드를 설치하려는 개발자들에게 가이드는 물론이고, 이미 컴파일이 완료된 안드로이드 이미지 파일도 제공하고 있습니다. 이번 Section에서는 컴파일이 완료된 이미지 파일을 비글보드에 설치하는 과정을 소개하고자 합니다.

먼저 해당 이미지 파일들을 다운받아야 합니다. Pre-built된 안드로이드 이미지를 받는 곳의 주소는 https://code.google.com/p/rowboat/downloads/list 입니다. 이곳에서는 안드로이드 소스 뿐만 아니라, 필요한 관련 도구들을 다운받을 수 있습니다.

다음 그림과 같이 BeagleBoard-xM 용 ICS pre-built 이미지인 beagleboard-xm.tar.gz 파일을 다운받도록 합니다.

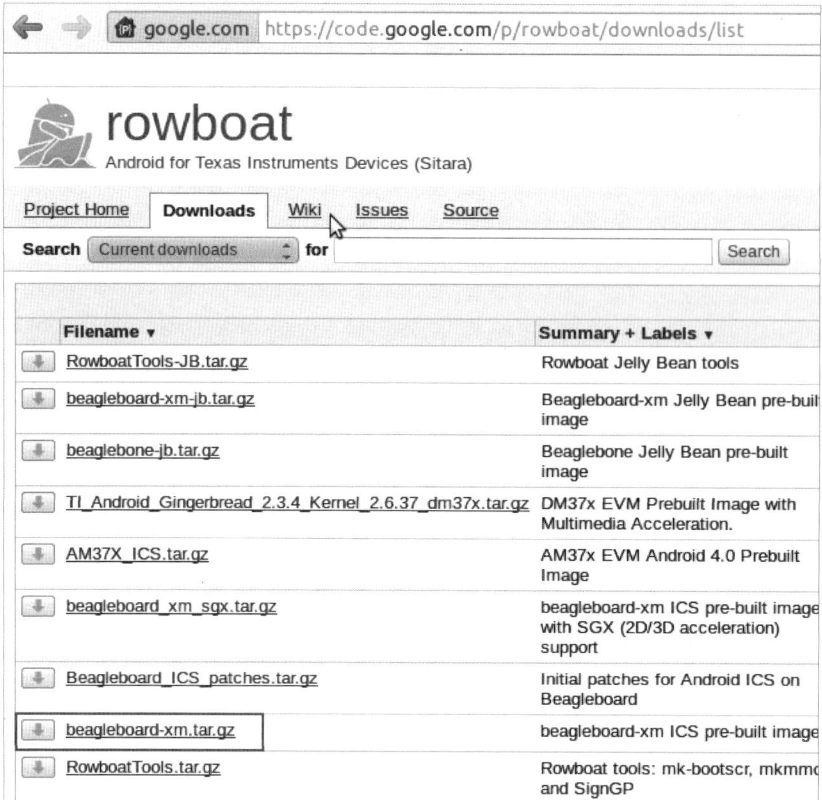

다음과 같이 다운받은 위치로부터 해당 파일을 beagleboard 디렉토리로 복사하고, 압축을 해제합니다. 압축을 풀어서 확인하면 디렉토리와 파일을 확인할 수 있습니다.

▥ Pre-built 이미지 압축 풀기

```
beagleboard@ubuntu:~$ cd ~
beagleboard@ubuntu:~$ cp 〈다운로드 위치〉/beagleboard-xm.tar.gz ~/
beagleboard@ubuntu:~$ tar xvfz beagleboard-xm.tar.gz
〈중략〉
beagleboard@ubuntu:~$ cd beagleboard-xm
beagleboard@ubuntu:~/beagleboard-xm$ ls
Boot_Images Filesystem Media_Clips mkmmc-android.sh
README.txt START_HERE
```

위 파일들 중 Boot_Images에는 비글보드 부팅을 위한 기본 파일들이 존재합니다. Filesystem에는 안드로이드 기반의 root file system이 존재합니다.

안드로이드를 부팅하는 방법 역시 리눅스를 부팅하는 것과 동일합니다. SD 카드에 관련 이미지를 복사하고, 이 SD 카드를 이용해서 비글보드에서 부팅합니다. 앞에서와 동일한 방법으로 SD 카드를 컴퓨터에 연결한 뒤, /dev/ 경로에 어떤 디스크가 추가되는지를 확인합니다. 특별한 경우가 없다면 /dev/sda는 우분투의 메인 디스크이고, /dev/sdb에 SD 카드가 존재하게 됩니다.

이제 SD 카드를 파티셔닝하고 이미지들을 SD 카드에 올리는 작업을 수행해야 합니다. rowboat 프로젝트에서는 이를 자동으로 수행할 수 있도록 script 파일을 같이 제공하고 있습니다. 다운받았던 파일들 중 mkmmc-android.sh 파일이 해당 스크립트입니다. 이것을 실행합니다.

▥ SD 카드에 이미지 올리기

```
beagleboard@ubuntu:~/beagleboard-xm$ sudo ./mkmmc-android.sh /dev/sdb

[sudo] password for beagleboard: ****
Assuming Default Locations for Prebuilt Images
All data on /dev/sdb now will be destroyed! Continue? [y/n]
y
[Unmounting all existing partitions on the device ]
umount: /dev/sdb: not mounted
[Partitioning /dev/sdb...]
Disk /dev/sdb doesn't contain a valid partition table
DISK SIZE - 3963617280 bytes
CYLINDERS - 481
[Making filesystems...]
[Copying files...]
[Copying START_HERE floder to boot partition]
[Copying all clips to data partition]
[Done]
beagleboard@ubuntu:~/beagleboard-xm$
```

모든 수행이 완료된 이후 PC로부터 SD 카드의 연결을 해제한 후 비글보드에 연결합니다. 이후 HDMI를 통해 모니터를 연결하고, USB를 통해 마우스 및 키보드, 그리고 전원 어댑터를 연결합니다. 전원이 연결되면 비글보드는 자동으로 부팅을 시작하고 안드로이드가 부팅되는데, 수 분 정도의 시간이 지난 후 안드로이드가 부팅되는 것을 볼 수 있습니다.

Section 05.

안드로이드 이미지 직접 컴파일하기

이번 Section에서는 미리 컴파일된 이미지 파일이 아닌, 직접 컴파일한 안드로이드 소스 코드를 비글보드에 올리는 방법을 알아보도록 하겠습니다. 먼저 안드로이드 소스 코드를 컴파일하기 위해서는 다음과 같은 준비 과정이 필요합니다.

① Python 2.5 혹은 2.7

② Java JDK 설치

③ 빌드 도구들과 git, repo 설치

④ 안드로이드 소스 코드의 다운로드

기본적으로 우분투 리눅스 11.10 버전을 설치하면 Python은 2.7.2 버전이 설치되어 있습니다. 따라서 Java JDK를 설치하는 것부터 시작하도록 하겠습니다.

Java JDK 설치

JDK는 Java Development Kit의 약자로서, Java 언어로 만들어진 각종 애플리케이션을 개발자들이 쉽게 만들 수 있도록 해 주는 개발자용 도구입니다. 각종 운영체제 및 애플리케이션과 연결시킬 수 있는 Java API와 클래스 라이브러리, 가상 머신 등으로 구성되어 있습니다.

우리가 사용할 안드로이드 버전은 아이스크림 샌드위치(Android 4.0.3) 버전으로 이를 위해서 설치할 JDK 버전은 Java JDK 6.0에 해당합니다. 우분투 리눅스에서는 apt-get 명령을 통해서 쉽게 설치가 가능합니다. 다음과 같이 Java JDK 6.0을 설치합니다.

||||| Java JDK 설치

```
beagleboard@ubuntu:~$ sudo add-apt-repository ppa:ferramroberto/java
[sudo] password for beagleboard: ****
You are about to add the following PPA to your system:
 LffL Java
 PPA esclusivo per l'ultima versione disponibile di JAVA


PPA for the latest version of JAVA
```

```
-- 중략 --

 More info: https://launchpad.net/~ferramroberto/+archive/java
Press [ENTER] to continue or ctrl-c to cancel adding it

--- 중략 ---

beagleboard@ubuntu:~$ sudo apt-get update

무시http://kr.archive.ubuntu.com oneiric InRelease
무시http://kr.archive.ubuntu.com oneiric-updates InRelease
무시http://kr.archive.ubuntu.com oneiric-backports InRelease

--- 중략 ---

무시http://ppa.launchpad.net oneiric/main Translation-ko
무시http://ppa.launchpad.net oneiric/main Translation-en
내려받기 16.8 k바이트, 소요시간 6초 (2,468 바이트/초)
패키지 목록을 읽는 중입니다... 완료

beagleboard@ubuntu:~$ sudo apt-get install sun-java6-jdk
패키지 목록을 읽는 중입니다... 완료
의존성 트리를 만드는 중입니다
상태 정보를 읽는 중입니다... 완료
다음 패키지를 더 설치할 것입니다:
  gsfonts-x11 java-common odbcinst odbcinst1debian2 sun-java6-bin
  sun-java6-jre unixodbc
제안하는 패키지:
  default-jre equivs sun-java6-demo default-jdk-doc sun-java6-
source
  sun-java6-plugin ia32-sun-java6-plugin sun-java6-fonts ttf-
kochi-gothic
  ttf-sazanami-gothic ttf-kochi-mincho ttf-sazanami-mincho ttf-
arphic-uming
  libmyodbc odbc-postgresql tdsodbc unixodbc-bin
다음 새 패키지를 설치할 것입니다:
  gsfonts-x11 java-common odbcinst odbcinst1debian2 sun-java6-bin
  sun-java6-jdk sun-java6-jre unixodbc
0개 업그레이드, 8개 새로 설치, 0개 제거 및 0개 업그레이드 안 함.
55.8 M바이트 아카이브를 받아야 합니다.
이 작업 후 165 M바이트의 디스크 공간을 더 사용하게 됩니다.
계속 하시겠습니까 [Y/n]? y

--- 생략 ---

beagleboard@ubuntu:~$ sudo update-java-alternatives -s java-6-sun
```

```
update-alternatives: 오류: mozilla-javaplugin.so의 대체 항목이 없습니다.
update-alternatives: 오류: xulrunner-1.9-javaplugin.so의 대체 항목이
없습니다.
update-alternatives: 오류: mozilla-javaplugin.so의 대체 항목이 없습니다.
update-alternatives: 오류: xulrunner-1.9-javaplugin.so의 대체 항목이
없습니다.
```

JDK 설치 도중에 라이선스 관련해서 사용자에게 동의를 묻기 위한 창이 새로 나타나
게 되는데, '예'를 선택하여 설치합니다.

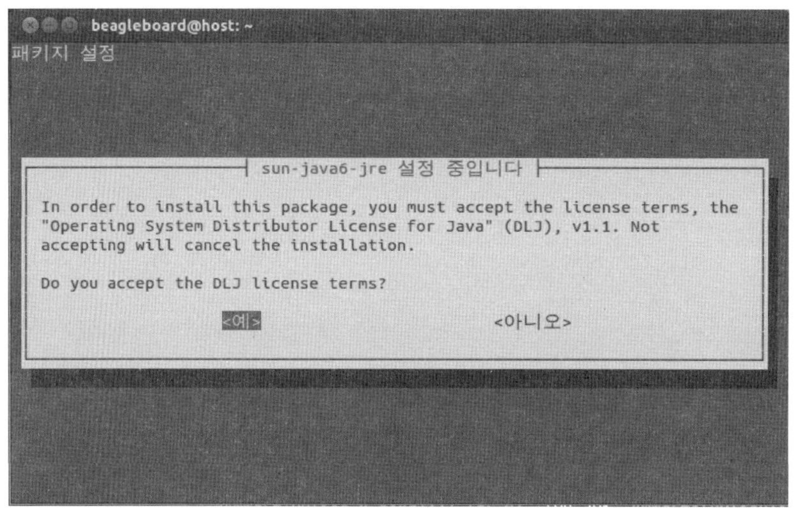

▲ Java 설정 – 약관 동의

빌드 도구들과 git, repo 설치

안드로이드 소스를 컴파일하기 위해서는 빌드 도구들이 더 필요합니다. apt-get 명
령을 사용하여 필요한 빌드 도구들을 설치합니다. 설치를 하기위해 다음과 같이 입력
합니다.

⫼ 빌드 도구들 추가 설치

```
beagleboard@ubuntu:~$ sudo apt-get install git-core gnupg flex bison
gperf libsdl-dev libesd0-dev libwxgtk2.6-dev build-essential zip
curl libncurses5-dev zlib1g-dev minicom tftpd uboot-mkimage
expect
```

안드로이드 소스 코드를 통한 작업을 위해서는, git와 repo가 모두 필요합니다. 안드
로이드는 매우 방대한 양의 데이터를 가지고 있으므로, 이를 효율적으로 관리하는데

쓰이는 도구가 필요합니다. git는 이런 안드로이드 내의 여러 프로그램 등의 소스를
관리하기 위한 분산 버전 관리 시스템을 말합니다. repo는 git의 최상위에 생성하는
도구로서, 안드로이드 git를 위한 도구라 할 수 있습니다.

다음과 같이 ~/bin 폴더에 repo를 다운받도록 합니다. 다운로드 후 chmod 명령을
이용하여 파일 접근 권한을 변경시켜 실행 가능한 파일로 만들어 줍니다. repo를 통하
여 안드로이드 소스를 다운받을 것입니다. 다음과 같이 입력하여 repo를 설치합니다.

▥ repo의 설치

```
beagleboard@ubuntu:~$ mkdir bin
beagleboard@ubuntu:~$ echo "export PATH=~/bin:\$PATH" >> ~/.bashrc
beagleboard@ubuntu:~$ source ~/.bashrc
beagleboard@ubuntu:~$ curl https://dl-ssl.google.com/dl/
googlesource/git-repo/repo > ~/bin/repo
 % Total    % Received % Xferd  Average Speed   Time   Time     Time
Current
                             Dload  Upload  Total  Spent   Left  Speed
100 19933 100 19933   0    0  8552     0 0:00:02 0:00:02 --:--:--
9411
beagleboard@ubuntu:~$ chmod a+x ~/bin/repo
```

위 명령에서 PATH의 설정은 ~/bin 디렉토리에 다운받은 repo 명령을 수행하기 위
해서 필요합니다. 매번 PATH 명령을 내리는 것은 귀찮은 일이므로, vi 등을 이용하
여 .bashrc 파일의 맨 끝에 "export PATH=~/bin:$PATH"를 추가합니다. 이렇게
.bashrc 파일을 수정한 다음에는 터미널을 새로 생성할 경우, PATH에 ~/bin이 추
가됩니다. 위 명령에서는 "echo" 명령을 이용하여 .bashrc 파일 끝에 PATH 설정을
추가하였습니다. 현재 생성된 터미널의 경우, 우리가 적용한 PATH가 설정이 되어있
지 않으므로 "source ~/.bashrc" 명령을 통해서 PATH를 설정하였습니다.

curl 명령을 사용해서 repo 스크립트를 지정해 놓은 디렉토리에 다운받은 후, 실행이
가능하도록 권한 설정을 합니다. 위 명령을 수행한 후에 ~/bin 디렉토리에 다음과 같
은 repo 스크립터 파일이 다운로드된 것을 확인할 수 있습니다. 이제 이 repo를 통해
서 안드로이드 소스를 다운받도록 합니다.

```
beagleboard@host: ~/bin
beagleboard@host:~$
beagleboard@host:~$ cd bin
beagleboard@host:~/bin$ ls -al
합계 28
drwxrwxr-x  2 beagleboard beagleboard  4096 2012-01-09 21:05 .
drwxr-xr-x 22 beagleboard beagleboard  4096 2012-01-09 21:04 ..
-rwxrwxr-x  1 beagleboard beagleboard 19933 2012-01-09 21:05 repo
beagleboard@host:~/bin$
```

▲ 설치된 repo 확인

안드로이드 소스 코드의 다운로드

여기까지 안드로이드 소스 코드를 빌드하기 위한 준비를 마쳤습니다. 이제 안드로이드 소스를 직접 다운받아서 설치해 보도록 하겠습니다. 우선 안드로이드 소스 코드를 받을 디렉토리를 만들어 줍니다. 소스 파일의 저장 디렉토리를 rowboat-android라고 이름을 정하도록 하겠습니다. 이후 repo를 사용하여 안드로이드 소스를 다운받습니다. 우리가 사용할 안드로이드 소스 코드는 아이스크림 샌드위치(ICS) 버전 4.0.3입니다. 시간이 매우 오래 걸리는 작업입니다. 중간에 이름과 이메일 주소를 입력하는 과정이 있는데, 아무렇게나 입력해도 무방합니다.

IIIII **안드로이드 소스 코드의 다운로드**

```
beagleboard@ubuntu:~$ mkdir rowboat-android
beagleboard@ubuntu:~$ cd rowboat-android
beagleboard@ubuntu:~/ rowboat-android$ repo init -u git://
gitorious.org/rowboat/manifest.git -m TI-Android-ICS-4.0.3-
DevKit-3.0.0.xml

Get https://android.googlesource.com/tools/repo
remote: Counting objects: 1651, done
remote: Finding sources: 100% (90/90)
remote: Total 1651 (delta 1083), reused 1651 (delta 1083)
Receiving objects: 100% (1651/1651), 477.24 KiB | 369 KiB/s, done.
Resolving deltas: 100% (1083/1083), done.

--- 생략 ---

Your Name [beagleboard]: ****
Your Email [beagleboard@ubuntu.(none)]: ****

Your identity is: beagleboard <beagleboard@ubuntu.(none)>
is this correct [y/N]? y

beagleboard@ubuntu:~/rowboat-android$ repo sync
```

```
... A new repo command ( 1.17 ) is available.
... You should upgrade soon:

   cp /home/beagleboard/rowboat-android/.repo/repo/repo /home/
beagleboard/bin/repo

remote: Counting objects: 27, done.
remote: Compressing objects: 100% (26/26), done.
remote: Total 27 (delta 15), reused 0 (delta 0)
Unpacking objects: 100% (27/27), done.

--- 생략 ---
```

안드로이드 소스 자체가 매우 큰 용량을 가지고 있기 때문에, 한 시간 이상의 시간이
소요될 수 있습니다. 안드로이드 소스로부터 컴파일을 통해 안드로이드 커널 이미지
를 생성하기 위해서는 몇 가지 단계를 거쳐서 진행하게 됩니다. 그리고 몇몇 단계에서
이미지 생성을 위한 스크립트와 유틸리티가 필요합니다. 안드로이드 소스를 다운받는
동안에 필요한 도구와 스크립트도 함께 다운받습니다.

필요한 도구와 스크립트는 rowboat 프로젝트 홈페이지로부터 다운받을 수 있으며,
해당 주소는 https://code.google.com/p/rowboat/downloads/list 입니다. 다음
그림과 같이 Rowboat tools을 다운받도록 합니다.

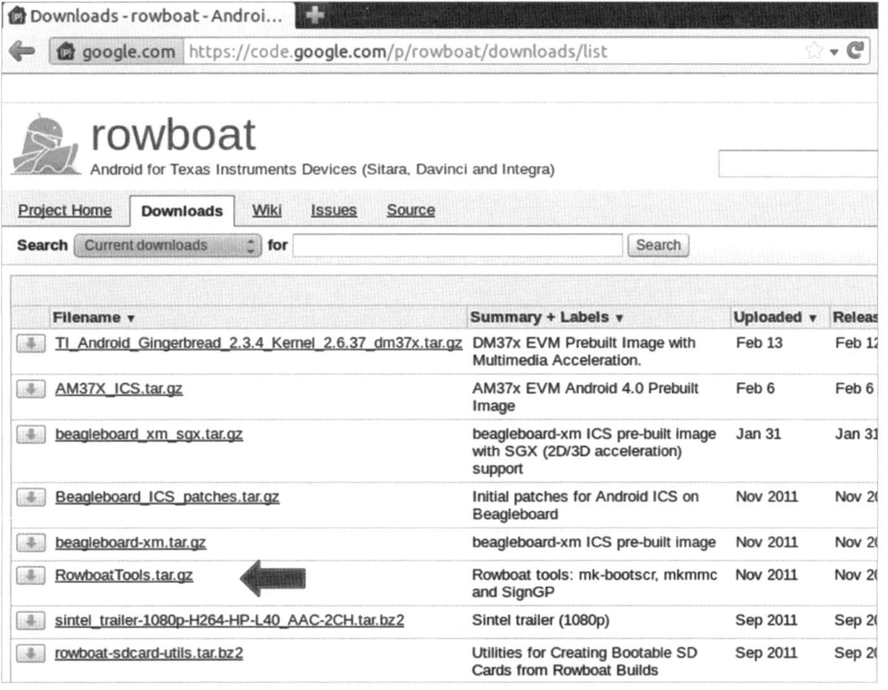

Filename ▼	Summary + Labels ▼	Uploaded ▼	Releas
TI_Android_Gingerbread_2.3.4_Kernel_2.6.37_dm37x.tar.gz	DM37x EVM Prebuilt Image with Multimedia Acceleration.	Feb 13	Feb 1
AM37X_ICS.tar.gz	AM37x EVM Android 4.0 Prebuilt Image	Feb 6	Feb 6
beagleboard_xm_sgx.tar.gz	beagleboard-xm ICS pre-built image with SGX (2D/3D acceleration) support	Jan 31	Jan 31
Beagleboard_ICS_patches.tar.gz	Initial patches for Android ICS on Beagleboard	Nov 2011	Nov 2
beagleboard-xm.tar.gz	beagleboard-xm ICS pre-built image	Nov 2011	Nov 2
RowboatTools.tar.gz	Rowboat tools: mk-bootscr, mkmmc and SignGP	Nov 2011	Nov 2
sintel_trailer-1080p-H264-HP-L40_AAC-2CH.tar.bz2	Sintel trailer (1080p)	Sep 2011	Sep 2
rowboat-sdcard-utils.tar.bz2	Utilities for Creating Bootable SD Cards from Rowboat Builds	Sep 2011	Sep 2

▲ Rowboat Tools 다운로드

안드로이드 컴파일에 필요한 소스와 도구들을 모두 준비하였다면, 이제 안드로이드를 컴파일해서 비글보드에서 안드로이드 ICS를 구동시켜보도록 하겠습니다. 몇 가지 단계로 나눠서 차근차근 따라하면, 최종적으로 안드로이드가 비글보드에서 구동되는 것을 확인할 수 있을 것 입니다.

안드로이드 컴파일을 위한 Toolchain(크로스 컴파일러)의 설정

비글보드의 Core인 ARM에 해당하는 크로스 컴파일러를 설정하는 단계입니다. 앞에서 비글보드에 리눅스를 설치하기 위해서 크로스 컴파일러를 설치하였지만, 여기서는 안드로이드를 컴파일하기 위한 크로스 컴파일러를 다시 설정하도록 합니다. 컴파일러의 경우 버전에 따라서 동작을 하지 않을 수도 있기 때문에, 안드로이드 소스를 컴파일하기 위한 크로스 컴파일러를 다시 설정하도록 하겠습니다.

크로스 컴파일러는 앞에서 받은 안드로이드 소스 안에 이미 포함되어 있습니다. 다운받은 안드로이드 소스의 디렉토리에 보면 많은 디렉토리가 생성된 것을 확인할 수 있습니다. 여기에서 u-boot 디렉토리는 부트로더에 해당하고, kernel 디렉토리에는 리눅스 소스 코드가 저장되어있습니다. 안드로이드 자체가 리눅스 기반에서 동작하므로 리눅스 소스 코드가 필요합니다. 우리가 사용해야 하는 크로스 컴파일러는 prebuilt 디렉토리 안에 있습니다. 이것을 사용하기 위해서는 간단히 크로스 컴파일러가 있는 위치의 PATH를 설정하면 됩니다.

PATH를 설정하기 위해서 HOME 디렉토리로 이동하여 .bashrc 파일을 통해서 vi을 통해서 직접 수정하도록 하겠습니다.

▥ **안드로이드 컴파일을 위한 Toolchain의 PATH 설정**

```
beagleboard@ubuntu:~$ vi .bashrc
```

이 파일의 마지막 줄을 보면, 앞에서 repo 설정 시 추가했던 PATH 설정 부분이 있습니다. 이 부분은 다음과 같습니다.

```
export PATH=~/bin:$PATH
```

이것을 다음과 같이 수정합니다.

```
export PATH=~/bin:~/rowboat-android/prebuilt/linux-x86/
toolchain/arm-eabi-4.4.3/bin: $PATH
```

~/rowboat-android/prebuilt/linux-86/toolchain/arm-eabi-4.4.3/bin 디렉토리 아래에 크로스 컴파일러가 존재하기 때문에, 해당 위치를 PATH에 추가하였습니다. ".bashrc" 파일에 추가하였으므로, 앞으로 새롭게 터미널을 열 경우에는 해당 PATH가 설정이 되지만, 현재 사용하고 있는 터미널에는 적용이 되어있지 않습니다. 새롭게 PATH를 다시 설정하려면, "source .bashrc" 명령을 통해서 다시 설정할 수 있습니다.

x-loader의 빌드

크로스 컴파일러 설정을 모두 마쳤으므로, 이제부터 안드로이드 build 과정을 시작하도록 하겠습니다. 각 과정에 맞게 컴파일을 모두 마치면, 비글보드에서 안드로이드 ICS가 동작하는 것을 볼 수 있습니다. 먼저 x-loader를 빌드하도록 하겠습니다.

▥ x-loader의 빌드

```
beagleboard@ubuntu:~$ cd rowboat-android/x-loader
beagleboard@ubuntu:~/rowboat-android/x-loader$ make CROSS_
COMPILE=arm-eabi- distclean
beagleboard@ubuntu:~/rowboat-android/x-loader$ make CROSS_
COMPILE=arm-eabi- omap3beagle_config
beagleboard@ubuntu:~/rowboat-android/x-loader$ make CROSS_
COMPILE=arm-eabi-
```

다운받은 소스에서 x-loader 디렉토리로 이동합니다. 그 후에 make를 사용해서 컴파일을 하게 되는데, 위 3가지 명령을 차례대로 수행하여 빌드를 완료하도록 합니다. 성공적으로 빌드가 완료되면, "x-load.bin" 이라는 x-loader의 이미지가 해당 디렉토리에 생성이 됩니다. 이 이미지 파일을 가지고, 이제 SD 카드에서 부팅 시에 사용하게 될 MLO 파일을 생성하여야 합니다. 이것을 수행하기 위해서는 "signGP"라는 도구를 사용합니다. 해당 도구는 앞에서 따로 다운받은 "RowboatTools.tar.gz" 파일에 포함되어 있습니다.

다음과 같이 "signGP"를 x-load.bin이 있는 디렉토리로 복사하고, MLO 파일을 생성합니다.

▥ MLO 파일의 생성

```
beagleboard@ubuntu:~$ cp <다운받은 디렉토리>/RowboatTools.tar.gz ~/
beagleboard@ubuntu:~$ tar xvfz RowboatTools.tar.gz
beagleboard@ubuntu:~$ cp ~/RowboatTools/signGP/signGP ~/
rowboat-android/x-loader/
```

```
beagleboard@ubuntu:~$ cd ~/rowboat-android/x-loader
beagleboard@ubuntu:~/rowboat-android/x-loader$ ./signGP ./
x-load.bin
beagleboard@ubuntu:~/rowboat-android/x-loader$ mv x-load.bin.ift
MLO
```

이상으로 안드로이드 빌드의 첫 번째 단계를 마쳤습니다.

Bootloader의 빌드

다음 단계는 비글보드의 부트로더를 컴파일하는 과정입니다. 부트로드는 리눅스를 비글보드에 올리는 것과 동일하게 u-boot를 사용합니다. 다운받은 안드로이드 소스에서 u-boot 디렉토리에서 빌드 작업을 하도록 하겠습니다. 다음의 명령을 통해서 빌드를 수행합니다.

▏▎▍ Bootloader의 빌드

```
beagleboard@ubuntu:~$ cd rowboat-android/u-boot
beagleboard@ubuntu:~/rowboat-android/u-boot$ make
CROSS_COMPILE=arm-eabi- distclean
beagleboard@ubuntu:~/rowboat-android/u-boot$ make ARCH=
arm CROSS_COMPILE=arm-eabi- omap3_beagle_config
beagleboard@ubuntu:~/rowboat-android/u-boot$ make ARCH=
arm CROSS_COMPILE=arm-eabi-
```

x-loader를 컴파일 및 빌드하는 과정과 거의 동일합니다. 하지만 주의할 점은 make의 경우에 입력되는 값이 조금 달라집니다. 두 번째의 configuration의 경우, omap3_beagle_config로서 omap3와 beagle 사이에 '_'가 있는 것에 주의하도록 합니다. 그 외에 configuration과 build에서 "ARCH"라는 옵션이 추가적으로 사용됩니다. 이렇게 해서 성공적으로 빌드를 마치게 되면, 해당 디렉토리에 "u-boot.bin" 파일이 생성됩니다.

안드로이드 리눅스 커널의 빌드

안드로이드는 리눅스 커널을 기반으로 하기 때문에, 안드로이드를 구동하기 위해서는 리눅스 커널 또한 함께 구동되어야 합니다. 따라서 리눅스 커널 역시 같이 빌드되여야 합니다. 이번 단계에서는 안드로이드에서 사용할 리눅스 커널을 빌드하도록 합니다. 다음의 명령을 통해서 빌드를 수행하도록 합니다.

▥ 안드로이드 Linux 커널의 빌드

```
beagleboard@ubuntu:~$ cd rowboat-android/kernel
beagleboard@ubuntu:~/rowboat-android/kernel$ make ARCH=arm CROSS_
COMPILE=arm-eabi- distclean
beagleboard@ubuntu:~/rowboat-android/kernel$ make ARCH=arm CROSS_
COMPILE=arm-eabi- omap3_beagle_android_defconfig
beagleboard@ubuntu:~/rowboat-android/kernel$ make ARCH=arm CROSS_
COMPILE=arm-eabi- uImage
```

역시 configuration을 위한 인자에 주의해서 명령을 수행하도록 합니다. 마지막 커널 빌드 시에는 "uImage"를 생성하기 위해서 uImage 라는 인자도 포함시켜야 합니다. 이 명령을 통해서 컴파일 및 빌드가 성공적으로 완료가 되면, 커널 이미지는 kernel/arch/arm/boot 디렉토리에 생성이 됩니다.

안드로이드 파일 시스템의 생성

다음 단계는 안드로이드가 사용할 루트 파일 시스템을 생성하는 단계입니다. 이를 위해서 비글보드용 루트 파일 시스템을 컴파일하도록 하겠습니다. 루트 파일 시스템을 빌드하기 위해서는 안드로이드 소스 디렉토리에서 컴파일하게 됩니다. 다음의 명령을 통해서 처리하면 됩니다.

▥ 안드로이드 루트 파일 시스템 빌드

```
beagleboard@ubuntu:~$ cd rowboat-android
beagleboard@ubuntu:~/rowboat-android$ make TARGET_PRODUCT=
beagleboard OMAPES=5.x -j⟨N⟩
```

위에서 –j 옵션 뒤에 ⟨N⟩에는 숫자가 들어갑니다. 안드로이드 루트 파일 시스템을 컴파일 시에는 N에 해당하는 값으로 컴파일을 하는 머신이 가진 프로세서의 개수의 2배 값을 사용하는 것으로 하고 있습니다. 따라서 자신이 사용하는 머신에서 프로세서의 개수를 먼저 알아야 합니다. 이 책에서 처음 VM을 설치할 때, 하드웨어 설정에서 몇 개의 프로세서를 할당했는지를 알고 있으면, 바로 2배의 값을 사용하면 됩니다. 하지만, 프로세서의 개수를 정확히 모른다면, 다음과 같은 방법을 통해서 알아낼 수 있습니다.

리눅스에서 CPU의 정보는 /proc/cpuinfo 파일에 기록되어 있습니다. "cat /proc/cpuinfo"를 해서 보면 각 프로세서마다 클럭 주기 등을 확인할 수 있습니다. 우리는 해당 머신의 프로세스 개수가 몇 개인지를 확인하는 것이므로, 다음과 같은 명령을 통해서 프로세서 개수를 얻도록 합니다.

||||| **호스트 머신의 프로세서 개수 구하기**

```
beagleboard@ubuntu:~$ cat /proc/cpuinfo | grep processor | wc -l
```

이제 프로세스 개수도 알게 되었으니, 빌드를 수행하도록 합니다.

하지만 이번 빌드 과정은 앞에서 빌드하던 것과 달리 바로 성공적으로 빌드가 되지 못할 수도 있습니다. 즉 몇 가지 에러가 발생할 수도 있습니다. 그래서 에러가 발생할 때, 어떻게 소스를 수정해야 하는지에 대해서 정리하도록 하겠습니다.

처음부터 아래 수정 코드를 모두 적용해서 최종적으로 빌드를 수행해도 무방합니다. 만약 빌드 과정에서 에러가 생긴다면, 에러가 무엇인지 확인해서 해당 코드를 수정하도록 합니다. 어떤 에러인지를 확인하기 위해서는 굵은 글씨로 표시한 부분을 비교해보면 됩니다.

||||| **Build Android Filesystem 시 발생하는 에러 1**

```
host C++: obbtool <= frameworks/base/tools/obbtool/Main.cpp
host C: parseStringTest <= external/srec/tools/parseStringTest/
parseStringTest.c
<command-line>:0:0: error: "_FORTIFY_SOURCE" redefined [-Werror]
<built-in>:0:0: note: this is the location of the previous
definition
<command-line>:0:0: warning: "_FORTIFY_SOURCE" redefined
[enabled by default]
<built-in>:0:0: note: this is the location of the previous
definition
cc1plus: all warnings being treated as errors

make: *** [out/host/linux-x86/obj/EXECUTABLES/
obbtool_intermediates/Main.o] 오류 1
make: *** 끝나지 않은 작업을 기다리고 있습니다....
```

이 에러가 발생하면 vi이나 혹은 다른 에디터를 사용하여 수정합니다. 수정할 부분은 build/core/combo/HOST_linux-x86.mk 파일의 56번째 라인입니다.

```
    HOST_GLOBAL_CFLAGS += -D_FORTIFY_SOURCE=0
```

이 부분을 다음과 같이 수정합니다.

```
    HOST_GLOBAL_CFLAGS += -U_FORTIFY_SOURCE -D_FORTIFY_SOURCE=0
```

|||||| Build Android Filesystem 시 발생하는 에러 2

```
host C++: liboprofile_pp <= external/oprofile/libpp/
arrange_profiles.cpp
In file included from external/oprofile/libpp/arrange_
profiles.cpp:24:0:
external/oprofile/libpp/format_output.h:94:22: error:
reference 'counts' cannot be declared 'mutable' [-fpermissive]
host C++: liboprofile_pp <= external/oprofile/libpp/callgraph_
container.cpp
make: *** [out/host/linux-x86/obj/STATIC_LIBRARIES/liboprofile_
pp_intermediates/arrange_profiles.o] 오류 1
make: *** 끝나지 않은 작업을 기다리고 있습니다....
```

이번에 수정해야 하는 부분으로는 external/oprofile/libpp/format_output.h 파일의 94번째 라인입니다.

```
mutable counts_t & counts;
```

이렇게 되어 있는 부분에서 "mutable"을 삭제해서 다음과 같이 수정합니다.

```
counts_t & counts;
```

|||||| Build Android Filesystem 시 발생하는 에러 3

```
frameworks/base/media/mtp/MtpDataPacket.cpp:387:30: warning:
comparison between signed and unsigned integer expressions
[-Wsign-compare]
make: *** [out/host/linux-x86/obj/STATIC_LIBRARIES/libgtest_
host_intermediates/gtest-all.o] 오류 1
```

수정을 해야하는 부분으로는 external/gtest/include/gtest/internal/gtest-param-util.h 파일의 52번째 줄 정도에 다음의 헤더 파일을 추가합니다.

```
#include <cstddef>
```

|||||| Build Android Filesystem 시 발생하는 에러 4

```
/home/beagleboard/rowboat-android/external/llvm/lib/Support/
Unix/Signals.inc:219: undefined reference to dladdr'
/home/beagleboard/rowboat-android/external/llvm/lib/Support/
Unix/Signals.inc:231: undefined reference to dladdr'
out/host/linux-x86/obj/STATIC_LIBRARIES/libLLVMSupport_
intermediates/libLLVMSupport.a(Threading.o): In function llvm::
llvm_execute_on_thread(void (*)(void*), void*, unsigned int)':
```

```
/home/beagleboard/rowboat-android/external/llvm/lib/Support/
Threading.cpp:96: undefined reference to 'pthread_create'
/home/beagleboard/rowboat-android/external/llvm/lib/Support/
Threading.cpp:91: undefined reference to 'pthread_attr_
setstacksize'
/home/beagleboard/rowboat-android/external/llvm/lib/Support/
Threading.cpp:100: undefined reference to 'pthread_join'
out/host/linux-x86/obj/STATIC_LIBRARIES/libLLVMSupport_
intermediates/libLLVMSupport.a(Mutex.o):
In function MutexImpl':
/home/beagleboard/rowboat-android/external/llvm/lib/Support/
Mutex.cpp:69: undefined reference to 'pthread_mutexattr_init'
/home/beagleboard/rowboat-android/external/llvm/lib/Support/
Mutex.cpp:75: undefined reference to 'pthread_mutexattr_settype'
/home/beagleboard/rowboat-android/external/llvm/lib/Support/
Mutex.cpp:80: undefined reference to 'pthread_mutexattr_
setpshared'
/home/beagleboard/rowboat-android/external/llvm/lib/Support/
Mutex.cpp:89: undefined reference to 'pthread_mutexattr_destroy'
out/host/linux-x86/obj/STATIC_LIBRARIES/libLLVMSupport_
intermediates/libLLVMSupport.a(Mutex.o): In function llvm::
sys::MutexImpl::tryacquire()':
/home/beagleboard/rowboat-android/external/llvm/lib/Support/
Mutex.cpp:143: undefined reference to 'pthread_mutex_trylock'
collect2: ld returned 1 exit status
make: *** [out/host/linux-x86/obj/EXECUTABLES/test-
librsloader_intermediates/test-librsloader] 오류 1
make: *** 끝나지 않은 작업을 기다리고 있습니다....
```

이번 에러는 pthread의 사용과 관련된 에러입니다. 사용하는 라이브러리에 pthread
를 추가하여 에러를 제거할 수 있습니다. 수정해야 할 부분은

```
external/llvm/llvm-host-build.mk
```

에 다음 내용을 추가합니다. 46번째 줄 부분에 추가하면 됩니다.

```
LOCAL_LDLIBS := -lpthread -ldl
```

||||| Build Android Filesystem 시 발생하는 에러 5

```
frameworks/compile/slang/slang_rs_export_foreach.cpp: In static
member function 'static slang::RSExportForEach* slang::
RSExportForEach::Create(slang::RSContext*, const clang::
```

```
FunctionDecl*)':
frameworks/compile/slang/slang_rs_export_foreach.cpp:249:23:
error: variable 'ParamName' set but not used [-Werror=unused-
but-set-variable]
host C++: llvm-rs-cc <= frameworks/compile/slang/slang_rs_
object_ref_count.cpp
cc1plus: all warnings being treated as errors

make: *** [out/host/linux-x86/obj/EXECUTABLES/llvm-rs-cc_
intermediates/slang_rs_export_foreach.o] 오류 1
make: *** 끝나지 않은 작업을 기다리고 있습니다....
```

수정을 해야하는 부분으로는 frameworks/compile/slang/Android.mk 파일에서
22째 라인의

```
local_cflags_for_slang := -Wno-sign-promo -Wall -Wno-
unused-parameter -Werror
```

에서 -Werror 옵션을 삭제합니다. 다음과 같이 수정합니다.

```
local_cflags_for_slang := -Wno-sign-promo -Wall -Wno-unused-
parameter
```

위에서 컴파일 및 빌드가 성공적으로 수행이 되면 out/target/product/
beagleboard 디렉토리에 안드로이드 루트 파일 시스템의 component 들이 생성됩
니다. 이제 최종적으로 생성된 component를 이용해서 안드로이드에서 사용할 루트
파일 시스템을 생성합니다. 다음과 같은 명령을 통해서 생성할 수 있습니다.

||||| **Android Root Filesystem 생성**

```
beagleboard@ubuntu:~/rowboat-android$ cd out/target/product/
beagleboard
beagleboard@ubuntu:~/rowboat-android/out/target/product/
beagleboard$ mkdir android_rootfs
beagleboard@ubuntu:~/rowboat-android/out/target/product/
beagleboard$ cp -r root/* android_rootfs/
beagleboard@ubuntu:~/rowboat-android/out/target/product/
beagleboard$ cp -r system android_rootfs/
beagleboard@ubuntu:~/rowboat-android/out/target/product/
beagleboard$ ../../../../build/tools/mktarball.sh ../../../
host/linux-x86/bin/fs_get_stats android_rootfs . rootfs rootfs.
tar.bz2
```

이를 통해서 압축된 루트 파일 시스템을 생성하였습니다. 생성된 파일의 이름은 rootfs.tar.bz2 입니다.

```
beagleboard@host:~/rowboat-android/out/target/product/beagleboard$ ls
android-info.txt   installed-files.txt        ramdisk.img      system
android_rootfs     obj                        root             system.img
clean_steps.mk     powervr_ddk_install.log    rootfs.tar.bz2   userdata.img
data               previous_build_config.mk   symbols
beagleboard@host:~/rowboat-android/out/target/product/beagleboard$
```

▲ rootfs.tar.bz2 생성 결과

안드로이드 부팅을 위한 SD 카드 만들기

이제 최종 단계로 지금까지 빌드한 부트로더, x-loader, 리눅스 커널, 루트 파일 시스템 등을 모아서 부팅이 가능한 SD 카드를 만드는 단계입니다. 이 단계를 마치면 생성된 SD 카드를 비글보드에 삽입해서 안드로이드 ICS가 부팅되는 것을 확인할 수 있습니다. 먼저 부팅에 필요한 부트 스크립트를 먼저 생성하여야 합니다. 부트 스크립트는 RowboatTools에서 다운받은 스크립트를 사용하여 생성할 수 있습니다.

▎▎▎ **부트 스크립트 생성**

```
beagleboard@ubuntu:~$ cd RowboatTools/mk-bootscr/
beagleboard@ubuntu:~/RowboatTools/mk-bootscr$ vi mkbootscr
  〈여기서 부트 아규먼트를 설정합니다.〉
beagleboard@ubuntu:~/RowboatTools/mk-bootscr$ ./mkbootscr
```

RowboatTools 디렉토리 아래의 mk-bootscr 디렉토리로 이동합니다. 여기에 mkbootscr이라는 스크립트가 있습니다. 이것을 사용하여 boot.scr 파일을 생성할 수 있습니다. 부트 스크립트를 생성하기 전에 비글보드에 맞게 부트 아규먼트를 수정하여야 합니다. mkbootscr 스크립트를 에디터로 열어서 아래의 비글보드용 아규먼트 값으로 수정하도록 합니다. 그 후, mkbootscr 스크립트를 실행시켜서 boot.scr 이라는 부트 스크립트를 생성할 수 있습니다.

▎▎▎ **비글보드용 boot argument**

```
setenv bootargs 'console=ttyO2,115200n8 androidboot.console=
ttyO2 mem=256M root=/dev/mmcblk0p2 rw rootfstype=ext4 rootdelay=
1 init=/init ip=off omap_vout.vid1_static_vrfb_alloc=y vram=
8M omapfb.vram=0:8M omapdss.def_disp=dvi omapfb.mode=
dvi:1024x768-16'
```

다음 단계로는 지금까지 빌드한 각 단계에서 생성된 결과물을 한 군데로 모으는 작업입니다. 이렇게 모아두고 최종 SD 카드에 복사를 할 것입니다. 다음을 통해서 필요한 모든 파일들을 복사하도록 합니다.

||||| SD card image 생성 준비

```
beagleboard@ubuntu:~$ mkdir image_folder
beagleboard@ubuntu:~$ cp rowboat-android/kernel/arch/arm/boot/
uImage ~/image_folder/
beagleboard@ubuntu:~$ cp rowboat-android/u-boot/u-boot.bin ~/
image_folder/
beagleboard@ubuntu:~$ cp rowboat-android/x-loader/MLO ~/
image_folder/
beagleboard@ubuntu:~$ cp RowboatTools/mk-bootscr/boot.scr ~/
image_folder/
beagleboard@ubuntu:~$ cp rowboat-android/out/target/product/
beagleboard/rootfs.tar.bz2 ~/image_folder/
beagleboard@ubuntu:~$ cp RowboatTools/mk-mmc/mkmmc-android.sh ~/
image_folder/
```

```
beagleboard@host:~/image_folder$ ls
MLO  boot.scr  mkmmc-android.sh  rootfs.tar.bz2  u-boot.bin  uImage
beagleboard@host:~/image_folder$
```

▲ 실행 결과

마지막으로 복사한 mkmmc-android.sh 스크립트를 사용해서 안드로이드 부팅용 SD 카드를 생성합니다. 이 스크립트를 수행하기 전에 SD 카드를 리눅스 머신에 연결하도록 합니다. 연결한 후에 다음의 명령을 통해서 최종 결과물을 생성합니다.

||||| SD card image 생성

```
beagleboard@ubuntu:~/image_folder$ sudo ./mkmmc-android.sh /dev/
sdb MLO u-boot.
bin uImage boot.scr rootfs.tar.bz2
```

mkmmc-android.sh을 수행할 때, 별 반응이 없이 바로 끝이 난다면 제대로 수행이 되지 않은 것입니다. 이 때, ./mkmmc-android.sh만 실행시켜보면,

```
"bash: ./mkmmc-android.sh: /bin/bash^M: bad interpreter:
그런 파일이나 디렉토리가 없습니다"
```

와 같은 에러가 발생할 수 있습니다. 이것은 스크립트가 도스(DOS) 모드에서 작성된 파일이라서 생기는 문제입니다. 유닉스 혹은 리눅스에서 마지막 줄 바꿈에 해당하는 문자가 도스 혹은 윈도우에서와 달라서 생기는 문제입니다. 이 경우 리눅스에서 스크

립트 실행을 할 수가 없습니다. 따라서 위 스크립트를 unix 용으로 수정해야 합니다.

rowboat 프로젝트 그룹으로부터 받은 파일에서 이런 오류가 있는 것이 이상하지만, 혹시 책을 보고 실습을 하는 경우에 있어, 문제가 없으면 그대로 사용하면 되고, 이 스크립트 외에도 위와 같은 문제가 발생하면, 간단히 다음과 같이 처리한 후에 사용하면 됩니다.

 mkmmc-android.sh에서 라인피드가 도스일 경우 vi에서 unix 용으로 바꾸어 주어야 합니다. 해당 파일을 열어서

```
:se ff=unix
```

라고 명령을 입력한 후 저장하고 나옵니다.

이번 chapter에서는 비글보드를 개발하기 위한 환경을 설정하고, 비글보드에 리눅스와 안드로이드를 설치하고 구동하는 방법을 알아보았습니다. VMware Player 위에 우분투 환경을 설정하는 과정을 학습하였고, 리눅스 커널 소스와 안드로이드 소스 코드를 다운로드하는 방법에 대해서 알아보았습니다. 게다가 이렇게 받은 소스로부터 컴파일을 통해서 리눅스와 안드로이드를 비글보드에서 실행시키는 과정을 거쳤습니다.

이번 chapter에서 알아본 내용은 임베디드 시스템 개발 과정에 있어서 매우 중요한 부분입니다. 이 책에서 활용하는 비글보드 뿐만 아니라, 다른 하드웨어에 있어서도 이번 chapter에서 익혔던 실습 과정을 활용하여 부트로더, 운영체제, 그리고 안드로이드 플랫폼을 구동시켜볼 수 있을 것입니다. 또한 리눅스 및 안드로이드를 설치할 플랫폼에 소스를 수정해야 할 경우 실습 과정 중 필요한 부분을 수정하여 하드웨어에 적용해 볼 수 있을 것입니다.

리눅스 기초, 쉘 및 Makefile

이번에 리눅스의 기초, 쉘(shell) 및 Makefile에 대해 알아봅니다. 비글보드에 설치한 리눅스 운영체제를 사용하는 방법을 배우고, 구체적인 리눅스 명령어와 쉘 사용법에 대해 알아볼 것입니다. 여기서 쉘이란 리눅스 운영체제 내부 커널과 사용자의 인터페이스로서, 이 chapter에서 실습할 여러 명령어를 입력하고 운영체제로부터의 출력값을 얻어올 수 있는 하나의 창이라고 할 수 있습니다. 마지막으로 Make 유틸리티와 Makefile의 사용법을 익혀볼 것입니다.

Make란 사용자가 작성한 프로그램을 구동시키기 위해 필요한 유틸리티입니다. 여러분들이 작성한 프로그램을 실제로 구동시키기 위해 필요한 실행 파일을 컴파일러를 이용해서 생성시켜 주는 역할을 하게 됩니다. 실습을 통해 리눅스의 기초적인 사용법을 알아보고 실행 파일을 생성하는 법을 익혀서, 앞으로 진행될 내용에 필요한 기초 지식을 얻을 수 있도록 하겠습니다.

Section 01.
리눅스 기초 및 명령어

비글보드 리눅스 개발 환경을 구축하였으니, 비글보드에 설치한 리눅스를 사용하는 법을 알아보도록 하겠습니다.

먼저 비글보드에 SD 카드를 삽입하고, USB to serial 케이블을 통해 비글보드와 PC를 연결합니다. 다음으로 전원 어댑터를 연결하면, 비글보드가 자동으로 부팅을 시작하여 리눅스가 실행되는 것을 확인할 수 있습니다. 리눅스가 자동으로 부팅되지 않을 경우 Terminal 창에서 minicom 명령어를 입력하면 리눅스 부팅을 확인할 수 있습니다. 기본값으로 설정된 ID와 패스워드는 ID : ubuntu / password : temppwd입니다. ID와 패스워드를 입력하면 다음 그림과 같이 로그인이 됩니다.

```
root@ubuntu: ~
File Edit View Search Terminal Help

Ubuntu 11.10 omap ttyO2

omap login: ubuntu
Password:
Last login: Fri Jun 15 19:15:49 CDT 2012 on ttyO2
Welcome to Ubuntu 11.10 (GNU/Linux 3.0.0-x1 armv7l)

 * Documentation:  https://help.ubuntu.com/
ubuntu@omap:~$
```

▲ 비글보드 리눅스 로그인

root 계정 전환

리눅스 시스템에서 관리자 권한을 얻기 위해서 root 계정으로 전환해야 할 경우가 있습니다. root 계정은 계정의 추가, 소프트웨어의 설치 등의 모든 작업을 수행할 수 있는 권한을 갖습니다.

우분투의 경우 root 계정이 기본적으로 비활성화 되어있기 때문에 root 계정을 활성화시켜 주어야 합니다.

Terminal에서 sudo passwd root 명령어를 이용해 root 계정의 패스워드를 설정해주고, su root 명령어를 이용해 root 계정으로 로그인합니다. su 명령어는 일시적으로 다른 사용자 계정으로 작업할 필요가 있을 때 사용하는 명령어로, 다른 사용자 계정으로 서브 쉘을 생성합니다.

정상적으로 root 계정 전환이 되면 쉘에 root 계정을 의미하는 # 표시가 나타나는 것을 확인할 수 있습니다.

||||| root 계정 전환

```
ubuntu@omap:~$ sudo passwd root
[sudo] password for ubuntu: temppwd
Enter new UNIX password: temppwd (또는 원하는 패스워드)
Retype new UNIX password: temppwd (또는 원하는 패스워드를 다시 입력)
passwd: password updated successfully
ubuntu@omap:~$ su root
Password: temppwd (또는 위에서 입력한 패스워드)
root@omap:/home/ubuntu#
```

리눅스 명령어

리눅스 명령어는 각각이 독립된 프로그램으로 /bin과 같은 경로에 들어 있습니다. 리눅스의 명령어는 종류가 많고 각각의 명령어마다 다양한 옵션이 있어 모든 명령어를 다 기억하는 것은 꽤 어렵습니다.

그러나 자주 쓰이는 명령어는 소수이므로 이러한 명령어를 기억해두면 리눅스를 사용하는데 큰 도움이 될 것입니다. 리눅스 명령어 중 기본적으로 많이 쓰이는 것을 간단하게 정리해 보았습니다.

- ls : 디렉토리의 내용을 보여주는 명령어. 현재 디렉토리에 있는 파일과 하위 디렉토리의 목록을 출력
- cd : 지정하는 디렉토리로 이동
  - cd (디렉토리) : 지정 디렉토리로 이동
  - cd : root 디렉토리로 이동
  - cd .. : 상위 디렉토리로 이동
- mkdir : 디렉토리 생성
- rmdir : 디렉토리 삭제
- rm : 해당 파일 삭제
- df : 파일 시스템들의 사용량 정보 확인
- du : 파일 및 디렉토리의 사용량을 확인
- mount : 한 파일 시스템을 다른 파일 시스템의 디렉토리로 연결
- umount : 파일 계층구조로부터 파일 시스템을 떼어냄
- mkfs : 지정된 파일 시스템 타입으로 장치를 포맷
- touch : 빈 파일 생성
- pwd : 현재 디렉토리의 경로 표시
- su : 다른 사용자 계정으로 서브 쉘 생성
- chmod : 파일에 대한 권한을 바꿈
- chown : 파일의 소유자를 변경
- tar : 파일을 묶어 하나의 파일로 만들거나, 묶인 파일을 품
- ——help : 명령어와 함께 사용한 옵션을 나열
- clear : 현재 화면을 지움
- whoami : 현재 로그인한 id를 출력
- whereis : 어떤 프로그램이 인스톨되어 있는지 확인
- cp : 파일 또는 디렉토리를 복사
- mv : 파일 또는 디렉토리를 이동

위의 명령어는 리눅스 사용자라면 필수적으로 알아야 할, 그리고 자주 쓰이는 명령어입니다. 프롬프트에서 'man'(Manual)이라는 명령어를 이용해서 명령어의 보다 자세한 옵션에 대해서 알아볼 수 있습니다. 예를 들어, 'man ls' 명령어를 입력하면 'ls'라는 명령어의 옵션값과 사용법에 대한 설명을 볼 수 있습니다. man 명령어를 통해 각 명령어의 사용 방법을 알아보고, 프롬프트에서 해당 명령어를 직접 사용해 본다면 각 명령어의 활용 방안에 대해서 알 수 있을 것입니다.

Section 02.
리눅스 쉘(Shell) 사용

쉘은 명령어 해석기(command interpreter)로, 커널과 사용자 중간에 놓여 있습니다. 사용자가 커널에 접근할 수 있도록 하는 인터페이스의 역할을 합니다. 보통 script라고 부르는 쉘 프로그램은 시스템 콜, 툴, 유틸리티, 실행 파일 등을 묶어 애플리케이션을 쉽게 만들어 줍니다. 사실상 쉘 스크립트에서는 온갖 종류의 유닉스 명령어, 유틸리티, 툴들을 쓸 수 있습니다. 또한 test나 loop 문 등의 내부 쉘 명령어를 써서 추가적인 강력함과 유연함을 얻을 수 있습니다.

쉘은 크게 CLI(Command Line Interpreter) 쉘과 GUI(Graphical user interface) 쉘로 나눌 수 있습니다. CLI 쉘은 시스템의 리소스를 많이 차지하지 않으면서도 원하는 작업을 빠르게 수행할 수 있도록 하는 모드입니다. 익숙해지면 작업 효율이 높아질 수 있고, 원격 접속에 있어서도 강점을 가집니다.

GUI 쉘은 윈도우와 같이 그래픽 기반의 인터페이스를 지원합니다. 리눅스 시스템이나 명령어에 익숙하지 않은 사람들도 편리하게 작업을 수행할 수 있도록 합니다. CLI 쉘의 종류에는 Bourne shell(sh), C shell(csh), Bourne Again shell(bash), ksh, zsh 등이 있고, GUI 쉘의 종류에는 CDE, GNOME, KDE, Xfce 등이 있습니다. 이 중 리눅스에서 가장 일반적으로 많이 사용하는 쉘은 bash입니다. 리눅스를 설치하면 default로 설정되는 쉘이 bash입니다.

쉘 사용법

현재 자신이 사용하고 있는 쉘의 종류를 알아보려면 Command 창에 "echo $SHELL" 명령어를 입력하면 됩니다. 현재 유저에게 디폴트로 적용되는 쉘은 /etc/

passwd file에 정의되어 있습니다.

다른 쉘을 사용하려면 다음과 같은 command를 입력하면 됩니다.

```
"sh" : Bourne shell
"bash" : Bash shell
"csh" : C shell
```

현재 쉘의 환경 설정을 하려면 Home 디렉토리에 존재하는 파일을 수정해야 합니다.

기본적인 Environment File들은 다음과 같습니다.

- .bashrc : 쉘이 실행될 때 실행됩니다. alias setting 등에 사용됩니다.
- .profile : login 시에 실행됩니다. PATH setting 등에 사용됩니다.
- .bash_logout : logout시에 실행됩니다.

```
mkmaeng@ubuntu: ~
File Edit View Search Terminal Help
ubuntu@omap:~$ echo $SHELL
/bin/bash
ubuntu@omap:~$
```

▲ Shell Identification

.bash 설정

앞에서 설명한 내용을 예제를 통해 확인해보도록 하겠습니다.

① 터미널 창에 bash라고 입력하면 자신이 쓰게 될 쉘이 bash로 바뀌게 됩니다.

② 사용 설정을 변경하거나 특별히 설정을 추가하려면 먼저 자신 계정의 홈 directory로 이동합니다. (명령어 cd ~)

③ ls –al을 입력하여 파일 리스트를 살펴봅니다. 여기서 bash와 관련된 파일은 다음과 같습니다.

  – .bashrc, bash_logout, .profile

  .profile에서는 자신이 자주 사용하는 program이나 library에 대한 path를 설정할 수 있습니다.

④ ifconfig를 입력해봅니다. 만약 실행이 안된다면 자신의 bash 쉘에 이 프로그램을 실행시킬 path가 설정되지 않은 것입니다.

⑤ 'whereis ifconfig'를 입력하면 ifconfig가 있는 path가 나타나게 됩니다. 만일 path가 /sbin이었다면 다음과 같이 입력해봅니다.

```
'/sbin/ifconfig'
```

ifconfig가 실행될 것입니다.

⑥ 매번 ifconfig를 실행하기 위해 모든 path를 적어주는 것은 매우 불편한 일입니다. 단순히 ifconfig만 입력해도 프로그램이 실행될 수 있도록 하려면 쉘의 환경 설정에서 path를 적어주면 됩니다.

⑦ 'vi .profile'을 입력해 .profile file을 엽니다.

||||| **.profile**

```
# if running bash
if [ -n "$BASH_VERSION" ]; then
  # include .bashrc if it exists
  if [ -f "$HOME/.bashrc" ]; then
    . "$HOME/.bashrc"
  fi
fi

# set PATH so it includes user's private bin if it exists
if [ -d "$HOME/bin" ] ; then
  PATH="$HOME/bin:$PATH"
fi
```

⑧ 마지막에서 두 번째 줄에 ifconfig가 있는 path를 추가합니다. 즉 PATH="$HOME/bin:$PATH'를 PATH="$HOME/bin:$PATH:/sbin"과 같이 수정합니다.

⑨ 'source .profile'이라고 입력합니다.

⑩ ifconfig를 입력하면 ifconfig가 실행될 것입니다.

⑪ 'vi .bashrc'를 입력해 .bashrc 파일을 열어봅니다. 다음과 같은 내용이 있을 것입니다.

||||| **.bashrc**

```
# some more ls aliases
alias ll='ls -alF'
alias la='ls -A'
alias l='ls -CF'
```

⑫ 여기서 # User specific aliases and functions 아래 부분에 다음과 같이 적습니다.

```
alias ifc='ifconfig'
```

이 파일을 저장한 후 vi 에디터를 빠져 나옵니다.

⑬ 'source .bashrc'를 입력합니다.

⑭ ifc를 입력하면 ifconfig가 실행되는 것을 확인할 수 있을 것입니다. 즉, alias 설정은 .bashrc에서 하면 됩니다.

쉘 스크립트 프로그래밍

쉘 스크립트는 쉘에서 사용할 수 있는 명령어들을 조합해서 만든 배치 파일입니다. 리눅스에서는 여러 명령어들을 파이프, 리다이렉션 등을 이용해 연결하여 사용할 수 있습니다. 이러한 명령 조합이 반복적으로 사용된다면 쉘 스크립트를 이용해 단일 명령으로 만들어 쉽게 사용할 수 있습니다. 테스트 문과 루프 문 등의 강력한 쉘 내부 명령어 기능을 잘 활용하면 시스템 관리 작업이나 반복적인 일들을 효율적으로 수행하는데 많은 도움을 받을 수 있습니다. 시스템 관리에 있어서는 매우 중요한 기술로, 많은 상황에서 쉘 스크립트를 직면하게 되며 문제 발생 시 이를 해석하는 능력과 수정 혹은 새롭게 작성하는 능력이 요구됩니다.

쉘 스크립트의 수많은 구문과 기능은 매우 방대하여 이를 모두 설명하는 것은 이 책의 범위를 넘어서므로 여기서는 간단한 문법을 소개하고 예제를 살펴보도록 하겠습니다.

구체적인 쉘 스크립트의 구문과 기능을 알아보려면 별도로 배포되는 쉘 스크립트 가이드 혹은 인터넷 문서를 활용할 것을 권장합니다.

‖‖‖ **쉘 스크립트 구문**

▶ **변수 선언**

```
INDEX=0
PROG="vsftpd"
```

▶ **변수 사용**

```
$INDEX, $PROG
```

▶ **Numeric Operation**

```
let "index = index + 1"
```

▶ **Array 선언**

```
declare -a sites
```

▶ **String to Array**

```
sites='ls *.conf'
```

▶ Array 사용

```
${sites[${INDEX}]}
```

▶ Test

```
[ $RETVAL -eq 0 ] && echo
[ $RETVAL = 0 ] || echo
[ $RETVAL -gt 0 ]
```

▶ if

```
if [] ; then
elif
else
fi
```

▶ for

```
for I in 'seq 1 1 10';
do
done
```

▶ while

```
while [ $index ?lt $site_count ] ;
do
done
```

▶ 함수 정의

```
start() {
}
```

▶ 함수 사용

```
start
start param1
start param1 param2
```

▶ 함수의 Parameter

```
start() {
  first=$1
  second=$2
  numberofparam=$#
}
```

▶ case

```
case $switch in
  start)
    start
    ;;
  *)
    echo Usage
```

이제 실제로 간단한 내용의 셸 스크립트 프로그램을 작성해보고 동작을 살펴보도록 하겠습니다.

〓 rfe

```
#!/bin/bash
# 파일 확장자 바꾸기.
#     change_extension old_extension new_extension
# usage example:
# 현재 디렉토리의 모든 *.txt 파일을 *.jpg로 바꾸기
#     change_extension txt jpg

if [ $# -ne 2 ]
then
 echo "사용법: basename $0 old_file_suffix new_file_suffix"
 exit 1
fi

for filename in *.$1
# 첫 번째 인자로 끝나는 파일들을 찾아서
do
 mv $filename ${filename%$1}$2
  # 파일 이름에서 첫 번째 인자 부분을 떼어내고 두 번째 인자를 붙인다.
done
```

① 에디터에서 위와 같은 내용을 적고 change_extension 라는 이름의 파일을 만듭니다.

② 위 파일을 실행할 수 있는 파일로 만들기 위해 'chmod 755 change_extension'이라고 입력합니다.

③ 임의로 txt 파일을 만들기 위하여 'touch test.txt'라고 입력합니다. ls 명령어를 입력하면 test.txt가 생성된 것을 확인할 수 있습니다.

④ './change_extension txt jpg'라고 입력한 후 ls를 해보면 'test.txt' 파일이 'test.jpg'로 바뀌었음을 확인할 수 있습니다.

첫 줄의 #!/bin/bash는 이 파일이 bash의 shell interpreter를 이용하여 실행하겠음을 선언한 것입니다. 이후에 나오는 #는 주석처리 부분입니다.

```
if [ $# -ne 2 ]
then
        echo "사용법: basename $0 old_file_suffix new_file_suffix"
        exit 1
fi
```

위 부분은 조건문입니다. if를 써준 후 어떠한 동작을 원하면 then을 써주고 if 조건문이 끝나는 부분에 fi를 써줍니다. 또한 echo는 화면 출력 명령어입니다. '$# -ne 2'는 입력이 2개가 아니면 이라는 뜻입니다. 여기서 $#는 입력받는 변수의 개수를 뜻합니다. '-ne'는 not equal이란 뜻으로 뒤에 따라오는 2와 같지 않음을 의미합니다.

다음은 순환에 관한 부분입니다.

```
for filename in *.$1
do
        mv $filename ${filename%%$1}$2
done
```

순환에는 for 이외에도 while 구문이 있지만 여기서는 for를 예로 사용합니다.

for filename in *.$1에서 $1은 첫 번째로 입력된 인자를 뜻하는 것입니다. 만일 프로그램 실행 시 'change_extension txt jpg'라 하였다면 change_extension은 파일 이름이므로 txt가 첫 번째로 선언한 인자가 되는 것입니다. 그래서 filename이 *.txt로 끝나는 것을 다 찾을 때까지 for 구문을 수행하게 됩니다. 만일 확장자가 txt로 끝나는 파일을 찾으면 mv 명령을 수행하게 됩니다.

Section 03.

make

make는 다수의 소스 코드로부터 프로그램을 생성할 때, 도움을 주는 유틸리티입니다. 하나의 프로그램을 생성하기 위해서는 다수의 소스 코드 파일이 연관되어 있으며, 이들의 컴파일 방법과 의존 관계를 관리해줘, 소프트웨어 개발의 효율성을 가져다 준 프로그램입니다.

예를 들어, 하나의 프로그램을 생성하기 위한 구성 요소가 다음과 같이 4개라고 가정하겠습니다.

```
(main.c, iodat.c, dorun.c, lo.s)
```

위 4개의 소스 코드를 통하여 program이라는 프로그램을 생성하려 한다면, 다음과 같은 컴파일 명령을 모두 내려줘야 합니다.

IIIII **program 컴파일**

```
$ cc -c main.c
$ cc -c iodat.c
$ cc -c dorun.c
$ as -o lo.o lo.s
$ cc -o program main.o iodat.o dorun.o lo.o
```

이러한 일련의 과정을 쉘 스크립트를 이용하여 단번에 묶어서 실행할 수도 있지만, make를 이용하면, 훨씬 간단한 규칙을 통해서 프로그램을 수월하게 개발할 수 있습니다. 예를 들어, 소프트웨어 개발 도중에는 위 4개 중 일부 소스 코드만 따로 수정되고 최종 program을 생성하는 경우가 발생하는데, 이럴 때 수정되지 않은 소스 코드는 새로 컴파일할 필요가 없습니다. 즉, 소스 코드의 의존성과 최신성 등을 관리하는 프로그램이 바로 make입니다.

make 명령어는 이를 실행한 현재 디렉토리($PWD)에서 Makefile(혹은 makefile)이라는 이름을 가진 파일을 찾습니다. 이 Makefile 내에는 소스 코드의 의존 관계 및 여러 가지 규칙들이 기술되어 있습니다. 위와 같은 일련의 과정을 make를 이용하여 수행하는 방법을 기술한 Makefile은 다음과 같습니다. 이를 통해 기본적인 구문에 대하여 알아보도록 하겠습니다.

IIIII **Makefile**

```
program : main.o iodat.o dorun.o lo.o      # rule line
cc -o program main.o iodat.o dorun.o       # command line
main.o : main.c
cc -c main.c
iodat.o : iodat.c
cc -c iodat.c
dorun.o : dorun.c
cc -c dorun.c
lo.o : lo.s
as -o lo.o lo.s
```

위 Makefile 파일은 모두 다섯 개의 룰로 구성되어 있습니다. 각 항목에는 콜론(:)을 포함하는 규칙 행(rule line)과 탭 문자로 시작하는 하나 이상의 명령 행(command line)이 있습니다. 규칙 행의 콜론 왼쪽은 타겟(target)이며, 콜론 오른쪽의 리스트는 타겟을 만들기 위하여 필요한 항목입니다. 탭 문자로 시작하는 명령 행은 타겟을 생성하는 방법을 표시합니다.

위의 Makefile에서 1행의 내용은 program이 main.o, iodat.o, dorun.o의 파일에 의존한다는 것을 나타냅니다. 2행은 필요 항목들에서 program을 만드는데 사용되는 컴파일러 명령을 지정합니다. 따라서 다음 명령을 입력하면 make가 위 예제 두 번째 행의 명령을 실행합니다.

```
$ make program
```

그런데 program을 생성하기 위해 필요한 항목인 main.o, iodat.o, dorun.o 파일이 생성되지 않았으면 어떻게 될까요? make는 규칙 행에 기술되어 있는 필요 항목의 준비 여부를 검사하고, 아직 생성되어 있지 않거나 타겟인 program보다 최근에 생성된 필요 항목이 있는 경우 이를 생성하기 위한 규칙 행을 먼저 수행합니다. 즉, 처음 컴파일하는 경우 필요 항목들이 존재하지 않으므로, main.o, iodat.o, dorun.o로 시작하는 규칙 행들을 먼저 수행하고 이들이 생성된 후에 program을 작성합니다. 만약 이미 필요 항목들이 존재하며, program보다 이후에 생성된 경우 수정된 사항이 없으므로 make는 다음과 같이 별다른 명령을 내리지 않은 채 종료됩니다.

```
$ make program
'program' is up to date
```

필요 항목이 없는 타겟을 기술할 수도 있습니다. 이 경우에도 규칙 행에 콜론은 반드시 존재해야 합니다. 예를 들어 대부분의 Makefile은 아래와 같은 규칙 행을 가지고 있습니다. 이는 개발 과정에서 생성된 임시 파일과 실행 파일들을 삭제하기 위한 것입니다.

▌▌▌▌ clean 규칙 행

```
clean:
    rm -f core *.o program
```

이와 같이 규칙 행에 필요 항목이 없는 경우에는 다음과 같이 make가 실행될 때마다 항상 명령 행이 수행됩니다.

```
$make clean
```

매크로

Makefile을 기술할 때 반복적으로 나타나는 문장들을 간결하게 표현하기 위한 기능 중 하나가 매크로입니다. 예를 들어 C 컴파일러나 컴파일 옵션을 매크로로 정의하고 사용하면 Makefile을 간결하게 나타낼 수 있습니다. 다음 내용을 살펴보도록 하겠습니다.

▥ 매크로 예제 (1)

```
CC=/usr/local/arm-linux/bin/arm-linux-gcc
CFLAGS=-O2
OBJS=main.o iodat.o dorun.o
program : ${OBJS}
  ${CC} -o program ${CFLAGS} ${OBJS}
main.o : main.c
  ${CC} -c main.c ${CFLAGS}
iodat.o : iodat.c
  ${CC} -c iodat.c ${CFLAGS}
dorun.o : dorun.c
  ${CC} -c dorun.c ${CFLAGS}
io.o : io.s
  ${AS} -o io.o io.s
```

위 예제에서 매크로를 사용하지 않는다면 컴파일러와 컴파일 옵션을 반복해서 써야만 합니다. 그러나 위와 같이 매크로를 사용해 반복되는 구문을 간단히 나타낼 수 있습니다. 매크로 정의는 등호를 포함하는 하나의 문장입니다. make는 등호 왼쪽의 이름을 등호 오른쪽의 문자열과 대응시킵니다. 이후 매크로를 참조할 때는 다음과 같이 매크로를 중괄호로 둘러싸고 그 앞에 $를 붙입니다.

```
${CC}, ${CFLAGS}
```

중괄호 대신 괄호를 사용해도 되지만, 중괄호를 사용하는 것이 보다 일반적입니다. make는 참조된 매크로를 정의된 문장으로 치환합니다. Makefile 내에 기술된 매크로뿐만 아니라 쉘 환경 변수도 매크로로 사용할 수 있습니다. 즉, bash의 환경 변수를 다음과 같이 입력하면 이를 Makefile 내에서 별도로 정의하지 않아도 사용할 수 있습니다.

```
$ XGCC_DIR=/usr/local/arm-linux/bin
$ export XGCC_DIR
```

뿐만 아니라 make 명령 행에서 매크로를 정의할 수도 있습니다. 다음 예제를 살펴보도록 하겠습니다.

||||| **매크로 예제 (2)**

```
CC=${XGCC_DIR}/arm-linux-gcc
program: ${OBJS}
   ${CC} -o program ${CFLAGS} ${OBJS}
```

위 예제에서 XGCC_DIR를 아직 정의하지 않았습니다. 이 Makefile을 이용해 다음과 같이 make를 수행하면 해당 매크로를 Makefile에서 참조하게 됩니다.

```
$ make program "XGCC_DIR=/usr/local/arm-linux/bin"
```

지금까지 알아본 것과 같이 매크로는 여러 곳에서 정의가 가능합니다. 이러한 매크로 정의가 중복해서 설정된 경우 다음과 같은 우선 순위로 매크로가 정의됩니다.

    ① make 명령 입력 시 입력된 매크로

    ② Makefile에 기술된 매크로 정의

    ③ 현재 쉘의 환경 변수

    ④ make 내부 정의 (${CC} 등)

내부 매크로

이번에는 유용한 내부 매크로에 대하여 알아보도록 하겠습니다. 먼저 $@ 내부 매크로는 현재 타겟을 참조합니다. 타겟 이름이 대개 사용자가 작성하려는 파일의 이름과 같기 때문에 자주 사용됩니다. 다음과 같이 실행 프로그램을 컴파일하는 항목은 일반적으로 @을 다음과 같이 출력 파일의 이름으로 사용합니다.

||||| **$@ 내부 매크로 예제**

```
program: ${OBJS}
   ${CC} -o $@ ${CFLAGS} ${OBJS}
```

$? 내부 매크로는 현재 타겟보다 최신인 필요 항목들의 명단으로 간주됩니다. 예를 들어 다음과 같은 항목이 있다고 가정해보겠습니다.

||||| **$? 내부 매크로 예제**

```
new_imp : main.c iodat.c dorun.c io.s
   date >> $@
   ls $? >> $@
```

위 항목은 소스 코드 중에서 새롭게 수정된 코드들을 new_imp라는 파일에 시간과 함께 기록합니다. 이때 $?는 타겟보다 나중에 수정된 파일의 리스트를 참조하는 내부 매크로입니다.

$@의 변형으로 $$@ 내부 매크로가 있습니다. 이 매크로는 규칙 행에서만 의미를 갖습니다. 즉, 규칙 행의 필요 항목을 지정하는 데만 사용되는데, $@와 마찬가지로 현재 타겟을 참조합니다. 이는 하나의 소스 파일을 갖는 실행 파일들의 수가 많을 때 유용하게 사용됩니다. 예를 들어 유닉스 시스템 명령들을 생성하는 소스 디렉토리는 종종 다음과 같은 내용을 포함하는 Makefile을 갖습니다.

⠿ **$$@ 내부 매크로 예제**

```
CMDS= cat dd echo date chown
${CMDS} : $$@.c
  ${CC} $? -o $@
```

확장자 규칙

유닉스 시스템에서 C 언어 소스 파일은 항상 확장자로 .c를 사용하는데 이는 cc 컴파일러의 필수 요구 사항입니다. 마찬가지로 포트란 소스 파일은 .f 확장자를, 어셈블리어 소스 파일은 .s 확장자를 사용합니다. 나아가 이러한 컴파일러는 자동으로 오브젝트 모듈을 .o 파일로 만듭니다. 이러한 규정을 이용하여 확장자 규칙에 따른 여러 동작을 암묵적으로 실행할 수 있습니다. 따라서 이러한 규칙에 따라 Makefile을 다음과 같이 간단하게 기술할 수 있습니다.

⠿ **확장자 규칙을 이용한 Makefile 예제 (1)**

```
CC=/usr/local/arm-linux/bin/arm-linux-gcc
CFLAGS=-O2
OBJS= main.o iodat.o dorun.o io.o
program : ${OBJS}
  ${CC} -o program ${CFLGAS} ${OBJS}
```

make는 타겟인 program을 작성하는 과정에서 main.o가 최신 버전인지 검사합니다. 이는 현재 디렉토리에서 확장자 규칙에 따라 main.o를 만드는 데 필요한 파일을 찾는 과정을 거칩니다. 위의 Makefile에는 main.o를 생성하기 위해 필요한 규칙 행이 없으므로 내부 확장자 규칙에 따라서 main.c를 찾아 이 소스 코드가 최근에 수정되었는지 검사하며 확장자가 .c 이므로 C 컴파일러를 실행하여 main.c를 컴파일합니다. lo.o를 검사할 때는 lo.s가 검색되므로 어셈블리 인터프리터를 실행하여 lo.o를 생

성합니다. 이는 내부에 미리 정의된 내부 규칙을 암묵적으로 사용하는 것이며, 이를 명시적으로 다음과 같이 정의할 수 있습니다.

ⅢⅢ 확장자 규칙을 이용한 Makefile 예제 (2)

```
.SUFFIXES : .o .c .s
.c .o :
  ${CC} ${CFLAGS} -c $<
.s .o :
  ${AS} {ASFLAGS} -o $@ $<
```

위 내용에서 2번째 행은 .c 파일을 .o로 만드는 규칙에 대해 기술합니다. 4번째 행은 .s 파일을 .o로 만드는 규칙에 대해 기술합니다. 위에서 $<는 확장자 규칙에서만 사용될 수 있다는 점을 제외하면 $?와 유사합니다. 즉, 생성된 .o 파일보다 .c나 .s의 소스 코드가 최신인 파일만 리스트에 포함시킵니다.

이번 chapter에서는 리눅스의 기초와 쉘, Makefile에 대해 살펴보았습니다. 먼저 리눅스의 기초 및 명령어에 대해 알아보았고, 쉘과 간단한 쉘 스크립트를 사용하는 방법에 대해 알아보았습니다. 쉘의 사용법을 익히면 자주 사용하는 명령어의 집합체를 하나의 쉘 스크립트로 수행할 수 있으며, 쉘 스크립트의 조건문, 반복문 등의 논리 구성 기능으로 시스템 관리 및 프로그램 개발을 할 수 있을 것입니다.

마지막으로 Make를 이용해 컴파일을 쉽게 할 수 있도록 하는 방법과, 이를 도와주는 Makefile의 사용법 및 기초 문법을 알아보았습니다. 하나의 파일로 구성된 간단한 프로그램은 Makefile을 사용하지 않아도 큰 불편이 없지만, 다수의 파일과 복잡한 컴파일 옵션을 추가해야 하는 대규모 프로그램 개발에 있어서 Makefile은 필수 유틸리티입니다. Makefile은 복잡한 컴파일 옵션과 업데이트, 삭제 등을 make라는 명령어와 인자값을 이용해서 손쉽게 처리를 할 수 있게 만들어 주기 때문입니다.

chapter 05
시스템 및 네트워크 관리

Section 01.

사용자 관리

우분투 리눅스에서는 시스템의 전반적인 관리를 위해 다양한 기능들이 제공되고 있습니다. 그 중에서 사용자 관리에 대한 부분을 다루어 보도록 하겠습니다.

사용자 추가

윈도우에서 여러 개의 사용자를 가질 수 있는 것처럼 우분투 리눅스에서도 루트뿐만 아니라 여러 개의 사용자를 추가하고 제거할 수 있습니다. 먼저 사용자를 추가하기 위해서 사용되는 명령어는 useradd와 adduser 두 가지가 있습니다. 두 명령어 모두 사용자를 추가한다는 동작 자체는 동일하나 우분투 리눅스에서 두 명령어를 실행할 경우 큰 차이점이 두 가지 존재합니다. useradd 명령어의 경우, /home 디렉토리에 사용자 계정이 생성되지 않는 반면에 adduser 명령어를 사용할 경우 계정이 생성됩니다. 또한 useradd 명령어는 기본 쉘이 sh인 반면 adduser 명령어는 기본 쉘이 bash입니다.

다음은 useradd 및 adduser 명령어를 통해 새로운 사용자를 생성하는 명령어를 나타낸 것입니다. 이 때 유의해야 할 점은 비글보드 상에서도 일반적인 리눅스에서의 수행과 마찬가지로 루트 권한을 획득하여 명령어들을 사용해야 한다는 것입니다. 이는 sudo 명령어를 이전에 입력함으로써 해결할 수 있습니다. 이 때 입력해야 하는 비밀번호의 경우 기본적으로 비글보드를 부팅할 때 디폴트로 설정되어 있는 아이디 ubuntu의 비밀번호 temppwd를 입력하면 됩니다.

▐▌▌▌ **비글보드 상에서의 사용자 추가 명령어**

```
ubuntu@omap:~$ sudo useradd user01
ubuntu@omap:~$ sudo adduser user02
```

앞서 설명했던 바와 같이, adduser 명령어의 경우 useradd 명령어와 달리 /home 디렉토리에 사용자 디렉토리가 생성됩니다. 실제로, 위 명령어를 실행했을 때 /home 디렉토리를 살펴보면 user01 디렉토리는 존재하지 않지만 user02 디렉토리는 존재함을 확인할 수 있습니다.

```
ubuntu@omap:/$ cd home
ubuntu@omap:/home$ ls
ubuntu  user02
```

▲ useradd, adduser 명령어를 실행한 후 /home 디렉토리의 내용

사용자 제거

사용자를 제거하기 위해서 사용되는 명령어로는 userdel과 deluser 두 가지가 있습니다. 두 명령어는 마찬가지로 동일한 기능을 수행합니다. 이 때 adduser와 useradd가 갖는 차이점과 달리, 두 명령어를 수행하면 사용자의 제거는 가능하지만 어느 명령어의 경우에도 /home 디렉토리의 사용자 디렉토리는 제거가 되지 않는 특징을 가지고 있습니다. 따라서 사용자 계정을 삭제한 후 /home 디렉토리의 내용을 제거하고 싶을 경우는 rm 명령어를 사용하여 직접 제거해야 합니다.

▥ **비글보드 상에서의 사용자 제거 및 home 디렉토리 제거**

```
ubuntu@omap:~$ sudo userdel user01
ubuntu@omap:~$ sudo deluser user02
ubuntu@omap:~$ cd /home
ubuntu@omap:~$ sudo rm -rf user02
```

사용자 유지 및 관리

위에서 설명한 사용자 추가 및 제거 명령어 외에도 /etc/passwd 파일을 수정함으로써 사용자를 추가 또는 제거할 수 있으며, 홈 디렉토리나 쉘의 종류 등도 변경할 수 있습니다. 해당 파일을 살펴보면 각 유저 별로 하나의 라인으로 정보가 저장되어 있으며, 다음과 같은 순서대로 기술되어 있습니다.

• 사용자 로긴 : x : 유저 아이디 : 그룹 아이디 : 사용자 실제 이름 : 홈 디렉토리 : 쉘

따라서 위의 형식에 맞춰 새로운 사용자를 추가할 수 있으며, 기존의 사용자들의 정보를 수정할 수 있습니다. 이 때 비글보드 상에 vim이 설치되어 있지 않은 관계로 vi 편집기를 사용하여 수정하도록 합니다. vi 편집기의 경우 일반적으로 리눅스에서 널리 사용되고 있는 vim 편집기와 유사하나, 약간의 차이를 가지기 때문에 이러한 점에 유의해서 사용하도록 합니다.

```
ubuntu:x:1000:1002:Demo User:/home/ubuntu:/bin/bash
user03:x:501:100:User 03:/home/user03:/bin/bash
"/etc/passwd" 23 lines, 953 characters
```

▲ /etc/passwd file에 새로운 사용자인 user03을 추가하는 내용

패스워드 변경

계정의 패스워드를 변경하기 위해서는 passwd 명령어를 사용합니다. 간단한 예로,

root 계정 패스워드를 변경하는 과정을 수행해 보도록 하겠습니다. 먼저 passwd 명령어를 입력한 후, 현재 계정의 패스워드를 입력하고 새로 변경할 패스워드를 두 번 입력하면 새로 입력한 패스워드로 계정의 패스워드가 변경됩니다.

```
ubuntu@omap:/$ sudo passwd
[sudo] password for ubuntu:
Enter new UNIX password:
Retype new UNIX password:
passwd: password updated successfully
```

▲ passwd 명령어를 이용한 계정 패스워드 변경

Section 02.

파일 시스템 및 소프트웨어 관리

우분투 리눅스에서는 파일 시스템 및 소프트웨어 관리를 위한 다양한 명령어들과 기법들이 존재합니다. 이번 Section에서는 비글보드에서 유용하게 사용될 수 있는 파일 시스템 및 소프트웨어 관리 부분에 대해서 다루어 보도록 하겠습니다.

파일 시스템 관리

일반적으로 리눅스를 사용할 때 새로운 하드 디스크를 추가하거나, CD-ROM 또는 플로피 디스크를 사용하게 될 경우 추가적인 명령어를 통해 이를 처리해 주어야 합니다. 하지만 비글보드의 경우, CD-ROM이나 플로피 디스크를 꽂을 수 있는 부분이 없고 USB 포트밖에 존재하지 않기 때문에 USB 장치를 마운트하고 이를 해제하는 방법에 대해서 간단히 소개하도록 하겠습니다. 기본적으로 파일 시스템을 마운트할 때 다음과 같은 명령어를 사용합니다.

```
mount [-t 파일 시스템 타입] [-o 옵션] 디바이스 경로
```

mount 명령어를 사용할 때는 첫 번째 인수로 마운트하고자 하는 디바이스의 이름을 명시해주고, 두 번째 인수로 마운트할 경로를 입력합니다. 이 때 디바이스의 이름은 /dev 디렉토리 아래에 존재하는 것이어야 하며, 일반적으로 CD-ROM의 경우 /dev/cdrom, 플로피 디스크의 경우 /dev/fd0의 형태가 됩니다. 또한 mount 명령의 옵션으로 파일 시스템의 타입을 정해줄 수도 있는데, 대개의 경우 자동적으로 파일 시스템의 종류를 인식해줍니다.

이제 실제로 USB 장치를 마운트 하는 과정을 설명하도록 하겠습니다. 먼저 /mnt 디렉토리 하위에 'usb'라는 새로운 디렉토리를 생성해줍니다. 이후 마운트할 USB 장치를 비글보드에 꽂아 줍니다. 연결한 후 /dev 디렉토리에 들어가서 ls 명령어를 입력하면 다음과 같이 sda로 장치가 인식됨을 확인할 수 있습니다.

```
beagleboard@ubuntu: ~/Downloads/openssl
ubuntu@omap:/dev$ ls
autofs              loop1               ram13       tty     tty30   tty53   usbmon0
block               loop2               ram14       tty0    tty31   tty54   usbmon1
bsg                 loop3               ram15       tty1    tty32   tty55   usbmon2
btrfs-control       loop4               ram2        tty10   tty33   tty56   vcs
bus                 loop5               ram3        tty11   tty34   tty57   vcs1
cdrom               loop6               ram4        tty12   tty35   tty58   vcs2
char                loop7               ram5        tty13   tty36   tty59   vcs3
console             mapper              ram6        tty14   tty37   tty6    vcs4
cpu_dma_latency     mem                 ram7        tty15   tty38   tty60   vcs5
disk                mmcblk0             ram8        tty16   tty39   tty61   vcs6
ecryptfs            mmcblk0p1           ram9        tty17   tty4    tty62   vcs7
fb0                 mmcblk0p2           random      tty18   tty40   tty63   vcsa
fb1                 net                 rfkill      tty19   tty41   tty7    vcsa1
fb2                 network_latency     rtc0        tty2    tty42   tty8    vcsa2
fd                  network_throughput  scd0        tty20   tty43   tty9    vcsa3
full                null                sda         tty21   tty44   tty00   vcsa4
fuse                ppp                 sg0         tty22   tty45   tty01   vcsa5
i2c-1               psaux               sg1         tty23   tty46   tty02   vcsa6
i2c-2               ptmx                shm         tty24   tty47   tty03   vcsa7
i2c-3               pts                 snd         tty25   tty48   ttyS0   watchdog
input               ram0                sr0         tty26   tty49   ttyS1   zero
kmem                ram1                stderr      tty27   tty5    ttyS2
kmsg                ram10               stdin       tty28   tty50   ttyS3
```

▲ /dev 내에 장치가 인식되었음을 확인하는 모습

비글보드에는 USB 장치를 꽂을 수 있는 4개의 슬롯이 존재하며, 어느 위치에 꽂느냐에 따라 sda, sdb, sdc로 다르게 인식할 수 있습니다. 따라서 꽂은 위치에 따라 sdb 혹은 sdc가 나타날 수도 있으니 이 점 유의하기 바랍니다.

장치가 인식되는 것까지 확인하였으면, 이제 mount 명령어를 통해 직접 USB 장치를 마운트하는 과정만 남았습니다. 앞에서 설명한 포맷에 맞춰 mount 명령어를 수행함으로써 USB 장치에 대한 마운트가 /mnt/usb 디렉토리에 이루어짐을 확인할 수 있습니다.

▐▊ 비글보드 상에서의 USB 장치 마운트

```
ubuntu@omap:~$ sudo mount /dev/sda /mnt/usb
```

마운트를 해제하는 경우 umount 명령어를 통해서 수행할 수 있습니다. 기본적으로 마운트 해제 명령어를 수행할 때는 다음과 같이 사용합니다.

```
umount 디바이스 | 경로
```

umount 명령어를 사용할 때 주의해야 할 점은 마운트된 디렉토리 안에서 사용하면 안된다는 점입니다. 따라서 현재 위치를 다른 루트와 같은 다른 디렉토리로 변경한 후 명령어를 수행해야 합니다.

▓ **비글보드 상에서의 USB 장치 마운트 해제**

```
ubuntu@omap:/mnt/usb$ cd /
ubuntu@omap:/$ sudo umount /mnt/usb
```

소프트웨어 인스톨과 업그레이드

일반적으로 리눅스에서 새로운 소프트웨어를 설치하는 방법은 크게 두 가지가 있습니다. 첫 번째 방법은 C 언어와 같은 소스 코드 형태의 소프트웨어를 직접 컴파일 과정을 거쳐 수동적으로 설치하는 것입니다. 일반적으로 컴파일 후 사용되는 소프트웨어의 소스 코드에는 README 파일과 같은 설치와 관련된 문서가 존재합니다. 이러한 정보를 이용하여 컴파일하고 설치하는데, 보통 소스 코드의 경우 tar-ball로 묶여있고 gzip으로 압축되어 있는 경우가 많습니다. 따라서 먼저 해당 소스 파일을 다운받아 압축을 푼 후, 해당 디렉토리에서 사용하는 머신의 시스템 환경을 고려하여 configure, make 및 make install 명령을 순서대로 수행함으로써 인스톨이 됩니다. 이 방법은 소스 코드를 직접 다운받아야 하고 현재 사용하는 비글보드의 환경에 맞추어서 컴파일을 수행해야 하기 때문에 손이 많이 가는 작업입니다.

두 번째 방법은 apt-get과 같이 소프트웨어 패키지 관리 툴을 이용하여 패키징 되어있는 소프트웨어를 설치하는 것입니다. 우분투를 포함한 데비안 계열의 리눅스에서는 주로 사용하는 주요 소프트웨어들을 쉽게 설치하고 제거할 수 있도록 해주는 apt-get(Advanced Package Tool) 패키지 관리 명령어 도구가 존재합니다. 리눅스에서 주로 사용하는 대부분의 소프트웨어들을 패키지 형태로 포함하고 있으며, 네트워크를 사용할 수 있는 상태이기만 하면 간단하고 쉽게 소프트웨어를 다운받아 자동으로 설치해줘 편리합니다. 일반적으로 apt-get 명령어는 다음과 같은 형태로 사용됩니다.

```
apt-get [옵션] [명령] [패키지 이름]
```

이 때 옵션 부분은 생략 가능하나 명령 부분은 꼭 지정되어야 합니다. 일반적으로 사용되는 명령의 경우 다음과 같은 것들이 있습니다.

- update : 패키지를 가져올 사이트로부터 패키지의 정보들을 가져와 업데이트 수행

- upgrade : 설치되어 있는 패키지를 모두 새 버전으로 업그레이드 수행
- install : 새로운 패키지를 설치
- reinstall : 설치되어 있는 패키지를 재설치
- remove : 설치되어 있는 패키지를 제거

apt-get 명령어는 다수의 프로그램을 함께 설치하거나 제거할 수 있습니다. 이는 단순히 install 혹은 remove 명령 뒤에 해당하는 프로그램들을 여러 개 나열함으로써 가능합니다. 또한 위에 설명되어 있듯이 apt-get update 명령어의 경우 패키지를 가져올 특정 사이트들로부터 패키지들의 정보를 가져오는데, 이러한 정보를 가지고 있는 사이트들은 /etc/apt/sources.list 파일에 포함되어 있습니다. 따라서 새롭게 추가하고자 하는 사이트가 존재할 경우 해당 파일을 수정함으로써 가능합니다.

다음 그림은 비글보드에서 /etc/apt/source.list 파일을 vi 편집기를 통해 열어본 결과입니다.

```
deb http://ports.ubuntu.com/ubuntu-ports/ oneiric main universe multiverse
deb-src http://ports.ubuntu.com/ubuntu-ports/ oneiric main universe multiverse
deb http://ports.ubuntu.com/ubuntu-ports/ oneiric-updates main universe multiver
se
deb-src http://ports.ubuntu.com/ubuntu-ports/ oneiric-updates main universe mult
iverse
```

▲ /etc/apt/sources.list 파일의 내용

이제 실제로 apt-get 명령어를 사용하여 직접 프로그램을 설치해보도록 하겠습니다. apt-get 명령어의 경우 위에서 설명했던 것처럼 쉽고 간단하게 소프트웨어를 설치할 수 있지만 사용하고자 하는 리눅스 머신이 네트워크 사용 가능 상태여야 한다는 단점이 존재합니다. 그러므로 비글보드에서 apt-get 명령어를 사용하기 위해 다음 페이지에 있는 '비글보드에서의 네트워크 설정' 부분을 먼저 진행하여 비글보드에서 네트워크를 사용할 수 있는 상태로 세팅을 마치도록 합니다. 설정이 완료된 후 컴파일에 필요한 프로그램인 make 프로그램을 직접 apt-get install 명령어를 통해 설치해보도록 합니다.

▥ apt-get 명령어를 이용한 make 설치

```
ubuntu@omap:~$ sudo apt-get install make
```

Section 03.

네트워크 관리

리눅스 시스템을 네트워크에 연결하기 위해서는 네트워크 설정이 필요합니다. 그래서 이번 Section에서는 비글보드 상에서 기본적인 네트워크 설정을 하는 방법에 대해 알아보도록 하겠습니다. 또한 NFS 서버를 직접 비글보드 상에서 구동해보고 비글보드에서 방화벽을 설정하는 부분까지 설명하도록 하겠습니다.

비글보드에서의 네트워크 설정

윈도우에서 네트워크를 사용하기 위해 네트워크 관련 설정이 필요한 것과 마찬가지로, 비글보드 상에서 네트워크를 사용하기 위해서는 이를 위한 적절한 설정이 필요합니다. 이를 위해 먼저 /etc/network 디렉토리에 존재하는 interfaces 파일을 수정해야 합니다. vi 편집기를 통해 해당 파일을 열면 다음과 같은 내용이 쓰여져 있습니다.

```
auto lo
iface lo inet loopback

# The primary network interface
auto eth0
iface eth0 inet dhcp
        gateway 192.168.1.254
# Example to keep MAC address between reboots
#hwaddress ether DE:AD:BE:EF:CA:FE

# WiFi Example
#auto wlan0
#iface wlan0 inet dhcp
#    wpa-ssid "essid"
#    wpa-psk  "password"
```

▲ /etc/network 디렉토리 내에 존재하는 interfaces 파일

위의 그림에서 볼 수 있듯이 현재 eth0의 모드가 dhcp로 되어 있음을 확인할 수 있습니다. 이는 다이나믹 IP를 의미하며 이를 스태틱 IP 모드로 변경하여 사용할 것입니다. interfaces 파일을 수정하기에 앞서, 먼저 interfaces 파일을 백업하는 과정을 수행합니다. /etc/network 디렉토리 내에서 다음과 같이 실행합니다.

‖‖‖ interfaces 파일 백업

```
ubuntu@omap:~$ cd /etc/network
ubuntu@omap:/etc/network$ sudo cp interfaces interfaces.backup
```

interfaces.backup 파일이 생성된 것을 확인할 수 있습니다. 이제 interfaces 파일

을 수정합니다. 해당 파일을 vi 편집기를 통해 다음과 같이 입력합니다.

```
iface eth0 inet static
      address xxx.xxx.xxx.xxx
      netmask xxx.xxx.xxx.xxx
      broadcast xxx.xxx.xxx.xxx
      gateway xxx.xxx.xxx.xxx
         dns-nameservers xxx.xxx.xxx.xxx
```

여기서 입력하는 어드레스, 넷마스크, 브로드캐스트, 게이트웨이, 도메인 서버의 경우 사용자 고유의 주소를 확인하여 입력하도록 합니다. 개인의 네트워크 상태에 따라 이 값들은 다르기 때문에 이를 파악하여 정확히 입력하도록 합니다. 최종적으로 수정한 interfaces 파일은 다음과 같습니다.

```
auto lo
iface lo inet loopback

# The primary network interface
auto eth0
iface eth0 inet static
        address 143.248.165.94
        netmask 255.255.255.0
        broadcast 143.248.165.255
        gateway 143.248.165.1
        dns-nameservers 143.248.1.177
# Example to keep MAC address between reboots
#hwaddress ether DE:AD:BE:EF:CA:FE

# WiFi Example
#auto wlan0
#iface wlan0 inet dhcp
#    wpa-ssid "essid"
#    wpa-psk  "password"
```

▲ /etc/network 디렉토리 내에 존재하는 interfaces 파일을 수정한 결과

interfaces 파일을 수정한 후에 변경된 내용을 적용시키기 위해 네트워크를 재시작합니다. 이는 /etc/init.d 디렉토리에 있는 networking restart 스크립트를 실행함으로써 이루어집니다.

```
ubuntu@omap:/$ sudo /etc/init.d/networking restart
[sudo] password for ubuntu:
 * Running /etc/init.d/networking restart is deprecated because it may not enabl
e again some interfaces
 * Reconfiguring network interfaces...        RTNETLINK answers: No such process
ssh stop/waiting
ssh start/running, process 1229
[ OK ]
```

▲ network 재시작을 통해 변경된 설정을 적용

네트워크 재시작 과정까지 마친 후 ifconfig 명령어를 통해 상태를 확인합니다.

비글보드를 이용한 안드로이드 임베디드 시스템 가이드북

ifconfig 명령어는 TCP/IP를 사용하는 네트워크 인터페이스에서 해당 네트워크들을 직접 설정하거나 표시하고자 할 때 사용합니다.

ifconfig를 실행하면 다음과 같이 새롭게 변경한 사항들이 적용되어 나타나는 것을 볼 수 있습니다.

```
ubuntu@omap:/$ ifconfig
eth0      Link encap:Ethernet  HWaddr da:71:60:d8:67:02
          inet addr:143.248.165.94  Bcast:143.248.165.255  Mask:255.255.255.0
          inet6 addr: fe80::d871:60ff:fed8:6702/64 Scope:Link
          UP BROADCAST RUNNING MULTICAST  MTU:1488  Metric:1
          RX packets:134789 errors:0 dropped:0 overruns:0 frame:0
          TX packets:9385 errors:0 dropped:0 overruns:0 carrier:0
          collisions:0 txqueuelen:1000
          RX bytes:17498930 (17.4 MB)  TX bytes:594394 (594.3 KB)

lo        Link encap:Local Loopback
          inet addr:127.0.0.1  Mask:255.0.0.0
          inet6 addr: ::1/128 Scope:Host
          UP LOOPBACK RUNNING  MTU:16436  Metric:1
          RX packets:0 errors:0 dropped:0 overruns:0 frame:0
          TX packets:0 errors:0 dropped:0 overruns:0 carrier:0
          collisions:0 txqueuelen:0
          RX bytes:0 (0.0 B)  TX bytes:0 (0.0 B)
```

▲ ifconfig 명령어를 통해 변경된 정보를 확인하는 과정

ifconfig를 통해 변경된 정보를 확인한 후 마지막으로 네트워크가 제대로 동작하는지 확인하기 위해 핑 테스트를 수행해 봅니다. 핑 테스트는 다음과 같은 명령어를 통해 간단히 수행할 수 있습니다.

```
ping xxx.xxx.xxx.xxx
```

ping 명령어는 Packet Internet Groper의 약자이며, 네트워크 상태를 확인하고 싶은 타겟 컴퓨터 혹은 네트워크 기기에 특정 사이즈의 패킷을 보내 해당 컴퓨터가 이에 응답할 경우 이 메시지를 수신하여 출력해줍니다. 따라서 네트워크가 원활하게 동작하고 있는 기기의 IP에 ping 명령어를 수행하여 수신이 이루어졌다는 메시지가 나타나면 해당 기기의 네트워크 역시 원활하게 동작하고 있음을 의미합니다. ping 명령어 뒤에는 패킷을 보내고자 하는 네트워크 기기의 IP 주소 혹은 도메인 주소를 입력하면 됩니다. ping 명령어의 주요 옵션은 다음과 같습니다.

- −s : 보낼 패킷의 크기를 설정
- −q : 종합적인 결과를 출력
- −i : 패킷을 보낼 주기를 설정
- −b : 패킷을 보낼 네트워크 기기와 동일한 네트워크에 있는 모든 호스트로 패킷을 보냄
- −c : 테스트 시에 보낼 패킷의 개수

이제 실제로 ping 명령어를 사용해보도록 하겠습니다. 주변에 접속할 만한 네트워크 기기가 존재한다면 해당 기기의 IP 주소 또는 도메인 주소를 입력하여 테스트해도 무관하지만, 방화벽 등의 문제로 인해 정확하게 결과가 나타나지 않을 수도 있습니다. 또한 주변에 네트워크 기기가 존재하지 않을 경우에도 확인하는 것이 불가능합니다.

이러한 경우에 127.0.0.1의 IP에 핑 테스트를 수행해보면 됩니다. 127.0.0.1은 현재 기기의 가상 도메인으로 loopback address라고도 합니다. 이는 현재 기기의 TCP/IP 프로토콜이 제대로 동작하는지를 확인할 때 사용할 수 있습니다. 만약 해당 주소로 핑 테스트를 수행해 보았을 때 수신이 이루어졌다는 메시지가 출력되지 않는다면 현재 기기의 네트워크가 사용 가능한 상태가 아님을 의미합니다.

```
ubuntu@omap:/$ ping 127.0.0.1
PING 127.0.0.1 (127.0.0.1) 56(84) bytes of data.
64 bytes from 127.0.0.1: icmp_req=1 ttl=64 time=0.244 ms
64 bytes from 127.0.0.1: icmp_req=2 ttl=64 time=0.122 ms
64 bytes from 127.0.0.1: icmp_req=3 ttl=64 time=0.092 ms
64 bytes from 127.0.0.1: icmp_req=4 ttl=64 time=0.152 ms
64 bytes from 127.0.0.1: icmp_req=5 ttl=64 time=0.122 ms
^C
--- 127.0.0.1 ping statistics ---
5 packets transmitted, 5 received, 0% packet loss, time 3996ms
rtt min/avg/max/mdev = 0.092/0.146/0.244/0.053 ms
```

▲ 핑 테스트 수행 결과

위 그림에서 볼 수 있듯이 'ping 127.0.0.1'이라는 명령어를 수행하면 핑 테스트가 시작되며 특별히 옵션을 주지 않았을 경우 계속적으로 패킷을 보내게 됩니다. 만약 네트워크가 사용 가능한 상태일 경우 수신된 메시지가 계속적으로 출력됩니다. 이를 종료하기 위해서는 Ctrl + C 를 입력하면 되며 핑 테스트가 종료될 경우 마지막에 몇 개의 패킷이 전송되었는지, 몇 개의 메시지가 수신되었는지, 패킷 손실이 몇 퍼센트인지, 걸린 시간이 얼마인지에 대한 정보를 출력해줍니다.

네트워크가 제대로 동작함을 확인하였으니 이제 실질적으로 네트워크를 사용하여 프로그램을 설치하는 과정을 살펴보겠습니다. 지금까지 비글보드 상에서 vim 편집기가 설치되지 않았기 때문에 vi 편집기를 사용했던 불편함을 해소하고자 apt-get 명령어를 이용하여 vim 편집기를 설치해보도록 하겠습니다.

▥ apt-get 명령어를 이용한 vim 편집기 설치

```
ubuntu@omap:~$ sudo apt-get install vim
```

설치 메시지가 뜨면 Y를 입력하여 정상적으로 설치 과정을 마칠 수 있습니다. 이제 비글보드 상에서 vim 편집기를 통해 좀 더 편리하게 텍스트 편집을 수행할 수 있을 것입니다.

NFS 서버

NFS(Network File System) 서버는 리눅스 머신의 디스크 파티션을 원격에서 마운트하여 마치 로컬 하드 드라이브인 것처럼 보여지는 서비스를 제공합니다. 이는 디스크가 없는 디스크리스 시스템 혹은 임베디드 보드 개발 과정에서 루트 파일 시스템으로 사용되기도 합니다. 특히 임베디드 보드의 플래시 메모리에 루트 파일 시스템을 올려서 사용하는 경우 상대적으로 플래시 메모리 쓰기가 저속이기 때문에 NFS를 개발 중에 사용하는 것이 효율적입니다.

마찬가지로 비글보드에는 NFS가 설치되어 있지 않기 때문에 그 부분에 대해서 먼저 설명하도록 하겠습니다. NFS의 경우 서버로 쓸 네트워크 기기와 클라이언트로 쓸 네트워크 기기에 설치해야 할 파일이 다릅니다.

이번 예제에서는 비글보드를 NFS 서버로 사용하고 일반 PC를 클라이언트로 사용하는 경우에 대해서 설명하도록 하겠습니다. 먼저 서버로 사용될 비글보드에서 apt-get 명령어를 이용하여 nfs-kernel-server와 portmap 프로그램을 설치하도록 합니다.

▌ apt-get 명령어를 이용한 NFS 서버 관련 툴 설치

```
ubuntu@omap:~$ sudo apt-get install nfs-kernel-server portmap
```

설치를 완료한 이후 NFS 서버를 실행하기 전에 리눅스 머신의 어떤 디렉토리를 서비스해 줄 것인가에 대한 설정이 필요합니다. 이러한 과정을 흔히 "export"한다고 하며, 이에 대한 설정은 /etc/exports 파일에 기술되어 있습니다. exports 파일에 기술할 엔트리의 경우 일반적으로 다음과 같은 형식을 갖습니다.

```
directory machine1(option1, option2) machine2(option3, option4)
```

첫 번째 필드에는 export할 디렉토리를 입력하고 두 번째 이후의 필드에는 해당 디렉토리를 접근할 수 있는 원격 머신의 주소와 괄호로 묶인 옵션 리스트가 있습니다. 옵션의 경우 다음과 같은 것들이 존재합니다.

- rw : 클라이언트 머신에 읽기/쓰기 권한을 모두 부여
- ro : 서버의 해당 디렉토리를 읽기 전용으로 설정

- no_root_squash : 클라이언트 머신에서 루트 권한으로 마운트한 경우 해당 디렉토리에 대해 루트 권한을 가질 수 있도록 설정
- sync : 쓰기 명령을 동기화

위와 같은 옵션을 바탕으로 작성한 /etc/exports 파일은 다음과 같습니다.

```
/tmp 143.248.165.0/255.255.255.0(rw,no_root_squash,sync)
/home 143.248.165.0/255.255.255.0(rw,no_root_squash,sync)
```

▲ 입력한 /etc/exports의 내용

첫 번째 줄은 비글보드에 존재하는 /tmp 디렉토리를 export 함을 의미합니다. 또한 접근 가능한 머신으로 하나의 IP 주소를 사용하지 않고 마스킹을 통해 143.248.165. xxx로 시작하는 모든 머신의 접속을 가능케 설정하였습니다. 또한 위의 포맷에서 언급했듯이 옵션 리스트의 경우 콤마로 구분하고 괄호로 묶어주었습니다. 이 때 머신 주소와 옵션 리스트의 괄호 사이에 공백이 없다는 사실에 주의해야 합니다.

실질적으로 NFS 서버를 실행하기 위한 스타트업 스크립트의 경우 /etc/init.d/nfs-kernel-server에 존재합니다. 이 때, NFS 서버 데몬을 실행하기 위해서는 먼저 portmapper 프로그램이 먼저 실행되어야 합니다. portmapper이 실행되어 있지 않은 상태에서 NFS 서버 데몬 스타트업 스크립트를 실행할 경우 중단됩니다. portmapper 스타트업 스크립트 역시 /etc/init.d/portmap에 있으므로 두 개의 스타트업 스크립트를 다음과 같이 실행합니다.

||||| nfs 동작을 위한 스타트업 스크립트 실행

```
ubuntu@omap:~$ sudo /etc/init.d/portmap restart
ubuntu@omap:~$ sudo /etc/init.d/nfs-kernel-server restart
```

```
ubuntu@omap:/etc$ sudo ./init.d/portmap restart
Rather than invoking init scripts through /etc/init.d, use the service(8)
utility, e.g. service portmap restart

Since the script you are attempting to invoke has been converted to an
Upstart job, you may also use the stop(8) and then start(8) utilities,
e.g. stop portmap ; start portmap. The restart(8) utility is also available.
portmap stop/waiting
portmap start/running, process 2309
```

▲ portmapper 스타트업 스크립트 실행 결과

```
ubuntu@omap:/etc$ sudo ./init.d/nfs-kernel-server restart
[ OK ]pping NFS kernel daemon
[ OK ]xporting directories for NFS kernel daemon...
 * Exporting directories for NFS kernel daemon...          exportfs: /etc/exports
[2]: Neither 'subtree_check' or 'no_subtree_check' specified for export "143.248
.165.0/255.255.255.0:/tmp".
  Assuming default behaviour ('no_subtree_check').
  NOTE: this default has changed since nfs-utils version 1.0.x

exportfs: /etc/exports [3]: Neither 'subtree_check' or 'no_subtree_check' specif
ied for export "143.248.165.0/255.255.255.0:/home".
  Assuming default behaviour ('no_subtree_check').
  NOTE: this default has changed since nfs-utils version 1.0.x

exportfs: scandir /etc/exports.d: No such file or directory

[ OK ]
[ OK ]rting NFS kernel daemon
```

▲ nfs-kernel-server 스타트업 스크립트 실행 결과

이렇게 해서 NFS 서버의 세팅이 완료되었습니다. 이제 해당 서버에 접속할 클라이언트 부분에 대한 설정 및 마운트 과정이 필요합니다. 앞에서 언급한 바와 같이 서버와 달리 클라이언트는 설치해야 할 툴이 다릅니다. nfs-kernel-server 대신 nfs-common 툴을 설치하도록 합니다.

‖‖‖ apt-get 명령어를 이용한 NFS 클라이언트 관련 툴 설치

```
ubuntu@omap:~$ sudo apt-get install nfs-common portmap
```

설치가 완료되면 NFS 서버의 디렉토리와 마운트시킬 디렉토리를 정한 후 mount 명령어를 이용하여 마운트를 시킵니다. mount 명령어는 다음과 같은 형식으로 사용됩니다.

```
mount -t [파일 시스템 타입] [장치 파일] [마운트 포인트]
```

이 때 사용하는 옵션은 다음과 같습니다.

- -t nfs : 네트워크 파일 시스템을 사용함
- -o nolock : lock에 관계없이 마운트가 가능

```
beagleboard@ubuntu:/$ cd mnt/tmp/
beagleboard@ubuntu:/mnt/tmp$ ls
beagleboard@ubuntu:/mnt/tmp$ cd /
beagleboard@ubuntu:/$ sudo mount -t nfs -o nolock 143.248.165.94:/tmp /mnt/tmp
beagleboard@ubuntu:/$ cd mnt/tmp/
beagleboard@ubuntu:/mnt/tmp$ ls
nfs
beagleboard@ubuntu:/mnt/tmp$ 
```

▲ nfs mount 명령을 통한 마운트

마운트가 원활하게 이루어지는지를 확인하기 위해 먼저 마운트시킬 서버의 디렉토리

인 /tmp에 nfs라는 디렉토리를 생성하였습니다. 위 결과에서 확인할 수 있듯이 마운트가 이루어지기 전에 /mnt/tmp에서 ls 명령어를 수행한 경우 아무것도 나타나지 않습니다. mount 명령어를 사용하여 마운트를 시킨 이후에 해당 디렉토리로 이동하여 ls 명령어를 수행하면 서버의 /tmp 디렉토리에 생성했던 nfs 디렉토리가 나타나며 이로써 마운트가 잘 이루어졌음을 확인할 수 있습니다.

마운트를 수행하는 과정에서 유의해야 할 점은 mount 명령어를 입력하는 현재 디렉토리의 위치가 마운트하고자 하는 클라이언트의 디렉토리의 위치와 동일한 경우 문제가 생긴다는 것입니다. 따라서 위 예에서도 그랬듯이, 해당 디렉토리가 아닌 root나 다른 경로에서 mount 명령어를 수행하도록 합니다.

더 이상 NFS를 사용하지 않을 경우 마찬가지로 마운트를 해제하는 과정도 필요합니다. 이는 umount 명령어를 통해 이루어지며 사용 형식은 다음과 같습니다.

```
umount [장치 파일] [마운트 포인트]
```

mount 명령어와 마찬가지로 umount 명령어 역시 사용하는 과정에서 umount 명령어를 입력하는 현재 디렉토리의 위치가 해제하고자 하는 클라이언트의 디렉토리의 위치와 동일할 경우 문제가 생깁니다. 이 점에 유의하여 명령어를 실행하도록 합니다.

```
beagleboard@ubuntu:/mnt/tmp$ cd /
beagleboard@ubuntu:/$ sudo umount 143.248.165.94:/tmp /mnt/tmp
umount.nfs: /mnt/tmp: not mounted
umount.nfs: /mnt/tmp: not mounted
beagleboard@ubuntu:/$ cd mnt/tmp/
beagleboard@ubuntu:/mnt/tmp$ ls
beagleboard@ubuntu:/mnt/tmp$ 
```

▲ nfs umount 명령어를 통한 마운트 해제

위 결과에서 확인할 수 있듯이 umount 명령어를 수행하면 마운트 되어있던 클라이언트의 디렉토리가 "not mounted"라는 메시지와 함께 마운트 해제됨을 확인할 수 있습니다. 실제로 해당 디렉토리의 경로로 들어가 ls 명령어를 실행해보면 더 이상 nfs라는 디렉토리가 존재하지 않음을 확인할 수 있습니다.

방화벽 설정

리눅스에서 널리 활용되는 방화벽 프로그램으로 iptables가 있습니다. iptables의 기본적인 기능은 외부로부터의 원치 않는 침입자의 접속을 막는 것으로, IP와 포트에 기반하여 리눅스 머신의 접근을 제어합니다. 일반적으로 완성도가 높은 서버 프로그램의 경우 자체적인 접근 제어 기전을 갖추고 있지만, 이보다 iptables와 같이 중앙에서 관리하는 것이 효율적이고 유연성이 높습니다. 뿐만 아니라 리눅스를 라우터나 게이트웨이로 사용하는 경우 iptables를 활용한 방화벽 설정은 내부 인트라넷을 보호하는데 필수적입니다.

비글보드에는 iptables가 설치되어 있지 않기 때문에 해당 부분에 대해 먼저 설명하도록 하겠습니다. 이는 단순히 apt-get 명령을 통해서 설치할 수 있습니다.

▥ apt-get 명령어를 이용한 iptables 설치

```
ubuntu@omap:~$ sudo apt-get install iptables
```

iptables 명령어의 기본적인 사용 형식과 기본적으로 사용되는 명령어의 형태는 다음과 같습니다. 이 때 iptables에서 사용되는 체인으로는 INPUT, FORWARD, OUTPUT이 있습니다. INPUT의 경우 입력 패킷, OUTPUT의 경우 출력 패킷, FORWARD의 경우 INPUT 또는 OUTPUT의 역할을 하며 라우터에 방화벽을 적용하고자 할 때 사용됩니다. 기타 iptables의 옵션에 대한 자세한 부분은 https://help.ubuntu.com/community/IptablesHowTo 홈페이지에서 확인할 수 있습니다.

```
iptables -A INPUT -s [발신지] -sport[발신지포트] -d[목적지] -dport
[목적지포트] -j[정책]
```

- iptables -A : 새로운 방화벽 규칙을 추가
- iptables -C : 패킷 테스트 수행
- iptables -D : 현재 존재하는 규칙을 삭제
- iptables -E : 체인의 이름을 변경
- iptables -F : 체인에 존재하는 모든 규칙을 삭제
- iptables -I : 새로운 규칙을 체인의 맨 앞에 삽입
- iptables -L : 체인의 규칙 상태를 출력
- iptables -N : 새로운 체인을 생성
- iptables -P : 기본 정책을 변경
- iptables -R : 새로운 규칙을 교체
- iptables -X : 체인을 삭제
- iptables -Z : 모든 체인의 패킷 및 바이트 바운터 값을 0으로 변경

이제 간단한 예제를 통해 iptables 명령어를 이용하여 방화벽을 설정해 보겠습니다. 먼저 비글보드의 방화벽을 제거한 후 다른 네트워크 기기에서 해당 비글보드의 네트워크 IP로 핑 테스트를 수행하면 다음과 같이 패킷이 원활하게 수신됨을 확인할 수 있습니다.

||||| **방화벽 제거**

```
ubuntu@omap:~$ sudo iptables - F
```

```
beagleboard@ubuntu:/etc/apt$ ping 143.248.165.94
PING 143.248.165.94 (143.248.165.94) 56(84) bytes of data.
64 bytes from 143.248.165.94: icmp_req=1 ttl=128 time=1.21 ms
64 bytes from 143.248.165.94: icmp_req=2 ttl=128 time=1.17 ms
64 bytes from 143.248.165.94: icmp_req=3 ttl=128 time=1.18 ms
64 bytes from 143.248.165.94: icmp_req=4 ttl=128 time=1.19 ms
64 bytes from 143.248.165.94: icmp_req=5 ttl=128 time=1.17 ms
^C
--- 143.248.165.94 ping statistics ---
5 packets transmitted, 5 received, 0% packet loss, time 4005ms
rtt min/avg/max/mdev = 1.170/1.186/1.215/0.041 ms
```

▲ 방화벽을 제거한 후 핑 테스트 결과

이제 비글보드에서 모든 ping 명령어에 대한 응답을 거부하도록 iptables를 통해 설정하도록 하겠습니다.

||||| **모든 ping 명령어에 대한 응답 거부 정책 추가**

```
ubuntu@omap:~$ sudo iptables - A INPUT - p icmp - icmp-type echo-
request - j DROP
```

다음 결과를 통해 알 수 있듯이 다른 네트워크 기기에서 해당 비글보드의 네트워크 IP로 핑 테스트를 수행하면 방화벽을 제거했을 때와 달리 아무런 메시지가 수신되지 않음을 확인할 수 있습니다.

```
beagleboard@ubuntu:/etc/apt$ ping 143.248.165.94
PING 143.248.165.94 (143.248.165.94) 56(84) bytes of data.
^C
--- 143.248.165.94 ping statistics ---
3 packets transmitted, 0 received, 100% packet loss, time 2017ms

beagleboard@ubuntu:/etc/apt$ []
```

▲ 비글보드의 패킷에 대한 응답 차단 후 핑 테스트 결과

이번 chapter에서는 비글보드 상에서 사용자 계정을 관리하고 파일 시스템 및 소프트웨어를 관리하는 방법에 대해 알아보았습니다. 또한 비글보드에서 네트워크를 사용할 수 있도록 하기 위해 필요한 설정들에 대해 학습하였고 NFS를 이용하여 직접 서버와 클라이언트를 구성하여 마운트를 시키고 이를 해제하는 방법을 알아보았습니다. 마지막으로 네트워크에 있어 중요한 요소인 방화벽을 사용하는 방법에 대해서도 알아보았습니다.

chapter 06
비글보드 디바이스 드라이버 실습

이번 chapter에서는 리눅스 시스템에서 간단한 문자 디바이스 드라이버(character device driver)를 개발하고 이를 비글보드에서 운용하는 방법에 대해서 설명하도록 하겠습니다. 디바이스 드라이버는 운영체제의 일부분으로써, 사용자와 하드웨어(하드 디스크, SSD, 카메라, 센서, 프린터, 네트워크 카드 등)를 이어 주는 통로의 역할을 하는 가장 저수준의 소프트웨어입니다. 사용자는 이러한 디바이스 드라이버의 도움을 받아 하드웨어에 관한 많은 지식 없이도 디바이스에 독립적인 표준 함수(open, read, write 등) 호출을 통해 원하는 작업을 수행할 수 있습니다.

Section 01.

디바이스 드라이버

디바이스 드라이버는 커널 영역에서 동작하게 되므로 커널의 동작 방식을 어느 정도 이해해야 합니다. 이번 chapter을 통해 복잡하고 방대한 리눅스 커널에 다가갈 수 있을 뿐만 아니라 새로운 하드웨어를 제어하기 위한 디바이스 드라이버 제작의 기초를 다질 수 있을 것입니다.

사용자 관점에서의 디바이스 드라이버

디바이스 드라이버는 장치 구동기 또는 장치 제어기라는 한글 이름을 가지고 있습니다. 이름에서 유추할 수 있듯이 디바이스 드라이버는 운영체제의 영역에 속하면서 저수준의 하드웨어와 고수준의 사용자 프로그램이 상호 작용을 하기 위한 소프트웨어입니다. 하드웨어를 사용하려하는 프로그램이 드라이버의 명령어를 호출하면(하드 디스크를 예로 들면, 읽기 또는 쓰기 작업 요청 등) 드라이버는 하드웨어 장치에 명령을 처리하기 위한 요청을 보내게 됩니다. 디바이스 드라이버가 존재하기 때문에 우리는 장치를 제어하기 위해 장치 명세서를 읽어볼 필요가 없습니다. 사용자의 입장에서는 그저 open, read, write, release 등 하고자 하는 작업만 요청하고 결과를 받으면 됩니다. 이러한 동작 방식 때문에 디바이스 드라이버는 하드웨어에 의존적이며 운영체제에도 독립적이지 못합니다. 보통 디바이스 드라이버는 하드웨어의 레지스터에 직접 접근하여 하드웨어를 제어합니다.

리눅스 디바이스 드라이버의 종류

리눅스 디바이스 드라이버에는 문자 디바이스 드라이버(character device driver)와 블록 디바이스 드라이버(block device driver), 네트워크 디바이스 드라이버(network device driver)가 있습니다. 문자 디바이스는 순차적인 접근을 수행하는 반면에 블록 디바이스는 버퍼를 가지고 있어 어떠한 순서로 응답할 것인지 선택할 수 있고 블록 단위로 접근할 수 있습니다. 대부분의 장치는 문자 디바이스 드라이버로 작성되고 있습니다. 대부분의 장치는 문자 디바이스 드라이버로 작성되지만 하드 디스크처럼 블록 디바이스 드라이버를 사용하는 예도 있습니다. 네트워크 디바이스 드라이버는 랜카드와 같은 통신에 주로 사용됩니다.

종류	특징
문자 드라이버	버퍼를 사용하지 않고 스트림 형태로 입출력이 일어납니다.
블록 드라이버	메모리의 버퍼를 통하여 입출력 데이터가 전달됩니다.
네트워크 드라이버	커널의 네트워크 서브 시스템을 거쳐서 다른 호스트와의 통신을 가능하게 하는 정보를 데이터에 추가하여 전달됩니다.

3가지 디바이스 드라이버 중 문자 드라이버가 가장 간단한 형태로 구현이 가능하기 때문에 디바이스 드라이버에 입문하기에 적합합니다.

안드로이드와 디바이스 드라이버

안드로이드는 리눅스 커널 위에서 동작하기 때문에 이 둘은 동일한 구조의 디비이스 드라이버를 사용합니다. 따라서 리눅스에서 동작하는 디바이스 드라이버는 몇 가지 부가적인 작업만 해 주면 안드로이드에서도 이용할 수 있습니다. 다만 안드로이드 플랫폼은 리눅스 커널 위에 여러 계층의 소프트웨어 스택으로 이루어져 있으므로 이 부분에 대한 처리가 필요합니다.

안드로이드 플랫폼에서도 디바이스 드라이버는 리눅스 커널 영역에서 관리되고 있습니다. 안드로이드 애플리케이션에서 이 디바이스 드라이버를 사용하려면 먼저 소프트웨어 스택을 통과하여 리눅스 커널과 소통할 수 있어야 합니다. 또한 안드로이드 상위 계층은 Java 언어로 이루어져 있기 때문에 C 언어로 작성된 디바이스 드라이버와 연동하기 위한 방법이 필요합니다.

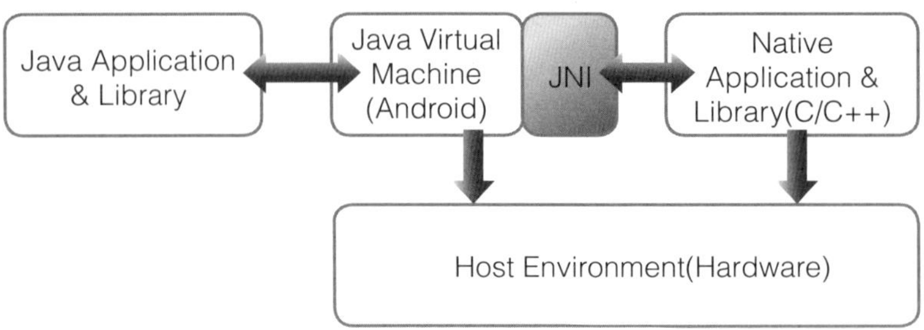

▲ 안드로이드 기반 애플리케이션과 하드웨어와의 연동

위 그림은 안드로이드 환경의 애플리케이션이 하드웨어와 어떻게 연동되는지를 나타내고 있습니다. 애플리케이션에 해당하는 Java 프로그램은 Java Virtual Machine(JVM)을 거쳐 호스트 시스템에 알맞은 바이너리 코드로 전환되어 수행됩니다. 그렇기 때문에 애플리케이션에서는 하드웨어를 직접 제어할 수 없고 반드시 JVM을 거쳐야 하는 구조를 가집니다.

이러한 제약을 해소할 수 있는 인터페이스가 JNI 인터페이스입니다. JNI는 JVM을 이용하지 않는 Native Application을 JVM을 통해 접근이 가능하게 해줌과 동시에, 성능적인 면에서도 이득을 얻을 수 있습니다. 그러나 JNI를 사용하면 Java 언어가 추구하는 몇 가지 기능(하드웨어에 독립적인 실행, type-safe 기능 등)을 상실하게 됩니다.

Section 02.
디바이스 드라이버 작성

이제 간단한 형태의 문자 디바이스 드라이버를 작성할 것입니다. 앞 chapter에서 설정한 대로 리눅스 환경에서 디바이스 드라이버를 작성하고 구동해 보겠습니다.

문자 디바이스 드라이버가 필수적으로 구현해야 하는 동작은 open, close, read, write 등의 시스템 콜에 대응하는 부분입니다. 이러한 함수들은 리눅스 커널의 버전에 종속적이기 때문에 전체 커널 소스 트리가 구성되어 있어야 합니다. 우리는 앞에서 커널 빌드를 위한 환경을 구성하였기 때문에 이를 이용하면 됩니다.

chapter 03에서 VMPlayer의 리눅스에 설치한 커널 소스 디렉토리로 이동하여(~/linuxkernel/RobertCNelson-stable-kernel-919471d) ./KERNEL/include/

linux/fs.h 파일을 열어보면 1546번째 줄에서부터 정의된 file_operations 구조체를 확인할 수 있습니다. 리눅스에서는 디바이스를 스페셜 파일로 접근하도록 하기 때문에 file_operations 구조체에 선언된 함수들을 통해 접근하게 됩니다. 이 구조체는 커널의 버전마다 다르기 때문에 주의할 필요가 있습니다.

▥ file_operations 구조체 확인

```
beagleboard@ubuntu:~/linuxkernel/RobertCNelson-stable-kernel-
6ce0908$ vim KERNEL/include/linux/fs.h
```

```c
struct file_operations {
    struct module *owner;
    loff_t (*llseek) (struct file *, loff_t, int);
    ssize_t (*read) (struct file *, char __user *, size_t, loff_t *);
    ssize_t (*write) (struct file *, const char __user *, size_t, loff_t *);
    ssize_t (*aio_read) (struct kiocb *, const struct iovec *, unsigned long, loff_t);
    ssize_t (*aio_write) (struct kiocb *, const struct iovec *, unsigned long, loff_t);
    int (*readdir) (struct file *, void *, filldir_t);
    unsigned int (*poll) (struct file *, struct poll_table_struct *);
    long (*unlocked_ioctl) (struct file *, unsigned int, unsigned long);
    long (*compat_ioctl) (struct file *, unsigned int, unsigned long);
    int (*mmap) (struct file *, struct vm_area_struct *);
    int (*open) (struct inode *, struct file *);
    int (*flush) (struct file *, fl_owner_t id);
    int (*release) (struct inode *, struct file *);
    int (*fsync) (struct file *, int datasync);
    int (*aio_fsync) (struct kiocb *, int datasync);
    int (*fasync) (int, struct file *, int);
    int (*lock) (struct file *, int, struct file_lock *);
    ssize_t (*sendpage) (struct file *, struct page *, int, size_t, loff_t *, int);
    unsigned long (*get_unmapped_area)(struct file *, unsigned long, unsigned long, unsigned long, unsigned long);
    int (*check_flags)(int);
    int (*flock) (struct file *, int, struct file_lock *);
    ssize_t (*splice_write)(struct pipe_inode_info *, struct file *, loff_t *, size_t, unsigned int);
    ssize_t (*splice_read)(struct file *, loff_t *, struct pipe_inode_info *, size_t, unsigned int);
    int (*setlease)(struct file *, long, struct file_lock **);
    long (*fallocate)(struct file *file, int mode, loff_t offset,
                      loff_t len);
};
```

▲ file_operations 구조체

디바이스 드라이버는 위와 같이 read, write, open, flush, release 등의 함수 포인터를 확인할 수 있습니다.

■ Dummy 디바이스 드라이버 작성

이제 실제로 간단한 디바이스 드라이버를 작성해 보겠습니다. 크로스 컴파일을 이용할 것이기 때문에 이 작업들은 모두 VMware player 상의 호스트 컴퓨터에서 이루어집니다. 디렉토리를 하나 생성하여 작성할 Dummy 디바이스 드라이버의 소스 코드와 Makefile을 위치시켜 보겠습니다. 여기서는 /root/dummy_driver/ 디렉토리를 생성하였습니다.

먼저 드라이버의 소스 코드를 다음과 같이 작성해 보겠습니다.

||||| **dummy_driver.c**

```c
#include <linux/module.h>
#include <linux/string.h>
#include <linux/fs.h>
#include <linux/cdev.h>
#include <linux/semaphore.h>
#include <asm/uaccess.h>

#define DUMMY_MAJOR_NUMBER 250

intdummy_open(structinode *, struct file *);
intdummy_release(structinode *, struct file *);
ssize_tdummy_read(struct file *, char *, size_t, loff_t *);
ssize_tdummy_write(struct file *,const char *, size_t, loff_t *);

/* file operation structure */
static structfile_operationsdummy_fops = {
    open : dummy_open,
    read : dummy_read,
    write : dummy_write,
    release :dummy_release,
};

char devicename[20];
char value = ' ';
static structcdevmy_cdev;

/* init module - register module */
static int __init dummy_init(void)
{
    dev_tdev = MKDEV(DUMMY_MAJOR_NUMBER, 0);

    printk("Dummy Driver :init module\n");
    strcpy(devicename, "Dummy_Driver");

    register_chrdev( DUMMY_MAJOR_NUMBER, devicename, &dummy_fops);
    cdev_init(&my_cdev, &dummy_fops);
    cdev_add(&my_cdev, dev, 128);

    return 0;
}

static void __exit dummy_exit(void)
{
    printk("Dummy Driver : Clean Up Module\n");
    cdev_del(&my_cdev);
```

```
    unregister_chrdev_region(MKDEV(DUMMY_MAJOR_NUMBER,0),128);
}

ssize_tdummy_read(struct file *file, char *buffer, size_t length,
loff_t *offset)
{
    printk("Dummy Driver : Here is Read Call [%x]\n", value);
    if (copy_to_user(buffer, &value, sizeof(char)))
      return -EFAULT;
    return 0;
}

ssize_tdummy_write(struct file *file, const char *buffer,
size_t length, loff_t *offset)
{
    char value;
    if (copy_from_user(&value, buffer, sizeof(char)))
      return -EFAULT;
    printk("Dummy Driver : Here is Write Call [%x]\n ", value);
    return 0;
}

intdummy_open(structinode *inode, struct file *file)
{
    printk("Dummy Driver : Open call \n");
    return 0;
}

intdummy_release(structinode *inode, struct file *file)
{
    printk("Dummy Driver : Release call \n");
    return 0;
}

module_init(dummy_init);
module_exit(dummy_exit);

MODULE_AUTHOR( "K.H.Park" );
MODULE_DESCRIPTION("Dummy_Driver");
MODULE_LICENSE( "GPL" );
```

먼저 이 디바이스 드라이버가 사용할 Major number를 250로 정의하였습니다. 디바이스는 장치 종류에 따라 사용하는 Major number가 미리 지정되어 있으나, 여기서는 실제 디바이스를 사용하는 것은 아니기 때문에 사용자 영역에서 임의로 250번으로 지정하였습니다.

다음으로 file_operations 구조체인 dummy_fops를 선언하고 각 디바이스 동작에 매핑되는 함수들을 설정해 주었습니다. 이들은 dummy_open, dummy_read, dummy_write, dummy_release의 이름을 가지고 사용자 영역의 프로그램이 스페셜 파일의 형태로 생성된 디바이스를 열고, 읽고, 쓰고, 닫을 때 호출됩니다.

전역 변수로는 세 가지를 사용하는데 devicename은 이 디바이스의 이름을 설정하기 위해 사용되고, value는 드라이버가 가지고 있을 저장소로, my_cdev는 스페셜 파일의 형태로 장치를 만들기 위한 변수입니다.

dummy_init 함수는 디바이스 초기화 루틴으로 module_init 함수를 통해 등록됩니다. 이렇게 등록된 뒤 insmod 명령과 같은 모듈 등록을 수행하면 호출됩니다. 이 함수에서는 MKDEV 함수를 통해 앞서 지정된 250번의 Major number와 0번의 Minor number로 장치 정보를 생성합니다. printk는 커널 영역에서의 printf와 같은 기능을 합니다. Devicename 변수에는 디바이스의 이름을 "Dummy_Driver"로 지정해 주었습니다. 디바이스 드라이버를 초기화하기 위해 사용되는 중요한 함수는 register_chrdev 함수입니다.

‖‖ register_chrdev 함수

```
register_chrdev(unsigned int major, const char * name,
 structfile_operations *fops);
```

register_chrdev 함수를 통해 앞서 설정한 250의 Major number와 디바이스 이름, file_operations 구조체를 문자 디바이스 드라이버로 등록하게 됩니다. 상세하게는 커널 내부에 있는 배열 구조체인 chrdev[ ]에 등록하는 동작을 합니다.

cdev_init과 cdev_add는 캐릭터 디바이스의 등록을 위해 필요한 함수로, 커널 내부에서는 문자 디바이스를 표현하기 위해 cdev라는 추상 개념을 사용합니다. 이러한 cdev 구조체가 할당되고 파일 동작들과 연결되기 위해 register_chrdev 함수를 사용하였습니다. 이 함수는 "linux/cdev.h" 파일에 정의되어 있기 때문에 include 명령을 통해 헤더 파일을 지정해 주었습니다.

Section 03.

디바이스 드라이버 빌드

디바이스 드라이버를 빌드하는 방식에는 두 가지가 있습니다. 첫 번째는 커널 이미지에 드라이버를 포함하는 경우입니다. 이 방식은 주로 부팅에 필수적으로 필요한 드라이버들을 로드하기 위해 사용하는 방식으로써 간편하지만 커널 이미지의 크기가 증가하는 단점이 있습니다. 다른 하나는 모듈의 형태로 컴파일하여 리눅스가 부팅되고 난 후에 필요한 모듈을 로드하는 방식입니다. 모듈이란 커널 실행 중 커널에 추가할 수 있는 코드 단위를 의미하고, 이를 통해 커널 기능을 실행 중에 동적으로 추가할 수 있습니다.

여기서는 모듈로 컴파일하는 방식을 사용할 것입니다. 이 방식은 디바이스 드라이버를 변경할 때마다 매번 커널 전체를 다시 빌드하지 않아도 되어 간편하며, 시스템을 재부팅하지 않고도 새로운 드라이버를 연속적으로 테스트할 수 있기 때문에 개발 시간을 단축시킬 수 있습니다.

드라이버 빌드용 Makefile 작성

앞 Section에서 작성한 dummy_device.c 파일을 컴파일하기 위하여 Makefile을 작성해 보겠습니다. 일반적인 애플리케이션은 gcc 명령으로 간단하게 컴파일 할 수 있지만 디바이스 드라이버는 커널 모듈로 동작하도록 컴파일해야 하기 때문에 Makefile을 작성하고 make 명령을 통해 컴파일하는 것이 편리합니다.

앞으로 수행할 작업들은 root 권한을 가지고 있는 것이 편리하기 때문에 다음 명령으로 root 권한을 획득한 후 진행하도록 하겠습니다.

||||| **root 권한 획득**

```
beagleboard@ubuntu:~/$ sudo su -root
[sudo] password for beagleboard:
root@ubuntu:~#
```

sudo 명령어는 super user 권한으로 실행하도록 하는 것이고 실제 수행되는 프로그램은 su 프로그램입니다. root 계정을 정상적으로 획득한 경우 프롬프트 모양이 $에서 #으로 변경됩니다.

dummy_driver.c가 위치하는 디렉토리(여기서는/root/dummy_driver)에 다음과 같은 명령을 통해 새 파일을 Makefile 이름으로 생성하고 편집합니다.

〡〡〡 Makefile 생성

```
root@ubuntu:~/dummy_driver/# vim Makefile
```

편집 창이 열리면 다음과 같이 파일 내용을 입력하고 저장합니다.

〡〡〡 드라이버 빌드용 Makefile

```
MODULES = dummy_driver
KERNEL_SOURCE = /root/ubuntu_kernel/RobertCNelson-stable-
kernel/KERNEL/
ARCH = arm
CURDIR = /root/dummy_driver/
CROSS_COMPILE = arm-linux-gnueabi-
CFLAGS =
default: all
obj-m += $(MODULES:%=%.o)
BUILD = $(MODULES:%=%.ko)
all:: $(BUILD)
clean:
    rm -f $(BUILD) *.o *.ko *.mod.c *.mod.o *~ .*.cmdModule.symvers
    rm -rf .tmp_versions
$(MODULES:%=%.ko):*c
    $(MAKE) CROSS_COMPILE=$(CROSS_COMPILE) ARCH=$(ARCH)
-C $(KERNEL_SOURCE) SUBDIRS=$(CURDIR) M=$(CURDIR) modules
```

위와 같은 코드를 입력할 때 탭 문자의 위치에 주의해야 합니다. clean 아래 두 줄 rm 의 앞에는 탭 문자가 존재하고 마지막 $(MAKE) 구문 앞에도 탭 문자가 존재합니다. 이러한 규칙은 make 툴의 규칙이므로 정확히 입력해야 컴파일 오류가 발생하지 않습니다. 또한 KERNEL_SOURCE와 CURDIR 부분은 본인의 설정에 맞는 디렉토리를 지정해 주어야 합니다.

make를 이용한 디바이스 드라이버 빌드

여기까지 수행했다면 /root/dummy_driver/ 디렉토리에 Makefile과 dummy_driver.c 파일이 같이 존재할 것입니다. 이 디렉토리에서 다음과 같이 make 명령어를 입력하여 실제 빌드를 해 보겠습니다.

〡〡〡 드라이버 빌드

```
root@ubuntu:~/dummy_driver/# make
make CROSS_COMPILE=arm-linux-gnueabi- ARCH=arm -C /root/
ubuntu_kernel/RobertCNelson-stable-kernel/KERNEL/ SUBDIRS=/
root/dummy_driver/ M=/root/dummy_driver/ modules
```

```
make[1]: Entering directory /root/ubuntu_kernel/
RobertCNelson-stable-kernel/KERNEL'
CC [M] /root/dummy_driver/dummy_driver.o
Building modules, stage 2.
MODPOST 1 modules
CC /root/dummy_driver/dummy_driver.mod.o
LD [M] /root/dummy_driver/dummy_driver.ko
make[1]: Leaving directory /root/ubuntu_kernel/
RobertCNelson-stable-kernel/KERNEL'
```

위와 같은 메시지가 출력되면 정상적으로 빌드된 것입니다. 이제 이 디렉토리에는 빌
드의 결과물 파일들이 생성되었을 것입니다. ls 명령으로 확인해 봅니다.

▥ 빌드 결과물 확인

```
root@ubuntu:~/dummy_driver/# ls
Makefiledummy_driver.cdummy_driver.mod.cdummy_driver.o
Module.symversdummy_driver.kodummy_driver.mod.omodules.order
```

위 파일 중 오브젝트 파일은 dummy_driver.ko 파일입니다. 이 파일을 비글보드용
SD 카드에 복사하면 디바이스 드라이버의 개발은 완료된 것입니다.

Section 04.
비글보드에서 디바이스 드라이버 이용하기

이제 Section 3에서 개발한 디바이스 드라이버를 비글보드 상에서 구동해 보도록 하겠
습니다. 그래서 드라이버 모듈을 커널에 추가, 제거, 확인하는 방법을 먼저 살펴본 후
실제 유저 애플리케이션에서 디바이스 드라이버를 호출하는 방법을 배워보겠습니다.

이번 Section에서 이루어지는 작업들은 Section 3과 달리 모두 비글보드 상에서 수
행됩니다. VMPlayer의 리눅스에서 미니콤 프로그램을 이용하여 비글보드에 접속해
보겠습니다.

▥ 비글보드 터미널 접속 및 부팅

```
root@ubuntu:~/dummy_driver/# minicom

Welcome to minicom 2.4

OPTIONS: I18n
```

```
Compiled on Jan 25 2010, 07:02:36.
Port /dev/ttyUSB0

Press CTRL-A Z for help on special keys
AT S7=45 S0=0 L1 V1 X4 &c1 E1 Q0
Login incorrect
omap login: root
Password:
Last login: Tue Jul 3 06:20:42 CDT 2012 on ttyO2
Welcome to Ubuntu 11.10 (GNU/Linux 3.0.0-x1 armv71)


* Documentation: https://help.ubuntu.com/
root@omap:~#
```

위와 같이 접속하여 로그인에 성공하면 프롬프트가 입력할 수 있는 상태로 나타납니다. 이 환경에서 디바이스 드라이버 운용에 필요한 다음 작업들을 수행하게 됩니다.

디바이스 드라이버 모듈 관리

디바이스 드라이버를 동적으로 관리하기 위해서 앞 Section 3에서 빌드했던 드라이버 커널 오브젝트 파일을 확인해 보겠습니다. SD 카드에 복사한 위치에서 ls 명령으로 파일을 확인해 보겠습니다.

||||| 드라이버 오브젝트 파일 확인

```
root@omap:~# ls
dummy_driver.ko
```

위와 같이 파일이 확인되면 이 모듈을 적재하고 확인할 수 있습니다.

||||| 디바이스 드라이버 적재 및 확인

```
root@omap:~# insmod dummy_driver.ko
dummy_driver.ko
insmod

root@omap:~# lsmod
Module Size Used by
dummy_driver 1876 0
smsc95xx 12495 0
rtc_ds1307 6646 0
rtc_twl 4492 0
twl4030_madc_hwmon 2612 0
gpio_keys 6176 0
```

insmod는 insert module의 줄임말로 모듈을 적재하는 명령어입니다. 앞서 빌드한 dummy_driver.ko 파일을 커널에 적재하였습니다. insmod가 실행되면 이 바이너리 파일이 커널 메모리 영역에 복사되고, 모듈을 초기화하는 함수(여기서는 dummy_init)가 수행됩니다. 정상적으로 적재되었는지 확인하기 위해 lsmod 명령어를 사용하였는데 이는 list module의 줄임말로 현재 커널에 어떠한 모듈이 적재되어 있는지를 출력해 줍니다. 위 실행 결과에서 모듈이 정상적으로 적재된 것을 확인할 수 있습니다.

이 과정에서 에러 메시지가 출력된다면 드라이버를 빌드할 때 사용한 커널 소스가 현재 부팅된 커널과 다를 확률이 높습니다. 그래서 Section 2에서 지정한 커널 소스의 위치를 다시 한 번 확인하기 바랍니다. 더 이상 사용하지 않는 모듈을 제거하려면 rmmod 명령어를 이용하면 됩니다.

Section 2에서 작성한 디바이스 드라이버는 동작을 수행할 때마다 커널 메시지를 출력하도록 printk 함수를 사용하였습니다. 유저 프로그램에서 사용하는 printf와 다른 점은 터미널로 접속된 콘솔에는 메시지가 출력되지 않는다는 것입니다. 메시지를 확인하기 위해서는 다음과 같이 커널 로그를 살펴보는 방식으로 확인할 수 있습니다.

▌▌▌▌▌ 커널 메시지 확인

```
root@omap:~# tail -f /var/log/kern.log
Jul 3 06:20:09 omap kernel: [ 8.540466] EXT4-fs (mmcblk0p2):
re-mounted. Optso
Jul 3 06:20:09 omap kernel: [ 9.087829] input: gpio-keys as /
devices/platform1
Jul 3 06:20:09 omap kernel: [ 9.290710] twl_rtctwl_rtc: rtc core:
registered0
Jul 3 06:20:09 omap kernel: [ 9.329071] rtc-ds1307:
probe of 2-0068 failed wi5
Jul 3 06:20:09 omap kernel: [ 10.472137] smsc95xx v1.0.4
Jul 3 06:20:09 omap kernel: [ 10.555908] smsc95xx 1-2.1:1.0: eth0:
register 'sd
Jul 3 06:20:09 omap kernel: [ 10.556060] usbcore:
registered new interface drix
Jul 3 06:20:19 omap kernel: [ 21.625518] eth0: no IPv6 routers
present
Jul 3 12:15:22 omap kernel: [21325.217987] init: ttyO2
main process ended, respag
Jul 3 12:21:10 omap kernel: [21672.515655] Dummy Driver :init module
```

tail -f 명령은 파일의 가장 최근 부분을 화면에 출력하며 파일이 변경되면 그 뒷부분도 동적으로 출력해 주는 명령어입니다. 맨 마지막 줄에 Dummy Driver가 시작되었다는 메시지를 확인할 수 있습니다.

디바이스 파일 생성

리눅스는 물리적인 하드웨어를 스페셜 파일 형태의 인터페이스로 유저에게 접근하도록 합니다. 어떠한 종류의 디바이스라도 유저 입장에서는 그저 파일로 보이는 것입니다. /dev/ 디렉토리를 살펴보면 현재 시스템에 어떠한 디바이스들이 존재하는지 알 수 있습니다. 유저는 디바이스를 제어하기 위해 이 스페셜 파일을 열고, 읽고, 쓰는 방식으로 사용하면 됩니다.

일반적인 하드웨어들은 장치 종류에 따라 고유의 Major number를 가지고 있습니다. Section 2에서 설명한 대로 이 Major number에 따라 해당하는 디바이스 드라이버를 적재하여 사용하게 되는 것입니다. 그러나 우리 실험에서는 실제 하드웨어를 이용하는 것이 아니기 때문에 디바이스 파일을 임의로 만들어 보도록 하겠습니다.

▥ 디바이스 파일 생성

```
root@omap:~# mknod /dev/DUMMY_DEVICE c 250 0
```

c는 문자 디바이스를 의미하고 250은 Major number 0은 Minor number를 의미합니다. 이 Major number에 따라서 앞서 작성한 디바이스 드라이버를 찾을 수 있게 될 것입니다. 여기까지 진행하면 이제 디바이스 드라이버를 실제로 사용하는 일만 남았습니다.

간단한 유저 애플리케이션 작성

이제 디바이스 드라이버를 사용하는 간단한 프로그램을 작성해 보겠습니다. 이 과정은 크로스 컴파일이 필요한 부분이기 때문에 호스트 PC에서 작업해야 합니다. test.c 파일을 다음과 같이 작성해 보겠습니다.

▥ test.c

```c
#include <unistd.h>
#include <fcntl.h>
#include <stdio.h>
#include <stdlib.h>

int main(){
    char buf[20]="test";
```

```
        intfd = open ("/dev/DUMMY_DEVICE", O_RDWR);
          if(fd<= 0)
          {
              printf("Device File Open Fail!!! \n");
              exit(0);
          }
        read(fd,buf,1);
        write(fd,buf,1);
        close(fd);
        return 0;
}
```

작성된 파일을 크로스 컴파일러를 이용하여 컴파일해줍니다.

||||| **테스트 프로그램 컴파일**

```
root@ubuntu:~# arm-linux-gnueabi-gcctest.c -o test
```

이렇게 생성된 test 실행 파일을 SD 카드에 복사하고 비글보드를 재부팅한 후, 앞에
서와 같이 드라이버를 적재하고 스페셜 파일을 생성하면 준비가 완료됩니다. 테스트
프로그램을 실행시키고 커널 메시지를 확인해 보면 다음과 같이 출력될 것입니다.

||||| **커널 메시지 확인**

```
root@ubuntu:~# tail -f /var/log/kern.log
roodfdf
Aug 13 18:47:23 omap kernel: [ 184.697235] Dummy Driver :
init module
Aug 13 18:49:34 omap kernel: [ 315.548370] Dummy Driver :
Dummy Driver : Here is Read Call [20]
Aug 13 18:49:34 omap kernel: [ 315.549405] Dummy Driver :
Dummy Driver : Here is Write Call [00]
```

이번 chapter에서는 기본적인 문자 디바이스 드라이버를 개발해 보고 이를 비글보드 상에서 운용해 보면서 디바이
스 드라이버의 원리와 동작 방식에 대해 알아보았습니다. 이와 더불어 간단한 유저 프로그램으로 작성한 디바이스
드라이버를 호출해 봄으로써 어떠한 인터페이스를 거쳐 하드웨어와 연동되는지 확인해 보았습니다. 이 내용을 바탕
으로 실제 하드웨어를 제어할 때 보다 쉽게 이해할 수 있을 것입니다.

chapter 07
인터럽트 처리

여기서는 운영체제의 핵심 요소 가운데 하나인 인터럽트 처리에 대해 알아보도록 하겠습니다. 인터럽트는 시스템에 장착된 입력 및 출력장치나 시스템 내의 프로그램으로부터 오는 신호로서, 현재 수행중인 연산을 멈추고, 시스템 내부에 저장된 특정 연산을 수행할 수 있도록 해준다. 예를 들어, 사용자가 비글보드에 부착된 버튼을 눌렀을 때, 또는 네트워크 카드에 새로운 데이터가 도착을 했을 때와 같이, 특정 이벤트가 발생할 때 마다 특정 루틴을 처리할 수 있도록 해줍니다. 이와 같이 사용자의 입력과 관련해서 특정 루틴을 처리해 줘야 하는 시스템을 구현할 경우, 인터럽트 기술은 필수적으로 쓰입니다.

이번 chapter에서는 인터럽트(특정 이벤트)가 발생했을 때 마다, 이를 처리해 줄 수 있는 인터럽트 핸들러를 직접 설계 및 구현해 봄으로써 인터럽트 처리에 대한 이해를 높여 보도록 하겠습니다.

Section 01.

인터럽트 개요

일반적으로 인터럽트(interrupt)는 프로세서가 실행하는 명령의 순서를 바꾸는 사건으로 정의됩니다. 예를 들어, 임의 프로세스가 디스크의 몇 개의 섹터들을 읽어오는 작업을 수행한다고 가정하겠습니다. 이때 해당 프로세스는 디스크에 읽기 명령을 내리고 디스크는 지정된 섹터들을 읽어들여 디스크의 섹터 버퍼에 올려놓은 다음 호스트로 인터럽트 신호를 보내게 됩니다. 이 디스크 인터럽트 신호를 받은 호스트는 현재 수행중인 작업을 일시 중단하고 디스크의 섹터 버퍼로부터 데이터를 읽어와 대상 프로세스로 전달하는 작업을 수행하게 됩니다.

이러한 일련의 과정에서 인터럽트라는 개념이 없다면 호스트는 디스크에 읽기 명령을 전달한 후 디스크가 요청받은 작업을 끝내는 시각을 예측할 수 없기 때문에 디스크의 상태를 계속해서 폴링(Polling)하고 있어야만 합니다. 하지만 인터럽트의 존재로 인해서 호스트는 디스크에 명령을 전달한 후 작업이 완료되기까지의 시간에 다른 작업을 수행할 수 있게 됩니다. 또 다른 예로서 키보드 입력을 생각해 보겠습니다. 사용자가 어느 시점에 어떤 키를 입력할 것인지는 프로그램의 컴파일 타임에 알 수 없습니다. 키보드 입력을 감지하기 위해서 프로세서가 지속적으로 시간을 소모하면서 기다릴 수는 없기 때문에 인터럽트의 사용을 통해 사용자의 키 입력을 처리하게 됩니다.

키보드상의 어떤 키가 눌러지면 지정된 인터럽트가 호스트로 전달되고 호스트상에 지정된 키보드 인터럽트 핸들러 함수가 호출되어 키보드의 특정 레지스터를 읽어들임으로써 키 입력에 대한 정보를 얻어낼 수 있습니다.

Section 02.
인터럽트 처리 과정

이 책에서 사용되는 비글보드에 장착된 CPU인 Texas Instrument사의 DM3730 프로세서를 기준으로 인터럽트의 발생으로부터 운영체제로 사용되는 리눅스가 인터럽트를 인식하고 처리하는 일련의 과정에 대해서 보다 자세하게 알아보도록 하겠습니다. DM3730 프로세서는 총 3가지의 인터럽트 컨트롤러 모듈을 제공합니다. 여기에서는 가장 널리 사용되는 ARM CPU로 전달되는 외부 장치로부터의 인터럽트 처리에 대해서만 다루도록 하겠습니다.

DM3730 프로세서의 외부 인터럽트

DM3730 프로세서는 다음과 같이 ARM Cortex-A8 CPU와 Interrupt Controller가 결합되어 있는 MPU subsystem에서 외부 디바이스로부터의 인터럽트를 처리합니다.

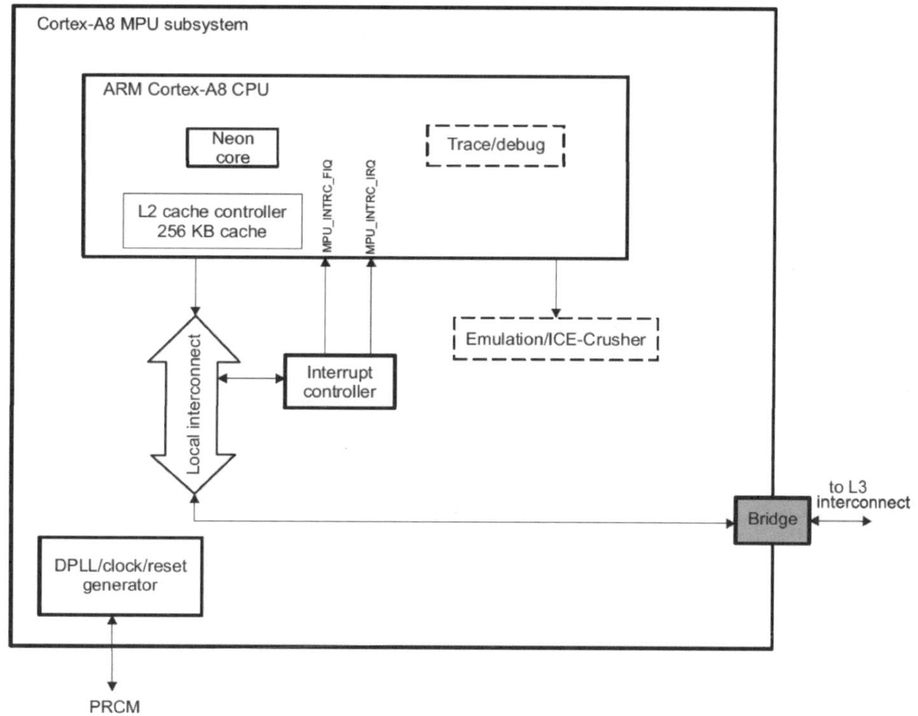

▲ DM3730 프로세서의 MPU subsystem

(출처 : http://www.ti.com/lit/ug/sprugn4p/sprugn4p.pdf#Figure4-1)

이 프로세서는 외부 장치와의 연결을 위해서 다음 그림과 같이 여섯 개의 인터럽트 포트를 제공하며 각 IRQ 포트들은 GPIO(General Purpose I/O) 포트와 멀티플렉싱되어 핀을 공유하도록 되어 있기 때문에 컨트롤 레지스터의 설정을 통해 사용하고자 하는 외부 핀을 인터럽트용으로 설정해야 합니다.

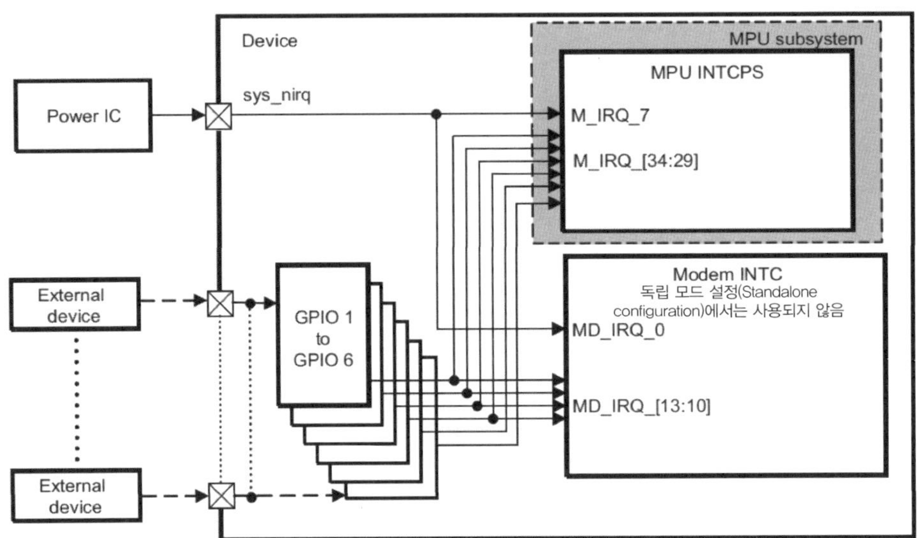

▲ 프로세서와 외부 장치와의 인터럽트 연결

(출처 : http://www.ti.com/lit/ug/sprugn4p/sprugn4p.pdf#Figure12-2)

MPU subsystem 내의 MPU INTCPS에서는 최대 96개까지의 인터럽트를 수용할 수 있으며 모든 인터럽트 신호는 low level에서 활성화 상태로 인식됩니다. 여기서는 외부 장치로부터의 인터럽트를 받아들일 수 있는 M_IRQ_29~M_IRQ_34까지의 여섯 개 인터럽트 소스만 다루도록 합니다.

IRQ	Source	설명
M_IRQ_29	GPIO1_MPU_IRQ	GPIO module 1
M_IRQ_30	GPIO2_MPU_IRQ	GPIO module 2
M_IRQ_31	GPIO3_MPU_IRQ	GPIO module 3
M_IRQ_32	GPIO4_MPU_IRQ	GPIO module 4
M_IRQ_33	GPIO5_MPU_IRQ	GPIO module 5
M_IRQ_34	GPIO6_MPU_IRQ	GPIO module 6

▲ MPU subsystem에서의 인터럽트 소스 및 매핑

이러한 여러 개의 인터럽트 신호들이 입력되지만 내부에서는 다음 그림과 같은 과정
을 거쳐 두 개의 인터럽트 시그널인 IRQ와 FIQ(Fast Interrupt Request)로 모아져
서 ARM 코어로 전달됩니다. 여기에서는 IRQ에 대해서만 다루도록 하겠습니다.

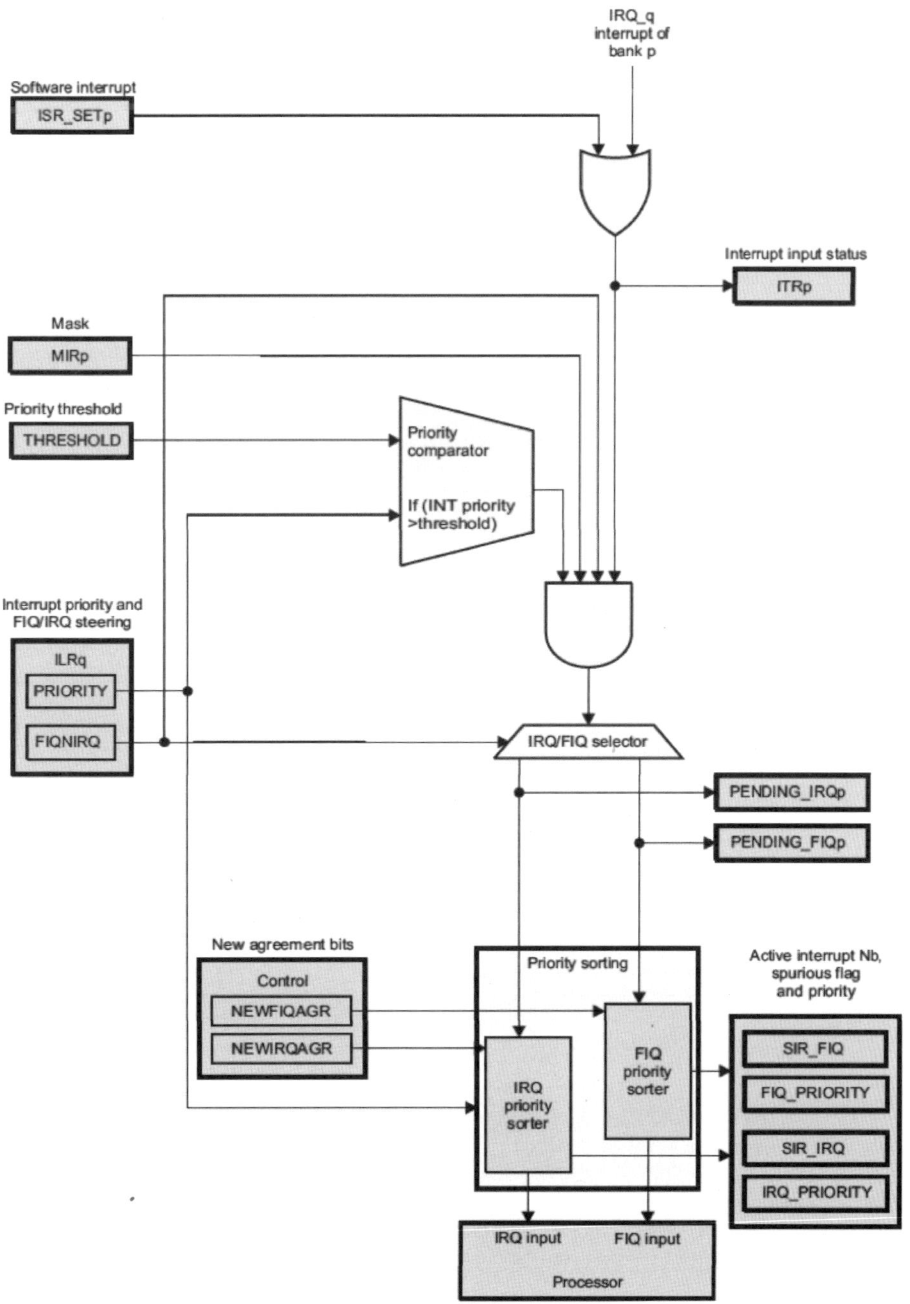

▲ 인터럽트 처리 블록 다이어그램　　　(출처 : http://www.ti.com/lit/ug/sprugn4p/sprugn4p.pdf#Figure12-4)

앞 그림과 같이 모여서 전달되는 IRQ 신호의 하드웨어 특성상 코어 내에서는 IRQ 신호만으로는 어떤 종류의 인터럽트가 어느 곳에서 발생했는지를 알지 못하게 됩니다. 이를 알아내기 위해서는 인터럽트 핸들러에서 관련 레지스터를 읽어야 합니다. 레지스터에 관련된 내용은 본 책의 범위를 벗어나므로 여기서 자세히 설명하지는 않겠습니다. 각 레지스터의 정확한 목적과 설정값에 대한 설명은 데이터시트를 참조하기 바랍니다. 이제부터는 ARM 코어로 IRQ 신호가 전달되었을 때의 처리 과정에 대해 알아보기로 합니다.

vector_IRQ

다음은 ARM 코어의 exception vector table입니다. 다음 표와 같이 IRQ 신호가 코어로 전달되면 현재 실행을 중단하고 분기하게 되는 주소가 저장되어 있습니다.

주소	Exception	Content
14000h	Reset	Branch to the public ROM code startup
14004h	Undefined	PC = 4020FFC8h
14008h	Software interrupt(SWI)	PC = 4020FFCCh
1400Ch	Prefetch abort	PC = 4020FFD0h
14010h	Data about	PC = 4020FFD4h
14014h	Unused	PC = 4020FFD8h
14018h	IRQ	PC = 4020FFDCh
1401Ch	FIQ	PC = 4020FFE0h

▲ Exception Vector Table　　　　(출처 : http://www.ti.com/lit/ug/sprugn4p/sprugn4p.pdf#Table 26-7)

비글보드에 올라가는 리눅스 커널 소스의 arch/arm/kernel/entry-armv.S에는 발생한 exception의 종류에 따라서 어디로 분기하는지에 대한 내용이 기술되어 있습니다.

‖‖‖ Exception 처리 어셈블리 코드의 일부(arch/arm/kernel/entry-armv.S)

```
/*
 * Vector stubs.
 *
 * This code is copied to 0xffff0200 so we can use branches in the
 * vectors, rather than ldr's.  Note that this code must not
 * exceed 0x300 bytes.
 *
 * Common stub entry macro:
 *   Enter in IRQ mode, spsr = SVC/USR CPSR, lr = SVC/USR PC
```

```
    *
    * SP points to a minimal amount of processor-private memory,
    * the address
    * of which is copied into r0 for the mode specific abort handler.
    */
    .macro vector_stub, name, mode, correction=0
    .align 5

vector_\name:
    .if \correction
    sub    lr, lr, #\correction
    .endif

    @
    @ Save r0, lr_<exception> (parent PC) and spsr_<exception>
    @ (parent CPSR)
    @
    stmia  sp, {r0, lr}        @ save r0, lr
    mrs    lr, spsr
    str    lr, [sp, #8]        @ save spsr

    @
    @ Prepare for SVC32 mode.  IRQs remain disabled.
    @
    mrs    r0, cpsr
    eor    r0, r0, #(\mode ^ SVC_MODE | PSR_ISETSTATE)
    msr    spsr_cxsf, r0

    @
    @ the branch table must immediately follow this code
    @
    and    lr, lr, #0x0f
THUMB( adr    r0, 1f              )
THUMB( ldr    lr, [r0, lr, lsl #2]  )
    mov    r0, sp
ARM(   ldr    lr, [pc, lr, lsl #2]  )
    movs   pc, lr               @ branch to handler in SVC mode
ENDPROC(vector_\name)

    .align 2
    @ handler addresses follow this label
1:
    .endm

    .globl __stubs_start
__stubs_start:
```

```
/*
 * Interrupt dispatcher
 */
    vector_stub    irq, IRQ_MODE, 4

    .long    __irq_usr            @ 0  (USR_26 / USR_32)
    .long    __irq_invalid        @ 1  (FIQ_26 / FIQ_32)
    .long    __irq_invalid        @ 2  (IRQ_26 / IRQ_32)
    .long    __irq_svc            @ 3  (SVC_26 / SVC_32)
    .long    __irq_invalid        @ 4
    .long    __irq_invalid        @ 5
    .long    __irq_invalid        @ 6
    .long    __irq_invalid        @ 7
    .long    __irq_invalid        @ 8
    .long    __irq_invalid        @ 9
    .long    __irq_invalid        @ a
    .long    __irq_invalid        @ b
    .long    __irq_invalid        @ c
    .long    __irq_invalid        @ d
    .long    __irq_invalid        @ e
    .long    __irq_invalid        @ f
```

Exception이 발생하면, 현재 실행하던 것을 중단하고 발생한 Exception을 처리한 뒤 다시 원래 작업으로 돌아와야 합니다. 그러자면 현재 실행 상황(context)을 exception을 처리한 뒤에 복원할 수 있도록 저장해야 할 필요성이 생깁니다.

asm_do_IRQ

arch/arm/kernel/irq.c에 정의되어있는 asm_do_IRQ 함수는 irq 번호에 해당하는 struct irq_desc 형태의 인터럽트 디스크립터 구조체의 포인터를 얻어내고 해당 구조체에 정의되어 있는 handle_irq 함수 포인터를 통해 인터럽트 이벤트 핸들러 함수를 호출하게 됩니다.

인터럽트 이벤트 핸들러의 실행이 완료되면 irq_exit을 호출하여 원래의 __irq_svc 또는 __irq_usr로 돌아가게 됩니다.

ISR 종료 이후

인터럽트 서비스 루틴의 실행이 종료되면 다시 어셈블리 루틴으로 돌아가 irq_exit을 호출하며 인터럽트 발생 이전의 컨텍스트로 동작하거나 더 우선순위가 높은 태스크가 깨어난 경우 이것이 실행될 수 있습니다.

다음 그림은 하드웨어의 인터럽트 신호가 인가되는 시점부터 이것이 소프트웨어의 각
단계와 어떻게 연관되어 실행되는지의 과정을 순서대로 도시한 것입니다. 흐름대로
설명을 따라가면서 읽어보면 인터럽트 처리 과정에 대해 감을 잡는 데 도움이 되리라
생각합니다.

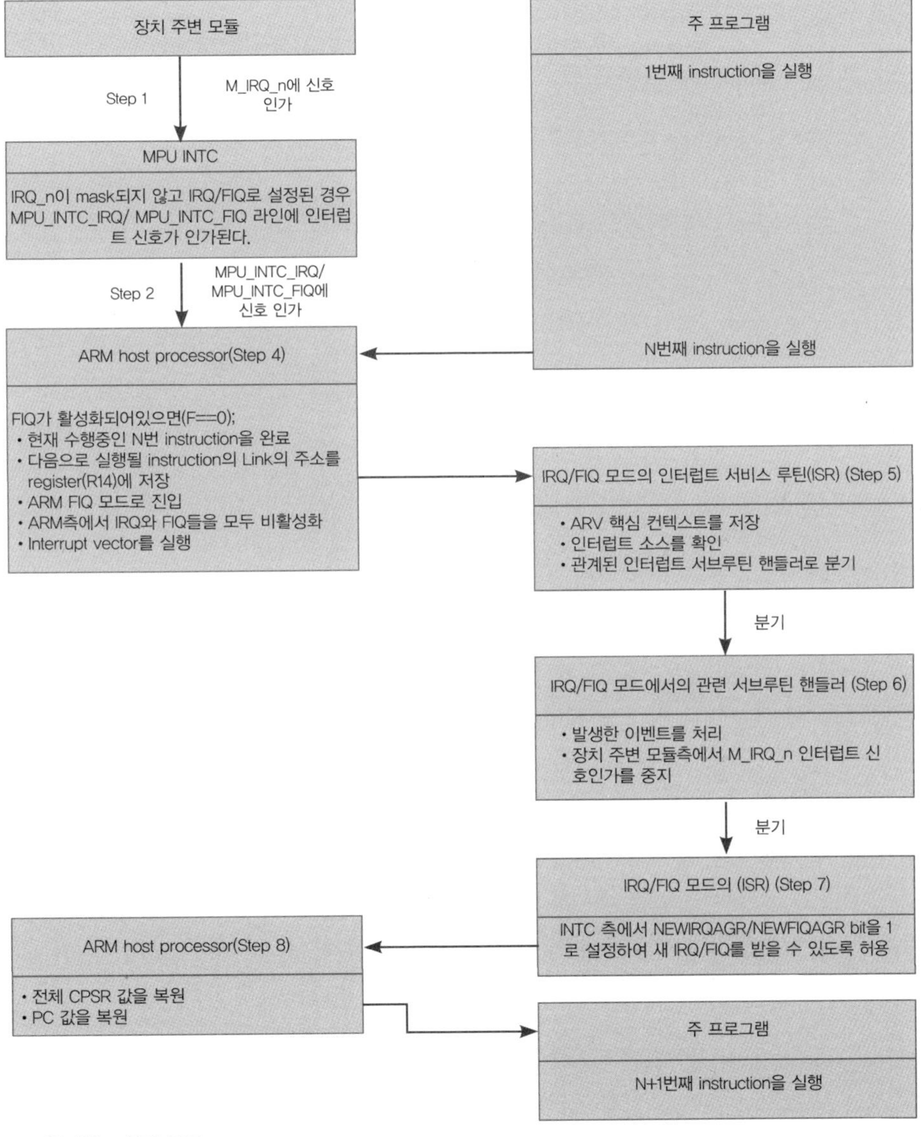

▲ 인터럽트 처리 흐름

이 루틴을 포함하는 entry-armv.S에서 인터럽트와 관련하여 수행하는 중요한 작업
은 다음과 같습니다.

① CPSR의 모드가 IRQ mode로 변경됨.

② 현재 실행중이던 작업의 PC값 및 CPSR, r0 저장

③ IRQ가 disable된 상태에서 ARM mode로 변경

④ user mode에서 exception이 발생한 경우 __irq_usr, kernel mode라면 __irq_svc로 점프하여 코드를 실행.

⑤ 이전 단계의 두 코드 모두 irq_handler macro를 실행시키는데 이는 handle_arch_irq로 점프하여 코드를 실행.

⑥ 다수의 IRQ handler를 허용하도록 configuration을 수행한 경우가 아니라면 arch_irq_handler_default로 점프하여 코드를 실행.

⑦ arch_irq_handler_default 에서는 irq number와 pt_regs *형태의 argument들을 함께 asm_do_IRQ의 argument로 전달하고 실행시킴.

⑧ handle_arch_irq가 실행되는 경우엔 arch/arm/kernel/setup.c#setup_arch()에서 handler를 설정하여 실행되도록 처리.

⑨ arch/arm/kernel/irq.c에 정의되어 있는 asm_do_IRQ 함수를 호출.

다음 Section에서는 실제 ISR의 구현을 통한 간단한 실습을 해 보도록 하겠습니다.

Section 03.
버튼 인터럽트 실습

이번 Section에서는 버튼을 누를 때마다 LED가 점멸하게 하는 간단한 버튼 인터럽트 처리 코드를 작성해보도록 하겠습니다. 비글보드에는 사용자가 제어할 수 있는 하나의 버튼 및 주 프로세서의 GPIO pin들과 연결된 두 개의 LED가 있습니다. 버튼 및 LED의 연결은 다음과 같습니다.

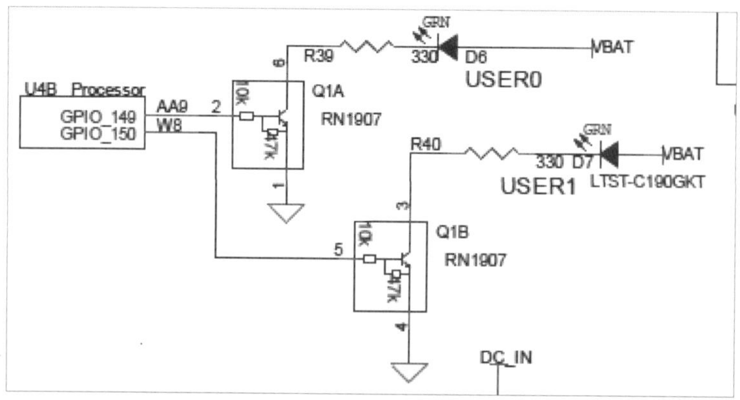

▲ LED와 프로세서의 연결 　　　　　　　　　　　　　　(출처 : BB_SRM_xM Figure 49)

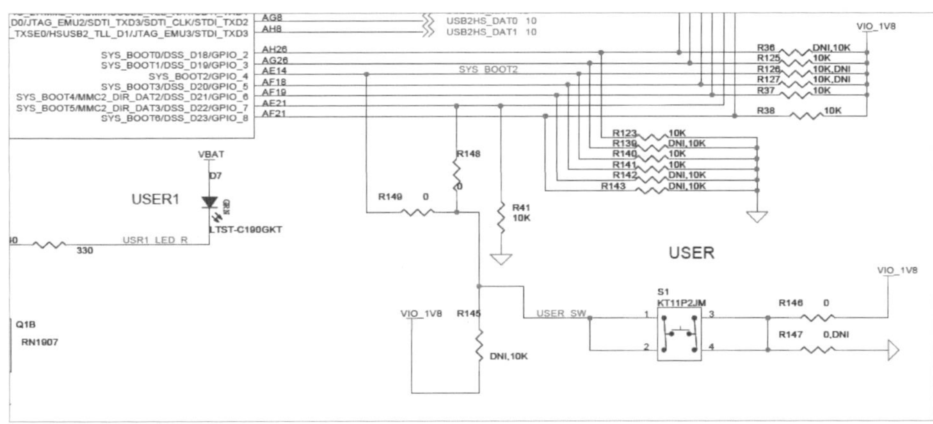

▲ 버튼과 프로세서의 연결   (출처 : BB_SRM_xM Schematic RevA3.pdf)

USER 버튼의 기본 configuration은 GPIO 4번에만 연결되어 있도록 설정되어 있습니다. 이 버튼을 누르면 149번 및 150번 GPIO에 연결된 LED의 상태를 변화시키는 코드를 작성할 것입니다.

인터럽트 핸들러(Interrupt Service Routine, ISR) 추가

■ Menuconfig 목록에 새 항목 추가

적당한 위치에 드라이버 모듈을 생성하도록 합니다. 여기에서는 drivers/misc에 버튼 드라이버 모듈을 만들기로 하고 drivers/misc/Kconfig에 이 모듈의 추가 여부를 결정할 수 있는 항목을 다음과 같이 추가합니다.

‖‖‖ Menuconfig 선택항목 추가 (drivers/misc/Kconfig)

```
config ISR_TEST_BUTTON
    tristate "ISR implementation with a button and LEDs"
      default y
```

실제 구현 코드가 들어갈 파일을 포함하여 컴파일할 수 있도록 drivers/misc/Makefile에 다음과 같이 한 줄을 추가합니다. 파일 이름은 원하는대로 선택하면 됩니다. 여기에서는 isr_test_button.c라고 추가하였습니다.

‖‖‖ Makefile에 인터럽트 핸들러 구현 파일 추가(drivers/misc/Makefile)

```
obj-$(CONFIG_ISR_TEST_BUTTON)  += isr_test_button.o
```

Make menuconfig를 실행하고 [Device Drivers]→[Misc devices] 목록으로 들어가면 다음과 같이 'ISP implementation with a button and LEDs (NEW)' 항목이

추가되어 있음을 볼 수 있습니다.

```
.config - Linux/x86_64 3.0.0 Kernel Configuration
qqqqqqqqqqqqqqqqqqqqqqqqqqqqqqqqqqqqqqqqqqqqqqqqqqqqqqqqqqqqqqqqqqqqqqqqqqqq
                                Misc devices qqqqqqqqqqqqqqqqqqqqqqqqqqqqqqqqqqqqqqqqqqqqq
  x  Arrow keys navigate the menu.  <Enter> selects submenus --->.  Highlighted letters are  x
  x  hotkeys.  Pressing <Y> includes, <N> excludes, <M> modularizes features.  Press       x
  x  <Esc><Esc> to exit, <?> for Help, </> for Search.  Legend: [*] built-in  [ ] excluded  x
  x  <M> module  < > module capable                                                         x
  x lqqqqqqqqqqqqqqqqqqqqqqqqqqqqqqqqqqqqqqqqqqqqqqqqqqqqqqqqqqqqqqqqqqqqqqqqqqqqqqqqqqqqk x
  x x       --- Misc devices                                                             x x
  x x       <*>     ISR implementation with a button and LEDs (NEW)                      x x
  x x       <M>   Analog Devices Digital Potentiometers                                  x x
  x x       <M>     Support I2C bus connection                                           x x
  x x       <M>     Support SPI bus connection                                           x x
  x x       < >   Device driver for IBM RSA service processor (NEW)                      x x
```

▲ 선택항목 추가 결과

이 항목을 선택해줌으로써 drivers/misc/isr_test_button.c 파일을 컴파일해서 커널 이미지에 추가할 수 있게 되었습니다. 이후의 인터럽트 핸들러 코드 작성은 지정한 파일에서 수행하면 됩니다.

이 부분은 사실 꼭 이렇게까지 해 줄 필요는 없는 부분입니다. 실제 코드를 그냥 넣어 주기만 해도 동작하는 데 아무런 문제가 없습니다만 굳이 이렇게 해주는 이유는 이번 버튼 실습뿐만 아니라 이후에 리눅스 코드를 수정할 때 어느 위치를 수정했는지를 명확하게 알 수 있어 전체 코드의 유지 보수를 간편하게 수행할 수 있기 때문입니다.

■ 인터럽트 핸들러 등록

버튼을 눌렀을 때 발생하는 인터럽트에 대해서 인터럽트 핸들러 혹은 인터럽트 서비스 루틴으로 불리는 함수를 등록해 주어야만 버튼이 눌러졌을 때 발생하는 인터럽트를 처리하기 위해서 함수가 호출됩니다.

인터럽트 핸들러의 등록과 관련되어서 다음의 두 함수가 사용됩니다.

▥ **인터럽트 핸들러의 등록 및 해제 함수 원형** (include/linux/interrupt.h)

```c
int request_irq(unsigned int irq, irq_handler_t handler,
 unsigned long flags, const char *name, void *dev);

void free_irq(unsigned int, void *);
```

인터럽트 핸들러의 등록은 request_irq 함수, 해제는 free_irq 함수를 호출함으로써 수행할 수 있습니다.

request_irq는 다섯 개의 인자를 받아 실행되는데 첫 번째 인자는 대상 IRQ의 번호, 두 번째 인자는 등록할 인터럽트 서비스 루틴의 함수 포인터 값이 들어갑니다. 세 번째 인자는 인터럽트 관리에 관련된 옵션들의 bitmask값이 전달됩니다. 네 번째 인자는 /proc/interrupts에서 보여지는 해당 interrupt의 소유자를 표시하기 위해서 사용되는 문자열입니다. 마지막 인자는 인터럽트 라인이 공유되는 경우에 해당 인터럽트 라인을 사용하는 드라이버의 private data를 가리키는 포인터 값으로서 해당 인터럽트가 공유되지 않는 경우에는 NULL이 설정될 수 있습니다. 이 포인터가 가리키는 주소값이 등록된 인터럽트 서비스 루틴의 두 번째 인자로 넘어가게 됩니다.

이 함수를 호출함으로써 인터럽트 서비스 루틴의 등록과 더불어 인터럽트 unmask도 함께 자동적으로 수행되므로 별도로 제어할 필요는 없게 됩니다.

인터럽트 서비스 루틴을 등록하는 예는 다음과 같습니다.

▥ 인터럽트 서비스 루틴 등록 예

```
if (request_irq(IRQ_EINT1, &button_isr,SA_INTERRUPT,
 "INT_BUTTON_TEST", NULL))
     printk(KERN_ERR "INT_BUTTON_TEST: IRQ1 Registration
     filed!\n");
```

인터럽트 핸들러의 해제는 더 이상 인터럽트에 대한 대응이 필요하지 않을 때 주로 이루어 집니다. 예컨대 우리가 예제로 삼고있는 버튼 드라이버가 커널 모듈로 구성되었을 경우 해당 모듈이 unload될 때에는 사용된 인터럽트 등록을 반드시 해제해야만 해당 인터럽트의 재사용 시 오류가 발생하지 않습니다.

free_irq 함수는 인터럽트 서비스 루틴의 등록을 해제해주고 해당 인터럽트를 mask하는 기능을 수행합니다.

▥ 인터럽트 서비스 루틴 등록 해제 예

```
free_irq(IRQ_EINT1, NULL);
```

인터럽트 서비스 루틴은 다음과 같은 형태로 정의됩니다.

▥ 인터럽트 서비스 루틴 구현 예

```
static irqreturn_t button_isr(int irq, void *dev_id,
struct pt_regs *regs)

{
    /* something you want to do */
    return IRQ_HANDLED;
}
```

인터럽트 핸들러 작성

이제 버튼이 눌려졌을 때 호출되는 함수의 내용을 채워넣어보도록 하겠습니다. 앞서 추가했던 파일 이름에 맞게 drivers/misc/isr_test_button.c 파일을 생성하고 button_isr 함수를 만들어보도록 하겠습니다.

이 함수는 버튼을 눌렀을 때 사용자에게 사용이 허용된 두 개의 LED의 상태를 주어진 룰에 따라서 변화시키는 역할을 수행합니다. 여기에서는 두 LED의 상태를 이전 상태와 반대로 설정, 즉 토글되도록 서비스 루틴을 구현하였습니다.

||||| **버튼을 눌렀을 때 실행되는 인터럽트 서비스 루틴**

```c
int led_state = 0;

static irqreturn_t button_isr(int irq, void *dev_id,
struct pt_regs *regs)
{
    gpio_set_value(149 /* gpio # */, led_state /* 0 or 1 */);
    gpio_set_value(150 /* gpio # */, (led_state = (led_state>
    0)?0:1) /* 0 or 1 */);

    return IRQ_HANDLED;
}
```

이 예제에서 서비스 루틴을 동작시키기 위해서 앞에서 하나의 모듈을 생성하였습니다. 이것을 커널에 포함(menuconfig에서 *로 선택)하여 컴파일하였을 경우에는 커널 부팅 시에, 모듈로 포함(menuconfig에서 'M'으로 선택)하여 컴파일하였을 경우에는 해당 모듈이 로딩될 때 초기화 루틴 등을 실행하여 원하는 작업을 위한 준비를 하도록 초기화 함수를 다음과 같이 구성하였습니다.

||||| **모듈 초기화 시 실행되는 초기화 루틴(drivers/misc/isr_test_button.c)**

```c
static struct gpio led_gpios[] = {
    {149, GPIOF_OUT_INIT_LOW, "USER LED 0" },
    {150, GPIOF_OUT_INIT_LOW, "USER LED 1" },
};

static int button_gpio= 4; /* USER BUTTON */
static unsigned int button_irq;
static spinlock_t g_lock;

static void isr_test_init()
{
    int ret, target_gpio;
```

```c
if(gpio_is_valid(led_gpios[0].gpio)<0) {
    printk(KERN_ERR "[CH08] USER LED 0 is not valid.\n");
    goto error;
}


if(gpio_is_valid(led_gpios[1].gpio)<0) {
    printk(KERN_ERR "[CH08] USER LED 0 is not valid.\n");
    goto error;
}


ret = gpio_request_one(button_gpio, GPIOF_IN,
"LED status change button");
if(ret < 0) {
    printk(KERN_ERR "failed to request GPIO %d, error %d\n",
    button_gpio, ret);
    goto error;
}
ret = gpio_request_array(led_gpios, ARRAY_SIZE(led_gpios));
if(ret < 0) {
    printk(KERN_ERR "failed to request GPIO array for LEDs,
    error %d\n", ret);
    goto error;
}


ret = gpio_direction_output(led_gpios[0].gpio, 0);
if(ret < 0) {
    target_gpio = led_gpios[0].gpio;
    goto error_conf;
}


ret = gpio_direction_output(led_gpios[1].gpio, 0);
if(ret < 0) {
    target_gpio = led_gpios[1].gpio;
    goto error_conf;
}


ret = gpio_direction_input(button_gpio);
if(ret < 0) {
    target_gpio = button_gpio;
    goto error_conf;
}


// change button input to IRQ
button_irq = gpio_to_irq(button_gpio);
if(button_irq < 0) {
```

```
        printk(KERN_ERR "ISR test : Unable to get irq number for
        GPIO %d, error %d\n", button_gpio, button_irq);
        goto error;
    }

    /* dev_id should not be NULL if IRQF_SHARED is set */

    ret = request_irq(button_irq, button_isr,
        IRQF_TRIGGER_RISING|IRQF_TRIGGER_FALLING,
        "ISR-LED interrupt", NULL);

    if(ret) {
        printk(KERN_ERR "Unable to claim irq %d; error %d\n",
        button_irq, ret);
        return -EBUSY;
    }

    spin_lock_init(&g_lock);
    printk(KERN_ERR "Initializing ISR implementation for LEDs
    completed.\n");
    return 0;

error_conf:
    printk(KERN_ERR "failed to configure direction for GPIO %d,
     error %d\n", target_gpio, ret);
error:
    return -EBUSY;
}
```

위의 초기화 함수에서는 LED가 원하는 상태로 초기화되도록 LED가 연결된 두 개의 gpio의 입/출력 방향을 설정하고 버튼 입력을 interrupt가 발생할 수 있도록 설정한 뒤 인터럽트를 등록하고 ISR에서 사용될 spin lock을 초기화하였습니다.

이 때 설정되는 프로세서의 각 관련 레지스터의 적정 설정값은 DM3730의 데이터시트 및 비글보드의 홈페이지(http://beagleboard.org)에서 제공하는 회로도를 참조하여 결정합니다. 모듈을 해제할 때는 초기화 루틴에서 설정한 것들을 해제하는 작업을 수행합니다.

‖‖ **모듈을 해제할 때 실행되는 루틴** (drivers/misc/isr_test_button.c)

```
static void isr_test_exit()
{
    gpio_free(button_gpio);
    gpio_free_array(led_gpios, ARRAY_SIZE(led_gpios));
```

```
        free_irq(button_irq, NULL);

        printk(KERN_ERR "Clearing ISR test setting completed.\n");
}
```

Switch Bouncing

스위치 바운싱(Switch Bouncing)은 스위치의 물리적인 특성에 기인한 신호 천이 현상을 말합니다. 버튼을 한 번 누르더라도 신호가 여러 번 움직이며 값이 변하는 것을 이르는 것으로 부품에 따라 다르지만 약 3ms의 시간에 걸쳐 발생하는 경향이 있습니다.

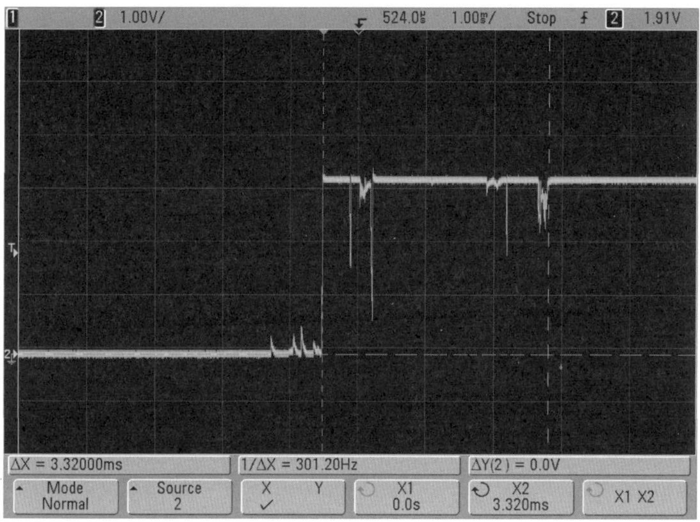

▲ 오실로스코프로 측정한 스위치 바운스의 예

스위치 부품의 데이터시트를 통해서 바운싱하는 최대 시간을 얻어낼 수 있으며 이 현상은 하드웨어 및 소프트웨어적인 방법으로 해결할 수 있습니다. 여기에서는 대표적으로 사용되는 스위치인 키보드를 위해 구현된 디바운싱 방법을 소개하도록 하겠습니다.

키보드를 위해 리눅스 커널에는 바운싱을 방지하기 위해 다음과 같은 코드가 존재합니다.

▥ 스위치 바운싱을 방지하기 위한 디바운스 코드 (drivers/input/keyboard/gpio_keys.c)

```
static int __devinit gpio_keys_setup_key(struct platform_
                device *pdev, struct gpio_button_data *bdata,
                struct gpio_keys_button *button)
{
......
    if (button->debounce_interval) {
```

```
        error = gpio_set_debounce (button->gpio,
                        button->debounce_interval * 1000);
        /* use timer if gpiolib doesn't provide debounce */
        if (error < 0)
            bdata->timer_debounce = button->debounce_interval;
    }
......
    }
```

위 코드는 지정된 버튼이 연결된 gpio 번호에 대해서 지정된 시간 만큼의 입력을 하나로 간주하여 스위치 바운싱에 의한 오동작을 제한하는 코드입니다. gpio_set_debounce 의 두 번째 인자로 들어가는 디바운스 타임의 단위는 마이크로초(ms) 입니다.

인터럽트 서비스 루틴의 제약사항

기본적으로 ARM 프로세서에서는 인터럽트 서비스 루틴을 실행하는 동안 FIQ를 제외한 다른 인터럽트의 처리가 되지 않으며 다른 태스크 역시 실행되지 않습니다. 따라서 인터럽트 서비스 루틴의 구현에는 몇 가지 제약사항이 존재합니다.

① 인터럽트 서비스 루틴에서는 스케줄링이 필요한 코드(semaphore 또는 mutex) 또는 sleep 가능한 코드(wait_event 함수, schedule 함수, cpu_yield 함수, mdelay 함수)를 실행해서는 안 됩니다. 멀티코어 또는 멀티프로세서에서 동기화(synchronization)가 필요한 상황에 대해서는 spin lock을 test_and_clear_bit 함수, test_and_set_bit 함수 등의 atomic operation들과 함께 사용하여 해결하도록 합니다.

② 인터럽트 서비스 루틴의 수행 시간은 가능한 한 짧게 구현해야 합니다. 이 시간이 길어지는 만큼 스케줄링 및 다른 인터럽트의 처리가 방해를 받게 되므로 성능 저하를 가져오거나 원하는 동작이 이루어지지 않을 가능성이 있습니다. 따라서 udelay 함수와 같은 지연함수 또는 많은 시간이 소요되는 loop를 사용하지 않도록 합니다. 부득이하게 긴 시간이 소요되는 작업을 수행해야 하는 경우 tasklet이나 work queue를 사용하도록 합니다.

안드로이드 플랫폼을 포함한 수많은 모바일 장치 및 임베디드 시스템은 사용자의 입력과 관련해서 특정 루틴을 처리해 줘야 하는 시스템을 구현할 경우가 많습니다. 이와 같은 경우 인터럽트는 매우 광범위하게 쓰이고 있습니다. 이 chapter에서는 운영체제의 핵심 요소 가운데 하나인 인터럽트 처리에 대해 알아보고 실습을 수행해 보았습니다. 여기에서 수행했던 실습 내용을 토대로, 버튼의 입력 또는 센서의 특정 입력이 있을 때마다, 특정 프로그램 루틴을 실행할 수 있도록 하는 시스템에 활용해 볼 수 있을 것입니다.

chapter 08
GPIO 제어

GPIO(General Purpose Input/Output port)는 말 그대로 범용 입출력을 위한 포트입니다. GPIO를 통하여 버튼이나 각종 센서로부터 다양한 입력을 받을 수도 있고, LED 제어나 모터 제어를 하는 등 다양한 출력을 내어 줄 수도 있습니다. GPIO를 이용하기 위해서는 디바이스 드라이버가 필요합니다. 디바이스 드라이버에서 GPIO 사용 권한을 얻고, 입출력 방향 설정을 해준 뒤, GPIO에 연결된 장치와 관련된 다양한 입출력을 수행하게 됩니다.

Section 01.

GPIO 개요

먼저 포트(port)에 대하여 알아보겠습니다. 사전에서 port를 찾아보면 "항구"라는 뜻이 보입니다. 항구에서는 다른 국가 혹은 도시와의 무역 활동이 이루어집니다. 비글보드를 포함한 임베디드 세계에서도 마찬가지입니다. 임베디드 세계에서의 포트란, 마이크로컨트롤러 외부와 내부 사이에 서로 데이터를 주고받을 수 있게 해 주는 일종의 "항구"입니다. 실제 무역에 있어서 식료품이나 의류, 전자기기 등 그 종류가 다양하듯이, 포트를 통해 들어오거나 나가는 데이터도 문자열이 될 수도 있고, 멀티미디어 정보를 담은 데이터가 될 수도 있습니다.

GPIO는 범용 입출력 포트입니다. GPIO를 통하여 외부로부터 신호를 입력 받거나, 외부로 신호를 출력할 수 있습니다. GPIO의 각 포트는 입력과 출력에 모두 사용될 수 있으나, 한 번에 한 가지 방향으로만 사용될 수 있고, 입출력에 동시에 사용될 수는 없습니다.

입출력되는 값은 디지털 값으로, 0 또는 1 값을 이용합니다. 5V 전원을 사용하는 경우 일반적으로 0 값은 0V를, 1 값은 5V를 나타냅니다. 이는 출력 값이 0일 때에는 해당 포트의 전압이 0V로 측정되고, 1일 때에는 5V로 측정된다는 것을 의미합니다.

입력의 경우 각 디지털 값은 일정 범위 내의 전압 값을 포함하여 나타냅니다. 경우에 따라 다르지만, 하드웨어적으로 입력 값을 인식할 때 일반적으로 입력 전압이 0V~1V일 경우 디지털 0 값을, 4V~5V일 경우 디지털 1 값으로 인식합니다.

GPIO를 사용할 때 주의해야 할 사항이 있습니다. 두 개 이상의 GPIO 포트를 연결할 때, 두 개 이상의 포트가 출력으로 설정되어 있다면 보드가 고장날 수 있습니다. 연결된 두 출력 포트의 출력 값이 각각 0과 1일 경우, 해당 회로에는 단락이 일어나게 되고, 이는 보드에 과전류를 흐르게 하는 원인이 됩니다. 입력을 사용할 때, 0 값의 범위와 1 값의 범위 둘 중 어디에도 포함되지 않는 1V~4V의 값을 입력시키고자 할 경우, 하드웨어적으로 어떤 디지털 값으로 선택될지 모르는, 즉 어떤 값으로 정해질지 모르는 상태에 놓이게 되는데, 이 상태를 하이임피던스(High-Z)라 합니다. 하이임피던스 상태에서는 입력하고자 의도한 값과 실제 하드웨어적으로 인식되는 값이 다를 수 있기 때문에, 입력 값을 인식 가능한 전압 범위 내에 확실히 위치하도록 하는 것이 중요합니다.

Section 02.

커널 함수를 이용한 GPIO 제어

GPIO는 하드웨어 장치이기 때문에 디바이스 드라이버를 통하여 제어하게 됩니다. 여기에서는 디바이스 드라이버에서 리눅스 커널 함수를 호출하여 GPIO를 제어하는 방식을 설명할 것입니다. GPIO를 제어하는 방법에는 여기에서 설명하는 방식 외에도 있을 수 있으나, 가장 흔하게 사용되는 방식을 설명하기로 합니다. GPIO는 각 개발 보드마다 서로 다른 사용 특성을 가지고 있습니다. 따라서 흔하게 사용되는 일부 보드를 제외하고는 여기서 설명하는 방식을 사용하기에는 한계가 있습니다. 다행스럽게도, omap 계열의 비글보드는 널리 사용되고 있기 때문에 이 방법을 그대로 사용할 수 있습니다.

해당 커널 함수를 사용하기 위해서는 디바이스 드라이버에서 리눅스 소스 코드 트리의 linux/gpio.h 파일을 include해 주어야 합니다. 앞으로 사용할 함수들은 모두 이 파일에 선언되어 있습니다. 함수 구현은 drivers/gpio/gpiolib.c 파일에 되어 있습니다.

▥ **GPIO 사용을 위한 include 선언**

```
#include <linux/gpio.h>
```

각각의 GPIO 포트는 음이 아닌 정수로 구분됩니다. 비글보드에서는 다음과 같이 각 GPIO를 구분할 수 있습니다. 다수의 GPIO 중 비글보드에서 사용 가능하도록 되어 있는 GPIO는 총 21개가 있습니다.

▥ **비글보드 GPIO 구분 번호와 비글보드의 pin 번호 연결**

```
int pin_gpio[] =
{
```

```
        139, /* PIN 3 */
        144, /* PIN 4 */
        138, /* PIN 5 */
        146, /* PIN 6 */
        137, /* PIN 7 */
        143, /* PIN 8 */
        136, /* PIN 9 */
        145, /* PIN 10 */
        135, /* PIN 11 */
        158, /* PIN 12 */
        134, /* PIN 13 */
        162, /* PIN 14 */
        133, /* PIN 15 */
        161, /* PIN 16 */
        132, /* PIN 17 */
        159, /* PIN 18 */
        131, /* PIN 19 */
        156, /* PIN 20 */
        130, /* PIN 21 */
        183, /* PIN 23 */
        168  /* PIN 24 */
};
```

만약 특정 GPIO 번호에 대하여 사용 가능한 번호인지를 확인하고 싶을 경우 gpio_
isvalid 함수를 이용할 수 있습니다. 이 함수를 호출한 뒤 반환 값이 0이면 사용 가능
하지 않은 번호를 의미합니다. 비글보드의 경우, 위에 나열된 GPIO 번호 이외의 다른
숫자를 넘겨주면 0을 반환할 것입니다.

GPIO 사용 가능 번호 확인

```
int gpio_is_valid(int number);
```

실제 GPIO를 사용하기에 앞서, 해당 GPIO가 사용 가능한지 확인해야 합니다. 이 때
gpio_request 함수를 호출합니다.

GPIO 사용 가능 여부 확인

```
int gpio_request(unsigned gpio, const char *label)
{
    struct gpio_desc    *desc;
    struct gpio_chip    *chip;
    int                 status = -EINVAL;
    unsigned long       flags;

    spin_lock_irqsave(&gpio_lock, flags);
```

```c
    if (!gpio_is_valid(gpio))
        goto done;
    desc = &gpio_desc[gpio];
    chip = desc->chip;
    if (chip == NULL)
        goto done;

    if (!try_module_get(chip->owner))
        goto done;

    /* NOTE:  gpio_request() can be called in early boot,
     * before IRQs are enabled, for non-sleeping (SOC) GPIOs.
     */

    if (test_and_set_bit(FLAG_REQUESTED, &desc->flags) == 0) {
        desc_set_label(desc, label ? : "?");
        status = 0;
    } else {
        status = -EBUSY;
        module_put(chip->owner);
        goto done;
    }

    if (chip->request) {
        /* chip->request may sleep */
        spin_unlock_irqrestore(&gpio_lock, flags);
        status = chip->request(chip, gpio - chip->base);
        spin_lock_irqsave(&gpio_lock, flags);

        if (status < 0) {
            desc_set_label(desc, NULL);
            module_put(chip->owner);
            clear_bit(FLAG_REQUESTED, &desc->flags);
        }
    }

done:
    if (status)
        pr_debug("gpio_request: gpio-%d (%s) status %d\n",
            gpio, label ? : "?", status);
    spin_unlock_irqrestore(&gpio_lock, flags);
    return status;
}
```

gpio에는 원하는 GPIO 번호를, label에는 임의의 문자열을 넣어 줍니다. 반환 값이 0 이라면 해당 GPIO를 사용할 수 있고, 0이 아닐 경우 해당 GPIO를 사용할 수 없음을 의미합니다. gpio_request 함수는 해당 GPIO 번호가 다른 프로세스에 의해 사용 중이지 않을 때 해당 GPIO를 요청한 프로세스에서 사용할 수 있도록 lock을 잡아주는 역할을 합니다.

앞에서 설명했던 gpio_is_valid 함수를 이용하여 해당 GPIO 번호가 유효한지 확인합니다. 만약 GPIO 번호가 유효하지 않다거나, 사용 가능한 상태가 아니라면 에러 코드를 반환합니다.

이후 test_and_set_bit을 통해 현재 해당 GPIO가 다른 프로세스에 의해 사용되고 있지는 않는지 확인합니다. 만약 다른 프로세스가 해당 프로세스를 사용하고 있다면 flag를 가져오지 못해 0이 아닌 값이 반환되어 올 것이고, 최종적으로 해당 GPIO가 사용중임을 나타내는 EBUSY를 반환하게 됩니다. 만약 flag를 가져오는 데 성공한다면, 현재 프로세스가 해당 GPIO를 사용하고 있다는 것을 표시해 두고 0을 반환해 줍니다.

gpio_request를 통해 GPIO가 사용 가능하다는 것을 확인하였다면, 해당 GPIO 포트를 입력과 출력 중 어느 방향으로 사용할 것인지를 결정합니다. gpio_direction_input 함수를 사용하면 해당 gpio 포트를 입력으로 사용할 수 있게 되고, gpio_direction_output 함수를 사용하면 출력으로 사용할 수 있습니다.

먼저 gpio_direction_input 함수부터 살펴보도록 하겠습니다.

▥ gpio_direction_input 함수(GPIO 입력 방향 설정)

```c
int gpio_direction_input(unsigned gpio)
{
    unsigned long       flags;
    struct gpio_chip    *chip;
    struct gpio_desc    *desc = &gpio_desc[gpio];
    int                 status = -EINVAL;

    spin_lock_irqsave(&gpio_lock, flags);

    if (!gpio_is_valid(gpio))
        goto fail;
    chip = desc->chip;
    if (!chip || !chip->get || !chip->direction_input)
        goto fail;
    gpio -= chip->base;
```

```c
    if (gpio >= chip->ngpio)
        goto fail;
    status = gpio_ensure_requested(desc, gpio);
    if (status < 0)
        goto fail;


    /* now we know the gpio is valid and chip won't vanish */


    spin_unlock_irqrestore(&gpio_lock, flags);


    might_sleep_if(chip->can_sleep);


    if (status) {
        status = chip->request(chip, gpio);
        if (status < 0) {
            pr_debug("GPIO-%d: chip request fail, %d\n",
                chip->base + gpio, status);
            /* and it's not available to anyone else ...
             * gpio_request() is the fully clean solution.
             */
            goto lose;
        }
    }


    status = chip->direction_input(chip, gpio);
    if (status == 0)
        clear_bit(FLAG_IS_OUT, &desc->flags);
lose:
    return status;
fail:
    spin_unlock_irqrestore(&gpio_lock, flags);
    if (status)
        pr_debug("%s: gpio-%d status %d\n",
            __func__, gpio, status);
    return status;
}
```

gpio에는 방향을 입력으로 사용하고자 하는 GPIO 포트 번호를 입력합니다. 성공하면 0, 실패하면 에러 코드가 반환됩니다. 다른 작업에 앞서, gpio_request에서와 같이 해당 GPIO가 사용 가능한 상태인지를 먼저 파악하고, 그렇지 않다면 에러를 반환합니다. 사용 가능하다면 direction_input 함수를 호출하여 해당 GPIO의 방향을 결정하게 됩니다.

direction_input 함수를 좀 더 자세히 들여다보기 위해, arch/arm/plat-omap/

gpio.c 파일로 이동합니다. 이 파일에는 direction_input 함수를 포함하여, 추후 자세히 들여다 볼 각종 함수들은 이 파일의 omap_gpio_chip_init 함수 안에서 연결되어 있습니다.

▐▐▐▐▐ 관련 함수 연결

```c
static void __init omap_gpio_chip_init(struct gpio_bank *bank)
{
    // 중략


    bank->chip.request = omap_gpio_request;
    bank->chip.free = omap_gpio_free;
    bank->chip.direction_input = gpio_input;
    bank->chip.get = gpio_get;
    bank->chip.direction_output = gpio_output;
    bank->chip.set_debounce = gpio_debounce;
    bank->chip.set = gpio_set;


    // 중략

}
```

이 연결 함수에 따르면 direction_input 함수는 gpio_input 함수로 연결됩니다. 이제 gpio_input 함수를 살펴보겠습니다.

▐▐▐▐▐ gpio_input 함수

```c
static int gpio_input(struct gpio_chip *chip, unsigned offset)
{
    struct gpio_bank *bank;
    unsigned long flags;

    bank = container_of(chip, struct gpio_bank, chip);
    spin_lock_irqsave(&bank->lock, flags);
    _set_gpio_direction(bank, offset, 1);
    spin_unlock_irqrestore(&bank->lock, flags);
    return 0;
}
```

이 함수에서는 _set_gpio_direction 함수를 통하여 방향을 변경합니다. 이때 동시에 여러 스레드에서 방향을 바꾸려 한다면 문제가 발생할 수 있으므로 lock을 이용합니다. 앞으로 설명할 다양한 함수에서도 같은 이유로 lock을 사용하고 있습니다.

_set_gpio_direction 함수는 출력으로 방향을 설정할 때에도 사용됩니다.

▌▌▌ _set_gpio_direction 함수

```c
static void _set_gpio_direction(struct gpio_bank *bank, int gpio,
int is_input)
{
    void __iomem *reg = bank->base;
    u32 l;

    switch (bank->method) {
#ifdef CONFIG_ARCH_OMAP1
    case METHOD_MPUIO:
        reg += OMAP_MPUIO_IO_CNTL / bank->stride;
        break;
#endif
#ifdef CONFIG_ARCH_OMAP15XX
    case METHOD_GPIO_1510:
        reg += OMAP1510_GPIO_DIR_CONTROL;
        break;
#endif
#ifdef CONFIG_ARCH_OMAP16XX
    case METHOD_GPIO_1610:
        reg += OMAP1610_GPIO_DIRECTION;
        break;
#endif
#if defined(CONFIG_ARCH_OMAP730) || defined(CONFIG_ARCH_OMAP850)
    case METHOD_GPIO_7XX:
        reg += OMAP7XX_GPIO_DIR_CONTROL;
        break;
#endif
#if defined(CONFIG_ARCH_OMAP2) || defined(CONFIG_ARCH_OMAP3)
    case METHOD_GPIO_24XX:
        reg += OMAP24XX_GPIO_OE;
        break;
#endif
#if defined(CONFIG_ARCH_OMAP4) || defined(CONFIG_ARCH_TI816X)
    case METHOD_GPIO_44XX:
        reg += OMAP4_GPIO_OE;
        break;
#endif
    default:
        WARN_ON(1);
        return;
    }
    l = __raw_readl(reg);
    if (is_input)
        l |= 1 << gpio;
    else
        l &= ~(1 << gpio);
```

```
        __raw_writel(1, reg);
    }
```

가장 중요한 부분은 마지막 부분입니다. __raw_readl 함수를 통하여 gpio의 방향을 제어할 수 있는 레지스터의 값을 불러옵니다. readl에서 마지막 l은 long을 의미하는데, 32bit 레지스터 값을 불러올 것입니다. 이 레지스터는 각 bit마다 방향을 설정할 수 있는데, 각 gpio에 해당하는 bit이 1일 경우 입력, 0일 경우 출력으로 사용하게 됩니다. 따라서 입력일 경우 해당 bit을 1로, 출력일 경우 0으로 설정합니다. 새로 설정한 레지스터 값을 적용하기 위해 __raw_writel 함수를 이용하여 새로운 값을 내보내면 방향 설정이 완료됩니다.

__raw_readl 함수와 __raw_writel 함수는 include/asm_generic/io.h 파일에 inline 함수 형태로 구현되어 있습니다.

▥ **__raw_readl 함수**

```
static inline u32 __raw_readl(const volatile void __iomem *addr)
{
    return *(const volatile u32 __force *) addr;
}
```

먼저 __raw_readl 함수의 경우, 함수 인자로 넘어온 주소에 있는 레지스터 값을 반환합니다.

▥ **__raw_writel 함수**

```
static inline void __raw_writel(u32 b, volatile void __iomem *addr)
{
    *(volatile u32 __force *) addr = b;
}
```

__raw_writel 함수의 경우, 함수 인자로 넘어온 주소에 새로 지정한 값을 저장하는 역할을 합니다. 따라서 _set_gpio_direction에서 __raw_readl을 호출하는 과정부터 __raw_writel 함수를 호출하는 과정 까지를 다음과 같이 변경할 수도 있습니다.

▥ **__raw_readl과 __raw_writel 없이 수행**

```
if (is_input)
    *(volatile u32 __force *) reg |= 1 << gpio;
else
    *(volatile u32 __force *) reg &= ~(1 << gpio);
```

다음은 gpio_direction_output 함수입니다. 기본적인 동작 방식은 위 gpio_direction_input 함수와 비슷합니다.

▥ gpio_direction_input 함수(GPIO 출력 방향 설정)

```c
int gpio_direction_output(unsigned gpio, int value)
{
    unsigned long        flags;
    struct gpio_chip     *chip;
    struct gpio_desc     *desc = &gpio_desc[gpio];
    int                  status = -EINVAL;

    spin_lock_irqsave(&gpio_lock, flags);

    if (!gpio_is_valid(gpio))
        goto fail;
    chip = desc->chip;
    if (!chip || !chip->set || !chip->direction_output)
        goto fail;
    gpio -= chip->base;
    if (gpio >= chip->ngpio)
        goto fail;
    status = gpio_ensure_requested(desc, gpio);
    if (status < 0)
        goto fail;

    spin_unlock_irqrestore(&gpio_lock, flags);

    might_sleep_if(chip->can_sleep);

    if (status) {
        status = chip->request(chip, gpio);
        if (status < 0) {
            pr_debug("GPIO-%d: chip request fail, %d\n",
                chip->base + gpio, status);
            goto lose;
        }
    }

    status = chip->direction_output(chip, gpio, value);
    if (status == 0)
        set_bit(FLAG_IS_OUT, &desc->flags);
lose:
    return status;
fail:
    spin_unlock_irqrestore(&gpio_lock, flags);
```

```
        if (status)
            pr_debug("%s: gpio-%d status %d\n",
                    __func__, gpio, status);
        return status;
}
```

한 가지 다른 점은, direction_input 대신 direction_output 함수를 사용한다는 것
입니다. direction_output 함수는 gpio_output 함수로 연결됩니다. 이번에도 이
gpio_output 함수에 대해 좀 더 살펴보도록 하겠습니다.

▥ gpio_output 함수

```
static int gpio_output(struct gpio_chip *chip, unsigned offset,
int value)
{
    struct gpio_bank *bank;
    unsigned long flags;

    bank = container_of(chip, struct gpio_bank, chip);
    spin_lock_irqsave(&bank->lock, flags);
    _set_gpio_dataout(bank, offset, value);
    _set_gpio_direction(bank, offset, 0);
    spin_unlock_irqrestore(&bank->lock, flags);
    return 0;
}
```

gpio_input 함수에서 처럼 _set_gpio_direction을 통하여 방향을 설정하고 있는
것을 볼 수 있습니다. 여기서 초기 값 설정을 위해 _set_gpio_dataout 함수를 호출
합니다.

▥ _set_gpio_dataout 함수

```
static void _set_gpio_dataout(struct gpio_bank *bank, int gpio,
int enable)
{
    void __iomem *reg = bank->base;
    u32 l = 0;

    switch (bank->method) {
#ifdef CONFIG_ARCH_OMAP1
    case METHOD_MPUIO:
        reg += OMAP_MPUIO_OUTPUT / bank->stride;
        l = __raw_readl(reg);
        if (enable)
            l |= 1 << gpio;
```

```c
        else
            l &= ~(1 << gpio);
        break;
#endif
#ifdef CONFIG_ARCH_OMAP15XX
    case METHOD_GPIO_1510:
        reg += OMAP1510_GPIO_DATA_OUTPUT;
        l = __raw_readl(reg);
        if (enable)
            l |= 1 << gpio;
        else
            l &= ~(1 << gpio);
        break;
#endif
#ifdef CONFIG_ARCH_OMAP16XX
    case METHOD_GPIO_1610:
        if (enable)
            reg += OMAP1610_GPIO_SET_DATAOUT;
        else
            reg += OMAP1610_GPIO_CLEAR_DATAOUT;
        l = 1 << gpio;
        break;
#endif
#if defined(CONFIG_ARCH_OMAP730) || defined(CONFIG_ARCH_OMAP850)
    case METHOD_GPIO_7XX:
        reg += OMAP7XX_GPIO_DATA_OUTPUT;
        l = __raw_readl(reg);
        if (enable)
            l |= 1 << gpio;
        else
            l &= ~(1 << gpio);
        break;
#endif
#if defined(CONFIG_ARCH_OMAP2) || defined(CONFIG_ARCH_OMAP3)
    case METHOD_GPIO_24XX:
        if (enable)
            reg += OMAP24XX_GPIO_SETDATAOUT;
        else
            reg += OMAP24XX_GPIO_CLEARDATAOUT;
        l = 1 << gpio;
        break;
#endif
#if defined(CONFIG_ARCH_OMAP4) || defined(CONFIG_ARCH_TI816X)
    case METHOD_GPIO_44XX:
        if (enable)
            reg += OMAP4_GPIO_SETDATAOUT;
```

```
            else
                reg += OMAP4_GPIO_CLEARDATAOUT;
            l = 1 << gpio;
            break;
#endif
        default:
            WARN_ON(1);
            return;
        }
        __raw_writel(l, reg);
}
```

이 함수는 초기 출력 값 뿐만 아니라 연산 수행 도중 새로운 값으로 변경하고자 할 때에도 사용되는 함수입니다. _set_gpio_direction 함수와 같이 레지스터 값을 불러와서 원하는 부분을 수정한 뒤, 해당 값을 적용시키는 방식으로 출력 데이터 값을 변경합니다.

이때 _set_gpio_direction 함수에서는 방향을 설정할 수 있는 레지스터를 불러왔었다면, 여기에서는 출력 값을 설정할 수 있는 레지스터를 불러오게 됩니다. 해당 gpio 위치의 값을 원하는 출력 값(0 또는 1)으로 설정한 뒤 적용시키게 되면, 해당 gpio 포트의 출력 값이 변하게 됩니다.

다음은 현재 GPIO 포트의 값을 읽어오는 함수입니다. gpio_get_value 함수를 사용할 경우, 현재 해당 포트의 값을 읽어올 수 있습니다. 만약 입력으로 사용되고 있는 포트라면 현재 입력되고 있는 값을 받아오고, 출력으로 사용되는 포트라면 현재 출력되고 있는 값을 받아오게 됩니다. 성공 시 0 또는 1 값을 반환하지만, 실패 시에도 0이 반환될 수 있습니다. 따라서 0이 반환되었을 때 성공하여 반환된 0 값이 맞는지 유의하여 사용하여야 합니다.

▥▥▥ **gpio_get_value 함수**

```
int gpio_get_value(unsigned gpio)
{
    struct gpio_chip    *chip;

    chip = gpio_to_chip(gpio);
    WARN_ON(chip->can_sleep);
    return chip->get ? chip->get(chip, gpio - chip->base) : 0;
}
```

IIIII **gpio_get 함수**

```c
static int gpio_get(struct gpio_chip *chip, unsigned offset)
{
    struct gpio_bank *bank;
    void __iomem *reg;
    int gpio;
    u32 mask;

    gpio = chip->base + offset;
    bank = get_gpio_bank(gpio);
    reg = bank->base;
    mask = 1 << get_gpio_index(gpio);

    if (gpio_is_input(bank, mask))
        return _get_gpio_datain(bank, gpio);
    else
        return _get_gpio_dataout(bank, gpio);
}
```

여기에서는 get 함수를 이용하여 값을 읽어옵니다. 이 get 함수는 gpio_get 함수로
연결되어 있습니다.

해당 GPIO 포트가 입력으로 사용 중인지, 출력으로 사용 중인지에 따라 연산 과정이
약간 다릅니다. 만약 입력으로 사용 중이라면 _get_gpio_datain 함수가 호출됩니
다. 이 함수에서는 현재 입력되고 있는 값이 저장되는 레지스터를 읽어와 해당 GPIO
포트의 값을 찾아내게 됩니다.

IIIII **_get_gpio_datain 함수**

```c
static int _get_gpio_datain(struct gpio_bank *bank, int gpio)
{
    void __iomem *reg;

    if (check_gpio(gpio) < 0)
        return -EINVAL;
    reg = bank->base;
    switch (bank->method) {
#ifdef CONFIG_ARCH_OMAP1
    case METHOD_MPUIO:
        reg += OMAP_MPUIO_INPUT_LATCH / bank->stride;
        break;
#endif
#ifdef CONFIG_ARCH_OMAP15XX
    case METHOD_GPIO_1510:
```

```
            reg += OMAP1510_GPIO_DATA_INPUT;
            break;
#endif
#ifdef CONFIG_ARCH_OMAP16XX
    case METHOD_GPIO_1610:
            reg += OMAP1610_GPIO_DATAIN;
            break;
#endif
#if defined(CONFIG_ARCH_OMAP730) || defined(CONFIG_ARCH_OMAP850)
    case METHOD_GPIO_7XX:
            reg += OMAP7XX_GPIO_DATA_INPUT;
            break;
#endif
#if defined(CONFIG_ARCH_OMAP2) || defined(CONFIG_ARCH_OMAP3)
    case METHOD_GPIO_24XX:
            reg += OMAP24XX_GPIO_DATAIN;
            break;
#endif
#if defined(CONFIG_ARCH_OMAP4) || defined(CONFIG_ARCH_TI816X)
    case METHOD_GPIO_44XX:
            reg += OMAP4_GPIO_DATAIN;
            break;
#endif
    default:
            return -EINVAL;
    }
    return (__raw_readl(reg)
            & (1 << get_gpio_index(gpio))) != 0;
}
```

출력으로 사용될 경우 _get_gpio_dataout 함수를 호출합니다. 이 함수는 출력 값을 설정해 주는 레지스터를 읽어와 해당 레지스터에서 해당 GPIO 포트에 맞는 값을 읽어오게 됩니다.

▥ _gpio_get_dataout 함수

```
static int _get_gpio_dataout(struct gpio_bank *bank, int gpio)
{
    void __iomem *reg;

    if (check_gpio(gpio) < 0)
        return -EINVAL;
    reg = bank->base;

    switch (bank->method) {
```

```c
#ifdef CONFIG_ARCH_OMAP1
    case METHOD_MPUIO:
        reg += OMAP_MPUIO_OUTPUT / bank->stride;
        break;
#endif
#ifdef CONFIG_ARCH_OMAP15XX
    case METHOD_GPIO_1510:
        reg += OMAP1510_GPIO_DATA_OUTPUT;
        break;
#endif
#ifdef CONFIG_ARCH_OMAP16XX
    case METHOD_GPIO_1610:
        reg += OMAP1610_GPIO_DATAOUT;
        break;
#endif
#if defined(CONFIG_ARCH_OMAP730) || defined(CONFIG_ARCH_OMAP850)
    case METHOD_GPIO_7XX:
        reg += OMAP7XX_GPIO_DATA_OUTPUT;
        break;
#endif
#if defined(CONFIG_ARCH_OMAP2) || defined(CONFIG_ARCH_OMAP3)
    case METHOD_GPIO_24XX:
        reg += OMAP24XX_GPIO_DATAOUT;
        break;
#endif
#if defined(CONFIG_ARCH_OMAP4) || defined(CONFIG_ARCH_TI816X)
    case METHOD_GPIO_44XX:
        reg += OMAP4_GPIO_DATAOUT;
        break;
#endif
    default:
        return -EINVAL;
    }

    return (__raw_readl(reg) & (1 << get_gpio_index(gpio))) != 0;
}
```

출력으로 사용되는 GPIO의 새로운 출력 값을 지정해 주기 위해서는 gpio_set_
value 함수를 호출합니다. gpio_get_value 함수와 큰 차이는 없으며, get 대신 set
함수를 호출한다는 것과 따로 반환해 주는 값이 없는 것 정도가 다릅니다. 반환 값이
없으므로 정밀한 값을 요구하는 경우 정확히 값이 바뀌었는지 확인하는 작업을 추가
해 주는 것이 좋습니다.

‖‖ **gpio_set_value 함수**

```c
void gpio_set_value(unsigned gpio, int value)
{
    struct gpio_chip      *chip;

    chip = gpio_to_chip(gpio);
    WARN_ON(chip->can_sleep);
    chip->set(chip, gpio - chip->base, value);
}
```

여기에서는 set 함수를 이용하여 값을 변경시킵니다. set 함수는 gpio_set 함수로 열결되며, 앞서 보았던 _set_gpio_dataout 함수를 이용하여 출력 값을 변경합니다.

‖‖ **gpio_set 함수**

```c
static void gpio_set(struct gpio_chip *chip, unsigned offset,
int value)
{
    struct gpio_bank *bank;
    unsigned long flags;

    bank = container_of(chip, struct gpio_bank, chip);
    spin_lock_irqsave(&bank->lock, flags);
    _set_gpio_dataout(bank, offset, value);
    spin_unlock_irqrestore(&bank->lock, flags);
}
```

GPIO를 모두 사용한 이후에는 gpio_free를 호출하여 해당 포트를 사용 해제해 주어야 합니다. 해당 GPIO 포트가 유효한지 확인한 뒤, 현재 프로세스에 의해 사용되고 있는 지 확인합니다. 이후 request 단계에서 잡았던 lock을 해제해 줌으로써, 다른 프로세스가 해당 포트를 이용할 수 있도록 유도하게 됩니다.

‖‖ **GPIO free 함수**

```c
void gpio_free(unsigned gpio)
{
    unsigned long      flags;
    struct gpio_desc    *desc;
    struct gpio_chip    *chip;

    might_sleep();

    if (!gpio_is_valid(gpio)) {
        WARN_ON(extra_checks);
```

```c
        return;
    }

    gpio_unexport(gpio);

    spin_lock_irqsave(&gpio_lock, flags);

    desc = &gpio_desc[gpio];
    chip = desc->chip;
    if (chip && test_bit(FLAG_REQUESTED, &desc->flags)) {
        if (chip->free) {
            spin_unlock_irqrestore(&gpio_lock, flags);
            might_sleep_if(chip->can_sleep);
            chip->free(chip, gpio - chip->base);
            spin_lock_irqsave(&gpio_lock, flags);
        }
        desc_set_label(desc, NULL);
        module_put(desc->chip->owner);
        clear_bit(FLAG_ACTIVE_LOW, &desc->flags);
        clear_bit(FLAG_REQUESTED, &desc->flags);
    } else
        WARN_ON(extra_checks);

    spin_unlock_irqrestore(&gpio_lock, flags);
}
```

Section 03.

GPIO 제어 레지스터에 직접 접근하기

Section 2에서 보았던 GPIO 제어 방식은 이미 리눅스 상에 구현되어 있는 함수들을 이용하는 방법으로, 손쉽게 GPIO를 제어할 수 있는 방식입니다. 이번에는 한 발 더 나아가서, 디바이스 드라이버 단계에서 GPIO 제어 레지스터들에 직접 접근하여 GPIO를 제어하는 방법을 알아보겠습니다. 이 Section에서 설명되는 각 레지스터 이름이나 주소는 omap3725 칩 manual(AM/DM37x Multimedia Device Silicon, Revision 1.x, Version M, Technical Reference Manual)의 내용을 기준으로 합니다.

이 방법을 사용하면 함수 호출 시간을 절약할 수 있어 성능 향상에 도움이 됩니다. 하지만 주소 값과 해당 GPIO 포트의 위치가 정확한 지 반드시 확인할 필요가 있습니다.

만약 조금이라도 잘못될 경우, 원하는 동작을 하지 않을 뿐 아니라 연결 상태에 따라 비글보드의 고장을 초래할 수도 있습니다.

GPIO base address의 지정

GPIO 레지스터에 접근하기 위해서는 각 레지스터의 주소 값을 알아야 합니다. 비글보드 프로세서에는 총 191번까지의 서로 다른 GPIO 포트가 존재합니다. 다음 표에서 번호가 없는 GPIO 포트는 다른 용도로 사용되거나 프로그래머에게 허가되지 않은 포트를 의미합니다.

GPIO base address		
GPIO set	GPIO port number	Base address
GPIO1	0 to 31	0x48310000
GPIO2	34 to 63	0x49050000
GPIO3	64 to 95	0x49052000
GPIO4	96 to 127	0x49054000
GPIO5	128 to 159	0x49056000
GPIO6	160 to 191	0x49058000

프로세서 자체에는 많은 GPIO 포트가 존재하지만, 실제 비글보드에서 외부로 연결할 수 있도록 되어 있는 GPIO는 많지 않습니다. 앞서 보았듯이 사용 가능한 GPIO 포트 번호가 뒤쪽 번호에 분포되어 있으므로, 실제로는 GPIO5와 GPIO6 위주로 사용하게 될 것입니다.

GPIO 방향 지정 레지스터

GPIO 방향을 입력 혹은 출력으로 설정할 때에는 GPIO_OE 레지스터를 수정하면 됩니다.

31	30	29	28	27	26	25	24	23	22	21	20	19	18	17	16	15	14	13	12	11	10	9	8	7	6	5	4	3	2	1	0
OUTPUTEN																															

▲ GPIO_OE 레지스터

Address offset은 0x0034입니다. 즉, GPIO1에 대한 방향 설정은 0x48310034, GPIO2에 대한 설정은 0x49050034에서 설정하게 됩니다. 이 레지스터의 각 bit들은 각각의 GPIO 포트에 대한 입출력 방향을 설정하게 되는데, bit값이 0일 경우 출력으로, 1일 경우 입력으로 사용하게 됩니다. 초기값은 모두 1입니다.

만약 GPIO5의 139번 GPIO 포트를 입력 혹은 출력으로 변경하고자 한다면, 다음과 같이 작성하면 됩니다. 앞으로 설명할 다른 레지스터에 대해서도 같은 방법으로 값을 변경할 수 있습니다.

▥ **GPIO_OE 값 변경**

```
입력: *(volatile u32 __force *) (0x49056034) |= 1 << 11;
출력: *(volatile u32 __force *) (0x49056034) &= ~(1 << 11);
```

GPIO 입력 데이터 레지스터

GPIO에 입력되고 있는 값을 불러올 때에는 GPIO_DATAIN 레지스터의 값을 읽어옵니다.

31	30	29	28	27	26	25	24	23	22	21	20	19	18	17	16	15	14	13	12	11	10	9	8	7	6	5	4	3	2	1	0

DATAINPUT

▲ GPIO_DATAIN 레지스터

Address offset은 0x0038입니다. 각 bit는 각 GPIO 포트의 현재 입력 값을 의미합니다. 만약 GPIO5의 139번 GPIO 포트의 값을 읽어오고 싶다면 다음과 같이 작성하면 됩니다.

▥ **GPIO_DATAIN 읽어오기**

```
unsigned char input = (*(volatile u32 __force *) (0x49056038) &
                       (1 << 11)))>>11;
```

GPIO 출력 데이터 레지스터

GPIO를 통해 출력하고 싶은 값을 지정할 때에는 GPIO_DATAOUT 레지스터의 값을 변경합니다.

31	30	29	28	27	26	25	24	23	22	21	20	19	18	17	16	15	14	13	12	11	10	9	8	7	6	5	4	3	2	1	0

DATAOUTPUT

▲ GPIO_DATAOUT 레지스터

Address offset은 0x003C입니다. 각 bit에 설정한 대로 해당 GPIO 포트의 출력 값

이 변경되며, 초기 값은 모두 0입니다. 만약 GPIO5의 139번 GPIO 포트의 값을 0 또
는 1로 변경하고자 한다면 다음과 같이 작성하면 됩니다.

▥ GPIO_DATAOUT 출력 값 변경

```
0으로 변경: *(volatile u32 __force *) (0x4905603C) &= ~(1 << 11);
1으로 변경: *(volatile u32 __force *) (0x4905603C) |= 1 << 11;
```

Section 04.

안드로이드에서 GPIO 제어하기

이제 안드로이드에서 GPIO를 제어할 차례입니다. GPIO는 디바이스 드라이버를 통
하여 제어할 수 있으므로 안드로이드에서 GPIO를 이용하는 방법은 JNI를 통해 안드
로이드 애플리케이션에서 디바이스 드라이버를 사용하는 방식과 동일합니다. 따라서
작성된 디바이스 드라이버를 JNI를 통해 애플리케이션과 연결시킨다면 안드로이드
상에서도 GPIO를 제어할 수 있게 됩니다.

다음 그림은 안드로이드 애플리케이션으로부터 GPIO에 접근하는 과정을 나타낸 그
림입니다. 안드로이드 애플리케이션은 달빅(Dalvik) 가상 환경 위에서 동작하고 있습
니다. 이 애플리케이션에서 GPIO에 접근하고자 한다면 먼저 VM을 통해 하위 계층으
로 접근하여야 하는데, 이 작업을 하기 위한 통로로 JNI가 사용됩니다. JNI는 C 언어
로 작성되어 있는 하위 계층과 JAVA 언어로 작성되어 있는 상위 애플리케이션 계층
을 연결해 주는 역할을 하게 됩니다.

JNI를 통해 애플리케이션에서는 C 언어로 작성된 다양한 API나 라이브러리, 프로그
램에 접근하거나 제어할 수 있습니다. 여기서는 GPIO 제어가 목적이므로, 애플리케
이션에서는 GPIO 제어를 위한 디바이스 드라이버에 접근하여야 합니다. 이 드라이버
역시 C 언어로 작성되어 있기 때문에 JNI를 통해 쉽게 접근 가능합니다. 디바이스 드
라이버에 접근 성공하였다면 다른 C 언어 애플리케이션에서와 같이 디바이스 드라이
버내에 있는 각종 함수들을 호출하며 GPIO를 쉽게 제어할 수 있게 됩니다. 결과적으
로, JNI는 JAVA와 C 언어 간의 통역사 역할을 하는 것으로 이해하면 됩니다.

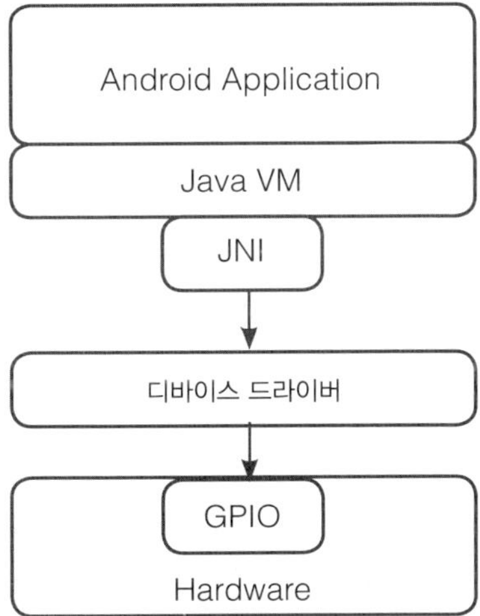

▲ 안드로이드 애플리케이션 및 GPIO

앞 chapter에서도 보았지만, 디바이스 드라이버에 접근하는 방식에는 JNI 뿐만 아니라 TCP/IP를 통한 접근, IPC를 통한 접근, 데이터베이스 형태의 접근 등 다양한 방식이 사용될 수 있습니다. 하지만 성능 면에서나 구현 난이도 면에서나 JNI를 사용하는 방식에 비해 많이 뒤처지기 때문에, JNI 방식의 사용을 추천합니다.

다음 코드는 GPIO 디바이스 드라이버의 구현 예입니다. 비글보드의 SD 카드 슬롯 옆쪽에 LED가 있는데, 이 LED를 켜고 끌 수 있는 디바이스 드라이버입니다. 앞에서 설명한 함수들을 이용하여 GPIO를 제어합니다.

디바이스 드라이버 예제 코드

```c
#include <linux/module.h>
#include <linux/gpio.h>
#include <linux/timer.h>
#include <linux/delay.h>
#include <linux/fs.h>
#include <asm/uaccess.h>
#include <linux/ctype.h>
#include <linux/device.h>

MODULE_LICENSE("Dual BSD/GPL");

#define GPIODRIVER_NAME          "gpio_driver"

static struct class *gpiodrive_class;

#define FIRST_GPIO_PIN 3
#define LAST_GPIO_PIN 24
```

```c
#define GPIO_TOTAL_COUNT (LAST_GPIO_PIN - FIRST_GPIO_PIN + 1)

int pin[GPIO_TOTAL_COUNT];

// mapping of gpio pin numbers with expansion pin numbers in
beagleboard

int pin_gpio[] =
{
      139, /* PIN 3 */
      144, /* PIN 4 */
      138, /* PIN 5 */
      146, /* PIN 6 */
      137, /* PIN 7 */
      143, /* PIN 8 */
      136, /* PIN 9 */
      145, /* PIN 10 */
      135, /* PIN 11 */
      158, /* PIN 12 */
      134, /* PIN 13 */
      162, /* PIN 14 */
      133, /* PIN 15 */
      161, /* PIN 16 */
      132, /* PIN 17 */
      159, /* PIN 18 */
      131, /* PIN 19 */
      156, /* PIN 20 */
      130, /* PIN 21 */
      157, /* PIN 22 */
      183, /* PIN 23 */
      168  /* PIN 24 */
};

int gpiodrive_open(struct inode *inode, struct file *filp);
int gpiodrive_release(struct inode *inode, struct file *filp);
ssize_t gpiodrive_read(struct file *filp, char *buf, size_t count,
loff_t *f_pos);
ssize_t gpiodrive_write(struct file *filp, const char *buf,
size_t count, loff_t *f_pos);

struct file_operations gpiodrive_funcs = {
    read: gpiodrive_read,
    write: gpiodrive_write,
    open: gpiodrive_open,
    release: gpiodrive_release
};
```

```c
int gpioDrvMajor = 0;

// Major number of driver-will be dynamically given from kernel

int id=0; // minor number
int gpioDrvOpen = 0; // is it opened?

// initialize driver
static int gpiodrive_init(void) {
   printk("<1>Initialize\n");
   //need registration of this module.
   gpioDrvMajor = register_chrdev(gpioDrvMajor, GPIODRIVER_NAME,
   &gpiodrive_funcs); // register character device driver
   if (gpioDrvMajor < 0) // if failed, error
   {
     printk("<1>Init ERROR: %i\n", gpioDrvMajor);
     return gpioDrvMajor;
   }
   printk("<1>major number=%i\n", gpioDrvMajor);

   gpiodrive_class = class_create(THIS_MODULE, GPIODRIVER_NAME);
    // create driver class
   device_create(gpiodrive_class, NULL, MKDEV(gpioDrvMajor, id),
    NULL, GPIODRIVER_NAME "%d", id); //device creation

gpioDrvOpen = 1; // now the driver is opened

   return 0;
}

int gpiodrive_open(struct inode *inode, struct file *filp) {
   printk("<1>Open\n");
   return 0;
}

#define LED_GPIO 149

ssize_t gpiodrive_read(struct file *filp, char *buf, size_t count,
loff_t *f_pos) {
   char buffer[1];
   printk("<1>Read\n");
   gpio_request(LED_GPIO, "gpioDrv");
   buffer[0]=gpio_get_value(LED_GPIO);
   copy_to_user(buf, buffer, 1);
   return 0;
}
```

```c
ssize_t gpiodrive_write(struct file *filp, const char *buf,
size_t count, loff_t *f_pos) {
   char buffer[2];

   copy_from_user(buffer, buf, 2);
   gpio_request(LED_GPIO, "gpioDrv");
   gpio_direction_output(LED_GPIO, buffer[0]);
   gpio_set_value(LED_GPIO, buffer[0]);

   return 0;
}

int gpiodrive_release(struct inode *inode, struct file *filp) {
   printk("<1>Release\n");
   return 0;
}

static void gpiodrive_exit(void) {
   gpioDrvOpen = 0;

   unregister_chrdev(gpioDrvMajor, GPIODRIVER_NAME);
   // unregister character device
   device_destroy(gpiodrive_class, MKDEV(gpioDrvMajor, id));
   // destory the device
   printk("<1>Exit\n");
}

module_init(gpiodrive_init);
module_exit(gpiodrive_exit);
```

이 드라이버를 컴파일하기 위해 다음과 같은 Makefile이 필요합니다. 여기서 KERNEL_SOURCE에는 리눅스 커널 소스 코드의 위치를, CURDIR에는 장치 드라이버 소스 코드의 위치를 지정해 주어야 합니다.

|||||| **디바이스 드라이버** Makefile

```makefile
#EXTRA_CFLAGS += -Who-declaration-fater-statement

MODULES = gpio_driver

KERNEL_SOURCE = /home/beagleboard/linuxkernel/
RobertCNelson-stable-kernel-919471d/KERNEL

ARCH = arm

CURDIR = /home/beagleboard/gpiodrv/
```

```
CROSS_COMPILE = arm-linux-gnueabi-
CFLAGS =
default: all

obj-m += $(MODULES:%=%.o)

BUILD = $(MODULES:%=%.ko)

all: $(BUILD)

clean:
rm -f $(BUILD) *.o *.ko *.mod.c *.mod.o *~ .*.cmd Module.symvers
rm -rf .tmp_versions

$(MODULES:%=%.ko):*c
$(MAKE) CROSS_COMPILE=$(CROSS_COMPILE) ARCH=$(ARCH) -C $
(KERNEL_SOURCE) SUBDIRS=$(CURDIR) M=$(CURDIR) modules
```

비글보드 상에서 해당 GPIO 드라이버 모듈을 탑재하기 위해 insmod를 사용합니다.

```
# insmod gpio_driver.ko
```

이후 다음 명령을 수행하며 LED의 변화를 살펴봅니다.

```
# echo "0" > /dev/gpio_driver0
# echo "1" > /dev/gpio_driver0
```

이번 Chapter에서는 비글보드의 GPIO를 제어하기 위한 장치 드라이버 개발에 대해 알아보았습니다. 애플리케이션 계층에서 GPIO에 제어하기 위해서는 장치 드라이버에 명령을 보내야 하고, 장치 드라이버에서는 비글보드 상에 있는 하드웨어 제어 레지스터의 값을 변경하거나 읽는 것을 통해 GPIO를 원하는 대로 동작시킬 수 있도록 도와주게 됩니다.

Chapter 07의 실습 내용을 바탕으로 인터럽트에 대한 실습을 수행한 후, 이번 Chapter의 실습 내용을 바탕으로 인터럽트를 활용하여 GPIO 포트에 1, 0으로 구성된 제어 신호를 출력하는 실습을 수행함으로써, 외부 장치의 제어신호로서 활용할 수 있을 것입니다. 이를 기반으로 제어 신호가 출력되는 포트를 로봇에 연결시킨다면 로봇을 제어할 수 있을 것이고, 간단한 센서를 부착시킨다면 센서노드도 만들어 볼 수 있을 것입니다.

chapter 09
비글보드 USB 제어하기

비글보드는 다양한 외부 디바이스들을 자유롭게 사용하기 위한 목적으로 USB 인터페이스(Universal Serial Bus Interface)를 장착하고 있습니다. 사용자들이 일반 컴퓨터의 USB 인터페이스를 다양한 목적(USB 스토리지, USB 카메라, USB 키보드 및 마우스 등)으로 사용하고 있듯이, 비글보드에서도 마찬가지의 목적으로 이 USB 인터페이스를 활용할 수 있습니다. 이번 Chapter에서는 USB 디바이스의 동작 원리에 대해 알아보고, 디바이스의 활용을 위한 시스템 소프트웨어 구성에 대해서도 알아보도록 할 것입니다.

Section 01.

USB 동작의 이해

USB 인터페이스의 등장 이전에는 장치들과 컴퓨터의 통신을 위하여 다양한 방법의 통신 규격들이 사용되어 왔습니다. 장치별로 각각 달랐던 규격들은 사용자와 제조사 모두에게 불편함을 야기하였고, 이를 해소하기 위하여 메이저 업체의 참여 하에 1996년에 USB 인터페이스가 표준 인터페이스로 제정되었습니다.

USB 인터페이스의 특징

USB 인터페이스는 크게 다음과 같은 특징이 있습니다.

- 표준화
- 플러그 앤 플레이
- 확장성
- 전원 제공

USB 인터페이스는 표준화라는 가장 큰 장점 외에도 몇 가지 특징을 지니고 있습니다. 첫 번째는 플러그 앤 플레이(Plug & Play)라고 불리는 기능입니다. USB를 통해 기기를 호스트 컴퓨터에 연결하게 되면, 그 즉시 호스트 컴퓨터가 장치를 감지하고 사용자가 바로 사용이 가능하도록 환경을 마련해주는 기능입니다. 장치 연결 이후에 호스트 컴퓨터의 운영체제가 사용에 필요한 환경을 구성하도록 지원하고 있기 때문에, 다른 규격과는 달리 장치가 부팅 이전부터 호스트 컴퓨터에 연결되어 있지 않아도 사용이 가능합니다. 두 번째 특징으로는 한 개의 USB 컨트롤러 칩 당 127개의 USB 포트까지 지원 가능한 확장성을 들 수 있습니다. 수많은 장치들이 USB 인터페이스를 통해 하나의 USB 컨트롤러에 연결되더라도, 문제없이 동작할 수 있습니다. 세 번째는 포트 자체가 전원(5V, 500mA)을 제공한다는 점입니다.

장치가 제공되는 전력 이상을 소모하지 않는 이상, 별도의 배터리 및 외부 전원 없이 장치의 동작이 가능합니다. 예를 들어, 스마트폰을 USB 포트에 연결해두는 것만으로 도 충전이 되는데 이는 USB 인터페이스의 전원 제공 기능이 있기 때문에 가능한 것입 니다.

이러한 특징들을 지니고 있는 USB 인터페이스는 대용량 스토리지 디바이스(USB Mass Storage)와 입출력 디바이스(HIDs : Human Interface Devices)로 활용되 고 있습니다.

USB 인터페이스의 데이터 통신 방식

USB 인터페이스(USB 2.0 기준)의 최대 전송 속도는 480Mbit/s 입니다. 이 대역폭 은 하나의 USB 컨트롤러 기준이며, 칩에 연결된 모든 디바이스들이 공유하게 됩니다. 데이터 전송뿐만 아니라 통신 프로토콜을 위한 데이터 송수신도 포함되어 있는 대역 폭 값이기 때문에, 실제 데이터 전송 속도는 이보다 10~15% 정도 감소된 값으로 알려 져 있습니다.

USB 인터페이스에서 통신이란 호스트와 디바이스간의 데이터 주고받음이라고 정의 할 수 있습니다. 이 통신에서, 명령을 내릴 수 있는 권한은 호스트에게 있습니다. 디바 이스는 이 명령을 받아서 알맞은 Response(ACK 패킷 회신 혹은 요청된 데이터 전 달)를 호스트에 회신하게 됩니다.

통신을 할 때 데이터는 '패킷(Packet)'의 형태로 전달되는데, 각 패킷은 8bit 단위로 구분되어 있습니다. 장치가 '00000001'이라는 비트 시퀀스(sync pattern)를 수신하 였을 때, 이를 새로운 패킷의 시작으로 인지하게 됩니다. 패킷의 종료 시에도 특수한 종료 패턴(0과 1 정보의 혼합이 아닌, SE0로 불리는 특수한 버스 state 이용)을 활용 하여 디바이스에게 패킷 전송이 종료되었음을 알리게 됩니다.

패킷의 시작을 인지한 이후, 바로 다음에 전송되는 바이트(PID : Packet Identifier) 는 패킷의 역할을 의미합니다. USB 인터페이스는 호스트와 장치간의 통신 프로토콜 교환과 데이터 전송을 위하여 패킷을 송수신합니다. 그렇기 때문에, 각각의 패킷은 다 양한 종류의 역할을 담당하고 있습니다. PID 바이트의 앞 4bit가 실제 패킷의 타입 을 일컫는 부분이고, 뒤의 4bit는 앞의 4bit의 bitwise 보수입니다(0→1, 1→0으로 치환). 혹시 발생할지 모르는 패킷의 에러로 인한 오동작을 막기 위하여 이와 같은 구조를 취합니다. 각 패킷의 역할을 다음의 표와 같이 정리해볼 수 있습니다.

패킷 타입	PID (MSB first)	전송된 바이트 (LSB first)	패킷 명칭	설명
Reserved	0000	0000 1111		
Token	1000	0001 1110	SPLIT	분리된 트랜잭션
	0100	0010 1101	PING	종료점 체크를 위한 필드
Special	1100	0011 1100	PRE	저속도 USB 통신을 위한 헤더
Handshake			ERR	분리된 트랜잭션 에러
	0010	0100 1011	ACK	데이터 수신 확인
	1010	0101 1010	NAK	재전송 데이터 확인
	0110	0110 1001	NYET	전송 준비가 되지 않은 상태
	1110	0111 1000	STALL	데이터 전송 불가
Token	0001	1000 0111	OUT	호스트에서 장치로의 데이터 전송을 위한 주소
	1001	1001 0110	IN	장치에서 호스트로의 전송을 위한 주소
	0101	1010 0101	SOF	프레임 시작 표기
	1101	1011 0100	SETUP	호스트에서 디바이스 제어 전송을 위한 주소
Data	0011	1100 0011	DATA0	짝수 패킷
	1011	1101 0010	DATA1	홀수 패킷
	0111	1110 0001	DATA2	동시 전송 패킷(입력)
	1111	1111 0000	MDATA	동시 전송 패킷(출력)

▲ USB 패킷 형식 및 각 필드의 역할

이 가운데 주로 사용되는 패킷들을 추려보면 다음과 같습니다.

① **Handshake 패킷**

이 패킷 타입은 하나의 PID byte만으로 이루어져 있고(뒤따르는 Data 패킷 등이 없음), Data 패킷의 전송에 따른 응답 패킷으로 주로 사용됩니다. 전송의 성공 혹은 실패 등의 상태에 따라 ACK, NAK, STALL 등으로 패킷의 종류가 달라집니다.

② **Token 패킷**

이 패킷 타입은 PID byte와 2 Bytes의 추가 데이터로 구성되어 있습니다. 추가 2 Bytes 중 11 bits는 주소값이고, 나머지 5 bits는 주소값의 검증을 위한 CRC2(CRC, 즉 Cyclic redundancy check는 대표적인 에러 검출 코딩 방법을 의미) 값입니다. 이 패킷들은 USB 호스트에서 디바이스로만 전달되며, 그 반대의 경우는 발생하지 않는 유형입니다. USB 호스트는 데이터 패킷들을 주고받기에 앞서 이 패킷들을 전달하여 데이터의 송신 혹은 수신을 요청하게 됩니다(IN : Device-to-Host, OUT : Host-to-Device 데이터 전송).

③ Data 패킷

이 패킷 타입은 PID byte와 최대 1024 bytes의 추가 데이터와 16 bits의 CRC 데이터로 구성되어 있습니다. CRC(Cyclic redundancy check, 순환 중복 검사)는 대표적인 에러 검출 방법입니다. Data 패킷의 송수신 전에는 항상 IN 혹은 OUT Token 패킷을 호스트가 디바이스로 전송해야 합니다.

USB 인터페이스를 위한 디바이스 및 호스트의 구성

이 책에서는 비글보드를 다루고 있으므로, 비글보드를 호스트로 간주하도록 합니다. 비글보드(beagleboard-xm rev.c)에서 사용하고 있는 OMAP 프로세서는 USB 제어를 위하여 내부에 USB 컨트롤러를 지니고 있습니다. 비글보드는 이 컨트롤러를 이용하여, USB 디바이스들을 사용하게 됩니다. 컴퓨터의 메인보드 혹은 임베디드 보드의 회로를 통해 USB 디바이스 포트들과 이 컨트롤러간의 연결이 맺어지게 됩니다.

이렇게 물리적으로 연결된 USB 관련 부분들은 결과적으로 호스트에 존재하는 클라이언트 소프트웨어를 USB 디바이스에 존재하는 내부 동작 기능과 연결해주게 됩니다. 구체적으로 다음과 같은 과정을 거치게 됩니다.

① 클라이언트 소프트웨어로부터의 데이터 입출력 요청

② 시스템 소프트웨어(운영체제 내의 USB 디바이스 드라이버)

③ USB 호스트 컨트롤러

④ USB 버스

⑤ USB 디바이스 접속부

⑥ USB 디바이스 내부 시스템 소프트웨어(혹은 하드웨어)에서의 요청 처리

한편, USB는 많은 수의 포트를 생성할 수 있도록 하는 확장성을 제공하고 있습니다. 하나의 USB 컨트롤러 칩은 하나의 루트 허브를 지니고 있고, 모든 디바이스들은 직접적으로 또는 다단계의 허브들을 통해 이 루트 허브에 연결되어 호스트와 통신을 하게 됩니다.

USB 인터페이스는 특정 클라이언트 소프트웨어가 특정한 USB 디바이스에 연결이 되어 다른 USB 디바이스를 신경쓸 필요가 없도록 독립된 통신 환경을 제공합니다. 이

를 위해서, 호스트 컨트롤러에서는 각 통신 패킷이 어떤 디바이스와 관련이 있는 것인지에 대한 정보를 알 필요가 있습니다. 각각의 디바이스들(허브 포함)은 USB 컨트롤러로가 식별할 수 있도록 고유 어드레스를 갖습니다. 총 127개의 포트로 확장이 가능하도록 USB 인터페이스 규격이 선언되어 있기 때문에, 이를 모두 어드레싱 할 수 있는 7bit의 고유 어드레스가 각 디바이스에 할당됩니다.

각 디바이스는 Endpoint라고 불리는 통신 접점을 지닙니다. 디바이스의 종류에 따라 다수의 Endpoint를 포함할 수 있습니다. 각각의 Endpoint와 1:1로 대응되는 Endpoint가 호스트에 생성이 되고, 대응된 Endpoint간에는 Pipe라고 불리는 통신 선로가 설정됩니다. 클라이언트 소프트웨어와 USB 디바이스와의 통신은 이 Pipe들을 통해서 가능합니다.

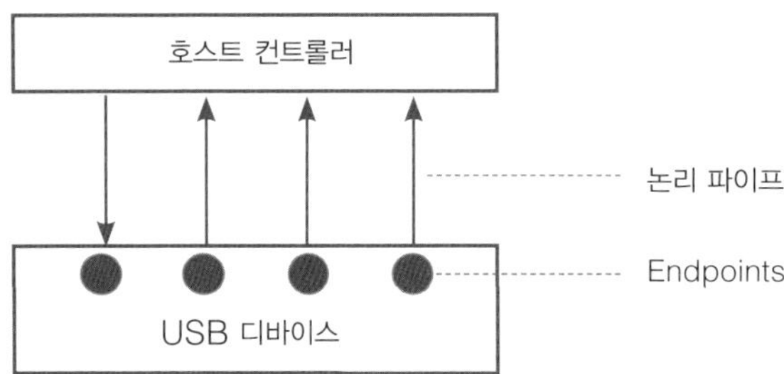

▲ Pipe를 통한 USB 통신

호스트 컨트롤러와의 통신은 항상 이 Endpoint의 단위로 실행되게 되며, 각 Endpoint와 호스트 컨트롤러와의 통신은 논리 파이프(Logical Pipe)가 담당합니다. 하나의 USB 포트에 총 15개 가량의 파이프를 생성할 수 있습니다.

한편, USB 디바이스는 이 논리 파이프를 통해 호스트와의 데이터 통신을 진행하게 되는데, 디바이스의 종류 및 특성에 따라 몇 가지의 통신 방법으로 나뉩니다.

Stream 파이프
- Isochronous Transfers : 속도를 보장하되, Data Loss를 허용하는 모드
- Interrupt Transfers : 빠른 지연시간(Latency)를 보장하는 모드
- Bulk Transfers : 파일과 같은 큰 데이터의 전송을 위한 모드

Message 파이프
- Control Transfers : 디바이스와 호스트 간의 간단한 명령 혹은 리포팅

Stream 파이프는 단방향 데이터 전송 파이프이고, Message 파이프는 양방향 통

신 파이프입니다. 호스트가 Message 파이프를 통해 데이터 통신을 하고자 하는 Endpoint에 명령을 전달합니다. 각 Endpoint는 고유 ID를 가지고 있으므로, 호스트가 선택적으로 접근이 가능합니다. 명령을 전달받은 Endpoint은 명령 내에 포함된 통신의 방향(수신 혹은 발신)에 따라 Stream 파이프를 통해 호스트와의 데이터 통신을 진행하게 됩니다.

Section 02.

USB 동작을 위한 소프트웨어 구성

실제 리눅스 운영체제에 적용되어 있는 USB 시스템 소프트웨어를 부분적으로 분석하면 앞에서 이론적으로 살펴보았던 USB 디바이스의 동작 방식을 좀 더 깊게 이해할 수 있을 것입니다. 분석과 더불어, 간단한 USB 디바이스를 구현해봄으로써 어떤 과정들이 필요한지 알아보도록 하겠습니다.

USB 시스템 소프트웨어 Overview

리눅스 운영체제는 어떤 장치의 임베디드 소프트웨어로 사용될 수도 있고, 더 보편적으로는 장치의 호스트가 되는 컴퓨터의 운영체제로 사용될 수 있습니다. 즉, 리눅스 운영체제 자체가 디바이스 쪽에 존재하는 경우와 호스트로 동작하는 경우에 대해 모두 지원을 한다는 의미로 볼 수 있습니다. USB 인터페이스에 있어서도, 리눅스 내에는 USB 호스트(호스트 모드)라고 불리는 파트와 USB 가젯(디바이스 모드)이라고 불리는 파트가 존재합니다.

비글보드는 호스트로 동작을 할 것이기 때문에, 이 chapter에서는 USB 호스트를 분석해보도록 하겠습니다. 다음 그림은 USB 호스트 시스템 소프트웨어의 내부 구조도입니다.

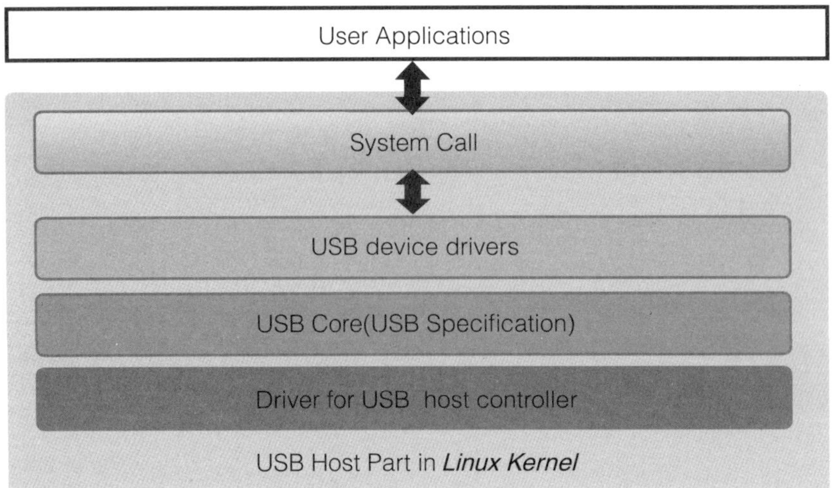

▲ USB 동작을 위한 애플리케이션 – 하드웨어 내부 구조도

이 내부 구조도에서는 앞에서 설명한 바 있는 USB 통신의 과정 가운데 운영체제에 존재하는 '시스템 소프트웨어' 부분을 좀더 세분화하여 나타낸 것입니다. 이 시스템 소프트웨어 부분은 실제 사용자 애플리케이션으로부터 USB 디바이스 사용 요청을 받아 이를 하드웨어로 연결해주는 매우 중요한 부분이라고 볼 수 있습니다. 사용자 애플리케이션과 시스템 소프트웨어간의 요청 전달은 운영체제의 시스템 콜 인터페이스에 의해 진행되고, 실제 USB 디바이스를 위한 시스템 소프트웨어 내부는 다음의 세 단계로 나누어질 수 있습니다.

① USB Core

USB 버스의 통신 Specification이 구현된 부분입니다. USB 통신 Specification들(패킷 타입, 패킷 시작 및 종료 신호 정의 등) 이 내부에 구현되어 있습니다. 종류에 상관없이 모든 USB 디바이스 드라이버들이 공통적으로 이 USB Core를 사용하게 됩니다. 디바이스의 종류 및 호스트의 구조 등에 영향을 받지 않는 부분입니다.

② Driver for USB Host Controller

컴퓨터 및 비글보드가 내부에 지니고 있는 USB 호스트 컨트롤러를 위한 드라이버입니다. 호스트 컨트롤러의 종류에 종속적으로 구현됩니다. 디바이스 종류에 의해서는 영향을 받지 않는 부분입니다.

③ USB 디바이스 드라이버

실제 USB 디바이스를 컨트롤함에 있어서 가장 중요한 부분입니다. 앞서 언급된 USB Core 및 USB 호스트 드라이버의 인터페이스를 활용하여 USB 디바이스를 컨트롤하는 시스템 소프트웨어입니다. 사용자가 직접적으로 사용하게 되는 User Application에게 USB 디바이스를 컨트롤할 수 있도록 인터페이스를 제공해주는 역할도 맡게 됩니다.

간단한 USB 디바이스 드라이버의 작성

앞서 언급된 USB 디바이스의 기본 정보들에 기초하여, 간단한 형태의 USB 디바이스를 위한 드라이버를 작성해 보도록 하겠습니다. 실제 코드를 살펴보기에 앞서, 이 USB 디바이스 드라이버가 갖추어야 할 기능들을 나열해보면 다음과 같습니다.

- 핫플러그(플러그 앤 플레이) 이벤트 지원(초기화 및 종료 과정)
- 사용자 애플리케이션에게 제공될 인터페이스
- 인터페이스에 맞게 설계된 하드웨어로의 접근부

이해를 돕기 위하여, 각각의 기능들을 실제 디바이스 드라이버 코드를 작성하면서 함께 소개할 것입니다. 먼저 Dummy USB 디바이스 드라이버(인터페이스만 갖추고 아무 것도 하지 않는 디바이스 드라이버)를 통해 기본적인 USB 디바이스 드라이버의 구성을 이해한 후, 실제 작동 가능한 디바이스와 연동시켜 동작시킬 수 있도록 코드를 수정해볼 것입니다.

■ USB 디바이스 드라이버의 기본적인 초기화 과정

USB 디바이스 드라이버는 핫플러그를 지원하기 위한 추가 과정을 가지고 있습니다. 어떤 디바이스의 핫플러그 시에 알맞은 디바이스 드라이버를 찾을 수 있도록, 각 디바이스 드라이버가 지원 가능한 디바이스들의 정보를 커널이 알 수 있는 위치에 등록합니다. 이 과정을 위해 다음과 같은 매크로가 디바이스 드라이버 내부에 존재합니다.

▌ USB 디바이스 드라이버에 포함된 매크로

```c
/* 예시 */
static const struct usb_device_id id_table[] = {
  { USB_DEVICE(0x0fc5, 0x1223),
      .driver_info = DELCOM_VISUAL_SIGNAL_INDICATOR },
  { USB_DEVICE(0x1d34, 0x0004),
      .driver_info = DREAM_CHEEKY_WEBMAIL_NOTIFIER },
  { }, //end of entry
};

MODULE_DEVICE_TABLE (usb, id_table);
```

위의 코드는 디바이스 드라이버가 관장할 디바이스들의 고유 ID에 대해 기술하고 있는 구조체(struct usb_device_id)를 만들고, 이를 MODULE_DEVICE_TABLE이라는 매크로를 통해 커널에 등록하는 과정을 보여주고 있습니다.

이 과정은 커널의 런타임이나 부팅 타임이 아닌, 디바이스 드라이버 모듈의 빌드 중에 이루어집니다. 리눅스의 커널 빌드는 마지막 단계에 depmod라는 유틸리티를 통해서 특정 디바이스 드라이버와 실제 디바이스를 연결해주기 위한 정보를 수집합니다. 전체 커널 소스에서 MODULE_DEVICE_TABLE 매크로를 사용한 디바이스 드라이버들을 찾고, 찾은 디바이스 드라이버들과 연결되는 디바이스 정보들을 구조체(struct usb_device_id)로부터 읽어서 이를 특정 파일(modules.usbmap)에 저장해둡니다. 이 과정을 위해 앞의 코드가 사용되게 됩니다.

핫플러그 시스템은 어떤 USB 디바이스가 인식이 되었을 때 이렇게 만들어진 디바이스와 드라이버간의 매핑 정보를 참조하여 디바이스의 고유 ID와 매칭되는 디바이스 드라이버를 찾아 로딩하고 초기화 과정을 실행하게 됩니다.

핫플러그 시스템이 디바이스에 맞는 디바이스 드라이버를 찾아 로딩하게 되면, 그 디바이스 드라이버의 초기화 함수가 호출됩니다. 초기화 과정에는 일반 문자 디바이스 드라이버 및 블록 디바이스 드라이버와 유사한 과정의 초기화가 진행됩니다. 다음은 dummy USB 디바이스 드라이버의 초기화 함수 코드입니다.

▥ USB 디바이스 드라이버의 초기화 함수

```c
/* 예시 */
static struct usb_driver dummy_driver = {
  .name =    "usbdummy",
  .probe =   dummy_probe,
  .disconnect =  dummy_disconnect,
  .id_table = id_table,
};

static int __init usb_dummy_init(void)
{
  int retval = 0;

  retval = usb_register(&dummy_driver);
  if (retval)
    err("usb_register failed. Error number %d", retval);
  return retval;
}
```

일반 문자 디바이스 드라이버의 경우, 초기화 도중에 open, read, write, close 등의 함수 포인터에 대응되는 내부 함수가 선언되어 있는 파일 오퍼레이션 구조체를 등록하였던 것을 기억할 것입니다. USB 디바이스 드라이버는 추가적으로 probe와 disconnect라는 함수 포인터에 디바이스 드라이버 내부 함수를 등록하게 됩니다. 디바이스 드라이버의 초기화 종료 이후에는, USB Core 파트에서 인식된 디바이스에 대한 컨트롤을 이 디바이스 드라이버에서 할 것인지 체크하게 됩니다.

이 과정 중에 앞서 등록한 probe라는 함수 포인터에 대응되어 있는 디바이스 드라이버 내부 함수를 불러서, 디바이스를 컨트롤하기 위한 설정들을 진행하게 됩니다. disconnect는 반대로 디바이스를 더 이상 사용하지 않을 때(혹은 디바이스가 언플러그 되었을 때) 호출되는 함수입니다. 다음 코드에서 이들 내부 함수들을 간략히 소개하고 있습니다.

‖‖‖ **USB 디바이스 드라이버의 probe & disconnect 함수**

```c
static int dummy_probe(struct usb_interface *interface,
const struct usb_device_id *id)
{
  struct usb_device *udev = interface_to_usbdev(interface);
  struct usbtest_dev *dev;
  int retval = -ENOMEM;

  dev->intf = interface;
  dev->type = id->driver_info;

  usb_set_intfdata(interface, dev);

  return 0;
}

static void dummy_disconnect(struct usb_interface *intf)
{
  struct usbtest_dev *dev = usb_get_intfdata(intf);

  usb_set_intfdata(intf, NULL);
  dev_dbg(&intf->dev, "disconnect\n");
  kfree(dev);
}
```

Dummy USB 디바이스는 실제로 하드웨어와는 통신하지 않기 때문에, USB Core에서 제공하는 USB 디바이스의 Interface 라는 구조체를 디바이스 드라이버의 구조체와 연결해주는 역할만 합니다(usb_set_intfdata). 최종적으로 probe 함수가 리턴될 때, 0이 리턴되면 USB Core는 USB 디바이스가 디바이스 드라이버에 의해 인식이 되었다고 판단합니다.

USB 디바이스 드라이버의 데이터 송수신

이제 실제 USB 디바이스와 호스트간의 데이터 송수신 과정이 남아있습니다. 이 데이터는 USB 디바이스 종류에 따라 단순히 키보드, 마우스 등을 위한 간단한 정보일수도 있고, USB 대용량 스토리지를 위한 데이터일 수도 있습니다. Dummy 디바이스의 경우 실제 USB 디바이스와 상호작용을 하지 않았었는데, 여기서는 실제로 USB 마우스를 컨트롤하는 디바이스 드라이버를 작성해 봄으로써, USB 데이터 송수신에 대해 이해해 볼 것입니다. 이 디바이스 드라이버는 테스트하고자 하는 USB 마우스 (Microsoft 사의 USB 마우스)만을 컨트롤할 수 있도록 작성될 것입니다.

먼저, 만들고자 하는 디바이스 드라이버가 USB 마우스에 대한 컨트롤을 얻을 수 있도록 하기 위하여, 디바이스 드라이버에 컨트롤하고자 하는 USB 마우스의 고유 ID를 기록하여야 합니다. 새로 작성한 디바이스 드라이버가 없는 상태에서 USB 마우스를 핫플러그 하였을 때, lsusb 라는 리눅스 명령어를 통해 USB 마우스의 고유 ID를 얻을 수 있습니다.

▥▥ lsusb를 통한 USB 마우스 고유 ID 추출

```
root@ubuntu:~# lsusb
...
Bus 005 Device 012: ID 045e:0083 Microsoft Corp. Basic Optical Mouse
root@ubuntu:~#
```

Dummy USB 디바이스 드라이버 작성 시에 설명하였던 초기화 부분을 USB 마우스에 맞도록 변경하도록 합니다. 담당할 USB 디바이스의 고유 ID를 특정한다는 것 이외에 큰 차이점은 없습니다.

▥▥ USB 마우스를 위한 초기화 과정

```
static const struct usb_device_id id_table[] = {
  { USB_DEVICE(0x045e, 0x0083),
      .driver_info = 1},
  { }, //end of entry
};


MODULE_DEVICE_TABLE (usb, id_table);


static struct usb_driver usbm_driver = {
  .name =    "usbm",
  .probe =   usbm_probe,
  .disconnect =  usbm_disconnect,
  .id_table = id_table,
};
```

```c
static int __init usbm_init(void)
{
  int retval = 0;

  retval = usb_register(&usbm_driver);
  if (retval)
    err("usb_register failed. Error number %d", retval);
  return retval;
}
```

다음은 probe 및 disconnect 함수를 정의하도록 합니다. Dummy USB 디바이스 드라이버의 경우 크게 할 일이 없었으나, 실제 하드웨어와의 상호작용을 할 경우에는 probe 함수에서 통신 endpoint 및 pipe 설정과 같은 기초적인 설정들이 이루어져야 합니다. 다음 코드를 보며 자세히 살펴보도록 하겠습니다.

USB 마우스를 위한 Probe 및 Disconnect 함수

```c
/* 리눅스 커널의 drivers/hid/usbhid/usbmouse.c 코드를 참조함 */
/* 에러 처리 루틴은 지면 제약상 코드에서 제외되었음. */

static void usbm_probe(struct usb_interface *intf,
const struct usb_device_id *id)
{
  struct usb_device *dev = interface_to_usbdev(intf);
  struct usb_host_interface *interface;
  struct usb_endpoint_descriptor *endpoint;
  struct usb_mouse *mouse;
  struct input_dev *input_dev;
  int pipe, maxp;
  int error = -ENOMEM;

  interface = intf->cur_altsetting;

  //USB 디바이스와의 통신을 위한 Endpoint 확보
  endpoint = &interface->endpoint[0].desc;

  // IN (Device to Host) 방향의 인터럽트 pipe 설정
  pipe = usb_rcvintpipe(dev, endpoint->bEndpointAddress);
  maxp = usb_maxpacket(dev, pipe, usb_pipeout(pipe));

  //USB 마우스 구조체 선언 및 세부 설정.
  //USB 마우스는 Interface 로부터 인풋 정보를 얻어옴.
  mouse = kzalloc(sizeof(struct usb_mouse), GFP_KERNEL);

  //입력 디바이스 설정. USB 마우스의 정보를 운영체제에 알리기 위한 구조체.
```

```c
input_dev = input_allocate_device();

//DMA 버퍼 할당
mouse->data = usb_alloc_coherent(dev, 8, GFP_ATOMIC,
 &mouse->data_dma);

//통신에 사용할 URB 생성.
mouse->irq = usb_alloc_urb(0, GFP_KERNEL);

//생성한 구조체들 간의 연결.
mouse->usbdev = dev;
mouse->dev = input_dev;

//USB 마우스의 이름 설정 (vendor product)
if (dev->manufacturer)
  strlcpy(mouse->name, dev->manufacturer,
    sizeof(mouse->name));

if (dev->product) {
  if (dev->manufacturer)
    strlcat(mouse->name, " ", sizeof(mouse->name));
  strlcat(mouse->name, dev->product, sizeof(mouse->name));
}

//USB 마우스의 물리적 경로 설정
usb_make_path(dev, mouse->phys, sizeof(mouse->phys));
strlcat(mouse->phys, "/input0", sizeof(mouse->phys));

//입력 디바이스 설정. keybit -> 마우스 좌우 버튼. relbit -> 이동 및 휠.
// evbit -> 입력 디바이스의 이벤트 타입 (key, relative axex (movement))
input_dev->name = mouse->name;
input_dev->phys = mouse->phys;
usb_to_input_id(dev, &input_dev->id);
input_dev->dev.parent = &intf->dev;
input_dev->evbit[0] = BIT_MASK(EV_KEY) | BIT_MASK(EV_REL);
input_dev->keybit[BIT_WORD(BTN_MOUSE)] = BIT_MASK(BTN_LEFT) |
  BIT_MASK(BTN_RIGHT) | BIT_MASK(BTN_MIDDLE);
input_dev->relbit[0] = BIT_MASK(REL_X) | BIT_MASK(REL_Y);
input_dev->keybit[BIT_WORD(BTN_MOUSE)] |= BIT_MASK(BTN_SIDE) |
  BIT_MASK(BTN_EXTRA);
input_dev->relbit[0] |= BIT_MASK(REL_WHEEL);

//입력 디바이스와 USB 마우스 구조체간의 연결.
input_set_drvdata(input_dev, mouse);

//입력 디바이스의 디바이스 파일 오퍼레이션(open, close)에 대응되는 함수 설정.
```

```
    input_dev->open = usbm_open;
    input_dev->close = usbm_close;

    //인터럽트 stream을 위한 인터럽트 URB 초기화.
    // 파라미터 설명 : 초기화할 URB, 관련 USB 디바이스, 통신 Pipe, DMA 버퍼 주소,
    // 버퍼크기, Completion 함수, URB의 소유자, URB 인터벌
    usb_fill_int_urb(mouse->irq, dev, pipe, mouse->data,
        (maxp > 8 ? 8 : maxp),
        usbm_irq, mouse, endpoint->bInterval);

    //DMA 추가 설정.
    mouse->irq->transfer_dma = mouse->data_dma;
    mouse->irq->transfer_flags |= URB_NO_TRANSFER_DMA_MAP;

    //입력 장치의 등록.
    error = input_register_device(mouse->dev);

    //USB 디바이스가 제공하는 인터페이스와 USB 마우스 구조체를 연결.
    usb_set_intfdata(intf, mouse);
    return 0;
}

static void usbm_disconnect(struct usb_interface *intf)
{
    struct usb_mouse *mouse = usb_get_intfdata (intf);

    usb_set_intfdata(intf, NULL); //usb 인터페이스와 디바이스의 분리

    if (mouse) { //이 디바이스 드라이버의 동작을 위해 할당되었던 메모리들을 해제
        usb_kill_urb(mouse->irq);
        input_unregister_device(mouse->dev);
        usb_free_urb(mouse->irq);
        usb_free_coherent(interface_to_usbdev(intf), 8, mouse->data,
            mouse->data_dma);
        kfree(mouse);
    }
}
```

Probe 함수 내부에서는 크게 네 개의 구조체가 있습니다.

- struct usb_device

- struct usb_interface

- struct usb_mouse

- struct input_dev

usb_interface 및 usb_device 구조체는 디바이스 드라이버와 USB 디바이스 사이의 통신을 담당합니다. usb_interface 구조체는 연결된 USB 디바이스의 Endpoint 위치와 통신을 위한 Pipe의 정보를 디바이스 드라이버에게 알려주고 usb_device 구조체는 USB Core 및 이하 subsystem을 통해 실제 통신을 진행합니다. usb_mouse 구조체는 URB로 불리는 USB 통신을 위한 블록을 생성하고, 이를 usb_device가 통신을 위해 사용하도록 만듭니다. 이때 URB 내에 USB 디바이스로부터 얻어올 데이터를 저장할 장소를 지정하게 되는데, usb_mouse 구조체 내의 메모리 영역을 지정해주어서 usb_mouse 구조체가 입력값을 받을 수 있도록 합니다. usb_mouse 구조체가 입력값을 받으면 입력값을 input_dev 구조체에 전달합니다. 운영체제는 이 값을 받아 실제 사용자가 볼 수 있는 화면에서 커서 및 버튼 클릭 등으로 표현하게 됩니다.

실제 통신 과정을 좀더 자세히 살펴보겠습니다. USB 통신에서는 항상 호스트가 요청을 먼저 보내야만 통신이 가능합니다. 이를 위해서 USB 마우스 디바이스 드라이버는 Polling 방식을 사용합니다. 한번 마우스 사용이 시작이 되는 순간(디바이스 파일의 Open), Polling이 시작되고 사용이 중지될 때까지(디바이스 파일의 Close) Polling을 하게 됩니다. 다음 코드에는 USB 마우스의 Open 함수와 URB 통신의 Completion 함수인 irq 함수가 기술되어 있습니다.

▥ USB 마우스를 위한 Open 및 Irq 함수

```c
/* 리눅스 커널의 drivers/hid/usbhid/usbmouse.c 코드를 참조함 */
/* 에러 처리 루틴은 지면 제약상 코드에서 제외되었음. */

static int usb_mouse_open(struct input_dev *dev)
{
  struct usb_mouse *mouse = input_get_drvdata(dev);

  mouse->irq->dev = mouse->usbdev;
  if (usb_submit_urb(mouse->irq, GFP_KERNEL))
    return -EIO;

  return 0;
}

static void usb_mouse_irq(struct urb *urb)
{
  struct usb_mouse *mouse = urb->context;
  signed char *data = mouse->data;
  struct input_dev *dev = mouse->dev;
```

```c
    int status;

    switch (urb->status) {
    case 0:        /* success */
      break;
    case -ECONNRESET:  /* unlink */
    case -ENOENT:
    case -ESHUTDOWN:
      return;
    /* -EPIPE:  should clear the halt */
    default:       /* error */
      goto resubmit;
    }

    input_report_key(dev, BTN_LEFT,   data[0] & 0x01);
    input_report_key(dev, BTN_RIGHT,  data[0] & 0x02);
    input_report_key(dev, BTN_MIDDLE, data[0] & 0x04);
    input_report_key(dev, BTN_SIDE,   data[0] & 0x08);
    input_report_key(dev, BTN_EXTRA,  data[0] & 0x10);

    input_report_rel(dev, REL_X,    data[1]);
    input_report_rel(dev, REL_Y,    data[2]);
    input_report_rel(dev, REL_WHEEL, data[3]);

    input_sync(dev);
     resubmit:
    status = usb_submit_urb (urb, GFP_ATOMIC);
    if (status)
      err ("can't resubmit intr, %s-%s/input0, status %d",
          mouse->usbdev->bus->bus_name,
          mouse->usbdev->devpath, status);
}
```

실제 URB를 통한 USB 디바이스와의 통신은 usb_submit_urb라는 함수를 통해 발생합니다. Open 함수의 호출 시에 최초로 USB 마우스를 위한 URB 통신이 이루어집니다. 이 최초의 통신이 완료되면, URB Completion 함수가 호출되게 됩니다. 그런데 이 함수 내부를 보면 또 다른 usb_submit_urb 함수가 호출되는 것을 알 수 있습니다. Recursive 함수 콜이기 때문에, Polling 방식으로 USB 마우스에서 입력 값을 가져오는 동작을 하게 됩니다. Completion 함수에서는 URB 통신을 통해 USB 마우스로부터 읽어온 값을 input_dev 구조체를 통해 운영체제에 전달하고 있습니다 (input_report_key, input_report_rel).

■ 플러그 앤 플레이 과정 분석

USB 디바이스는 앞서 설명한 바 있듯이 핫플러그(플러그 앤 플레이)를 지원하며, 다음의 과정을 통해 사용 가능 상태에 도달합니다.

① USB 디바이스와 호스트간의 물리적 연결

② 핫플러그 시스템에 의한 디바이스 드라이버 검색

③ 검색된 디바이스 드라이버의 로딩 (insmod)

④ 검색된 디바이스 드라이버의 초기화 (init & probe function)

디바이스 드라이버의 로딩 및 초기화에 대해서는 앞서 다룬 바 있지만, 핫플러그 시스템의 동작은 기능 설명 정도로 요약되어 왔습니다. 핫플러그 시스템의 동작 원리는 리눅스 Distrubution(Ubuntu, Redhat, OpenSuse 등)에 따라 다를 수 있습니다. 여기서는 Ubuntu 12.04를 기준으로 설명하도록 하겠습니다.

핫플러그 시스템에서 가장 중요한 파트는 유저 스페이스에 존재하는 udevd라고 불리는 데몬입니다. 이 데몬이 USB Core의 하드웨어 감지 시그널(uevent)를 상시 모니터링합니다. USB 디바이스가 호스트에 연결되면 uevent 시그널이 발생하고, 이를 udevd가 인식하게 됩니다. udevadm 명령을 통해, udevd와 커널(USB Core) 간의 시그널을 확인할 수 있습니다.

||||| **udevd의 uevent 전송 로그**

```
/* USB Mouse 의 접속(add) */


KERNEL[148820.918343] add      /devices/pci0000:00/0000:00:13.0/
usb5/5-1 (usb)
KERNEL[148820.920263] add      /devices/pci0000:00/0000:00:13.0/
usb5/5-1/5-1:1.0 (usb)
UDEV [148821.272323] add      /devices/pci0000:00/0000:00:13.0/
usb5/5-1 (usb)
KERNEL[148821.276673] add      /module/hid (module)
KERNEL[148821.276694] add      /bus/hid (bus)
KERNEL[148821.276708] add      /class/hidraw (class)
KERNEL[148821.277706] add      /module/usbhid (module)
KERNEL[148821.277726] add      /bus/hid/drivers/generic-usb
(drivers)
KERNEL[148821.277744] add      /devices/pci0000:00/0000:00:13.0/
usb5/5-1/5-1:1.0/0003:045E:0083.0001 (hid)
UDEV [148821.277935] add      /bus/hid (bus)
```

```
UDEV  [148821.278092] add     /module/hid (module)
UDEV  [148821.278451] add     /class/hidraw (class)
UDEV  [148821.278685] add     /bus/hid/drivers/generic-usb
(drivers)
UDEV  [148821.279586] add     /module/usbhid (module)
KERNEL[148821.281460] add     /devices/pci0000:00/0000:00:13.0/
usb5/5-1/5-1:1.0/input/input34 (input)
KERNEL[148821.281579] add     /devices/pci0000:00/0000:00:13.0/
usb5/5-1/5-1:1.0/input/input34/mouse0 (input)
KERNEL[148821.281723] add     /devices/pci0000:00/0000:00:13.0/
usb5/5-1/5-1:1.0/input/input34/event2 (input)
KERNEL[148821.281931] add     /devices/pci0000:00/0000:00:13.0/
usb5/5-1/5-1:1.0/0003:045E:0083.0001/hidraw/hidraw0 (hidraw)
KERNEL[148821.281950] add     /bus/usb/drivers/usbhid (drivers)
UDEV  [148821.282262] add     /bus/usb/drivers/usbhid (drivers)
UDEV  [148821.282733] add     /devices/pci0000:00/0000:00:13.0/
usb5/5-1/5-1:1.0 (usb)
UDEV  [148821.283608] add     /devices/pci0000:00/0000:00:13.0/
usb5/5-1/5-1:1.0/0003:045E:0083.0001 (hid)
UDEV  [148821.284332] add     /devices/pci0000:00/0000:00:13.0/
usb5/5-1/5-1:1.0/0003:045E:0083.0001/hidraw/hidraw0 (hidraw)
UDEV  [148821.295639] add     /devices/pci0000:00/0000:00:13.0/
usb5/5-1/5-1:1.0/input/input34 (input)
UDEV  [148821.305756] add     /devices/pci0000:00/0000:00:13.0/
usb5/5-1/5-1:1.0/input/input34/mouse0 (input)
UDEV  [148821.307639] add     /devices/pci0000:00/0000:00:13.0/
usb5/5-1/5-1:1.0/input/input34/event2 (input)
```

uevent 시그널을 보내는 과정에서, USB 디바이스의 고유 ID(vendor id & device id)를 추출하여 전달하게 됩니다. udevd는 이 정보에 근거하여 MODALIAS라는 파라미터를 생성하고, 이를 modprobe라는 명령에게 넘겨줍니다. modprobe 프로그램은 이 파라미터와 대응되는 모듈의 이름을 module.alias라는 파일로부터 찾습니다.

▏▏▏▏ USB 디바이스에 알맞은 모듈 탐색(udevd & modprobe)

```
/* 연결된 USB 디바이스의 MODALIAS 파라미터 추출 */
root@ubuntu:/lib/modules/3.1.0-rc9-xen-pv+
# udevadm monitor --env | grep ?i modalias
..
MODALIAS=usb:v045Ep0083d0000dc00dsc00dp00ic03isc01ip02
..

/* module.alias 파일의 내용 */
```

```
...
alias usb:v*p*d*dc*dsc*dp*ic03isc*ip* usbhid
...
```

그 결과, 현재의 리눅스(앞서 작성한 새로운 디바이스 드라이버가 없는 상태)는 usbhid를 USB 마우스를 위한 디바이스 드라이버로 선택하고, USB 마우스의 연결 시에 이 디바이스 드라이버를 찾아 로딩하게 됩니다.

새로 만든 디바이스 드라이버의 동작을 위한 설정

현재 리눅스 버전에는 일반적인 USB 마우스를 동작시킬 수 있는 두 개의 디바이스 드라이버(usbhid, usbmouse)가 이미 설치되어 있습니다. 현재 작성 중인 디바이스 드라이버로 실제 하드웨어를 컨트롤하기 위해서는 이 디바이스 드라이버들과의 충돌을 피해야 합니다. 이를 위해서, 비글보드 위에 올라가는 커널의 환경 설정을 변경해서 기존의 디바이스 드라이버들을 제거해줍니다(커널 이미지에서 제외함과 동시에, 커널 모듈로도 만들지 않도록 합니다). 환경 설정의 변경 이후에는 커널을 다시 컴파일하여 비글보드의 SD 카드에 복사하도록 합니다.

환경 설정 내에서 제거할 디바이스 드라이버의 위치

① usbhid :

(Device Drivers)→(HID Devices)→(USB Human Interface Device support)

② usbmouse :

(Device Drivers)→(HID Devices)→(USB HID Boot Protocol drivers)→(USB HIDBP Mouse support)

새로 만든 커널 버전을 비글보드에서 동작시킨 후, 새로 작성한 디바이스 드라이버를 호스트에서 모듈 컴파일하도록 합니다. 컴파일하는 방법은 앞에서 설명한 기본 디바이스 드라이버의 컴파일 방법과 동일합니다. 컴파일 후 완성된 커널 모듈 파일을 직접 SD 카드를 통한 복사, 혹은 이더넷을 통한 파일 전송 등의 방법을 통해 비글보드로 옮겨 옵니다.

insmod 명령을 통해 커널 모듈을 로딩한 이후, USB 마우스를 비글보드에 연결합니다. udevadm과 dmesg(커널 메시지 프린트)를 통해 모니터링 해본 결과, 다음과 같은 로그를 확인할 수 있었습니다.

IIIII **udevdadm과 dmesg에 의해 추출된 로그들**

```
/* udevadm monitor */
monitor will print the received events for:
UDEV - the event which udev sends out after rule processing
KERNEL - the kernel uevent

KERNEL[49.301727] add   /module/dummy_usb (module)
KERNEL[49.316314] add   /devices/platform/usbhs-omap.0/
ehci-omap.0/usb1/1-2/1-2.2/1-2.2:1.0/input/input2 (input)
UDEV  [49.318969] add   /module/dummy_usb (module)
KERNEL[49.321472] add   /devices/platform/usbhs-omap.0/ehci-omap.0/
usb1/1-2/1-2.2/1-2.2:1.0/input/input2/mouse0 (input)
KERNEL[49.330474] add   /devices/platform/usbhs-omap.0/ehci-omap.0
/usb1/1-2/1-2.2/1-2.2:1.0/input/input2/event2 (input)
UDEV  [49.331665] add   /bus/usb/drivers/usbdummy (drivers)
KERNEL[49.336517] add   /bus/usb/drivers/usbdummy (drivers)
UDEV  [49.409606] add   /devices/platform/usbhs-omap.0/
ehci-omap.0/usb1/1-2/1-2.2/1-2.2:1.0/input/input2 (input)
UDEV  [49.536407] add   /devices/platform/usbhs-omap.0/ehci-omap.0
/usb1/1-2/1-2.2/1-2.2:1.0/input/input2/event2 (input)
UDEV  [49.546356] add   /devices/platform/usbhs-omap.0/ehci-omap.0
/usb1/1-2/1-2.2/1-2.2:1.0/input/input2/mouse0 (input)

/* dmesg */

[  49.282989] usbdummy 1-2.2:1.0: usb_probe_interface
[  49.283020] usbdummy 1-2.2:1.0: usb_probe_interface - got id
[  49.283050] [usbm] probed
[  49.283691] input: Microsoft Basic Optical Mouse as /devices/
platform/usbhs-omap.0/ehci-omap.0/usb1/1-2/1-2.2/1-2.2:1.0/
input/input2
[  49.305877] usbcore: registered new interface driver usbdummy
[ 180.673065] [usbm] opened
[ 180.673278] usb 1-2.2: link qh8-0e01/dde59480 start 3 [1/2 us]
[ 200.842315] [usbm] IRQed
[ 200.850219] [usbm] IRQed
[ 200.858337] [usbm] IRQed
[ 200.866210] [usbm] IRQed
[ 200.874206] [usbm] IRQed
[ 200.882202] [usbm] IRQed
[ 200.890441] [usbm] IRQed
[ 200.898345] [usbm] IRQed
```

쉽게 확인하기 위하여, 이 chapter에서 새로 작성한 USB 마우스 디바이스 드라이버의 각 함수에서 printk 함수를 호출하도록 코드를 수정하였습니다. 그 결과, 커널 메시지를 프린트해주는 dmesg 명령에서 새로 작성한 코드로부터 불려진 커널 메시지를 확인할 수 있었습니다. Open된 이후 마우스가 움직일 때마다 IRQ 함수가 계속 불려지고 있는 것을 확인하였습니다.

이 chapter에서는 비글보드가 탑재하고 있는 USB 인터페이스를 하드웨어적인 측면에서 살펴보았고, 소프트웨어적인 측면에서 리눅스 운영체제의 커널 내부에서는 어떻게 USB 인터페이스를 사용자가 사용할 수 있도록 만들어주는가에 대해서 알아보았습니다. 최종적으로 안드로이드 애플리케이션 개발자의 입장에서는 이 내용을 기초로 하여, 비글보드와 같은 장치의 USB를 제어할 수 있게 될 것입니다.

chapter 10
오디오 제어하기

이번 chapter에서는 비글보드의 오디오 인풋과 아웃풋 포트의 사용에 관한 내용을 다루도록 합니다. 이 장치의 아웃풋 포트는 음악 및 영상을 재생하는 등의 사용자 동작을 통해 생성된 전기 신호화된 소리를 이어폰 및 스피커에 전달하여 소리를 전달하는 용도로 사용됩니다. 반면, 인풋 포트는 마이크 등의 입력 장치로부터 소리의 전기 신호를 입력받아 이를 호스트에 전달해주는 역할을 합니다. 리눅스 커널, 안드로이드 플랫폼, 그리고 안드로이드 애플리케이션에 이르기 까지, 오디오 제어에 관련된 각 부분을 실제 관련된 소스 코드와 함께 설명하도록 하겠습니다.

Section 01.
오디오 인터페이스의 이해

현재 대부분의 컴퓨터 및 비글보드와 같은 임베디드 보드들은 오디오 인터페이스를 탑재하고 있습니다. 사운드 카드의 형태로 개별 하드웨어 디바이스가 존재하기도 한 반면, 대부분의 경우는 오디오 인풋 아웃풋을 위한 디바이스가 메인보드에 포함된 형태로 존재하게 됩니다.

비글보드(beagleboard-xM rev.C)를 기준으로 보면, 보드 내에 PMIC TPS65950 라는 칩이 있고 이 칩의 내부에 Audio CODEC이 존재합니다. 이 Audio CODEC은 DAC와 ADC 모듈을 내부에 장착하여, 오디오 출력 시에는 CPU로부터의 디지털 시그널을 아날로그 시그널로 변환시켜서 스피커 디바이스로 보내주는 동작을 하게 되고, 오디오 입력 시에는 마이크에서 입력된 아날로그 시그널을 디지털 시그널로 변환하여 CPU에 전달하는 역할을 합니다.

자세한 하드웨어적인 연결을 다음과 같습니다. 앞서 잠시 언급한대로, 비글보드의 OMAP3530과 PMIC TPS65950칩 내부의 Audio CODEC은 I2S Interface를 통해 연결됩니다. I2S Interface는 일종의 데이터 버스라고 볼 수 있으며, 다음의 그림과 같이 OMAP3530 프로세서 내부의 McBSP2(Multi-Channel Buffered Serial Port 2)와 연결이 됩니다.

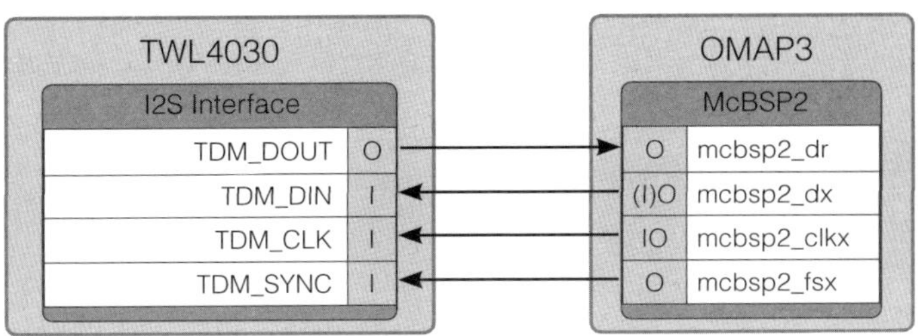

▲ 비글보드의 오디오 입출력을 위한 하드웨어 개념도

Signal Name	설명	I/O	Pin
mcbsp2_dr	수신된 시리얼 데이터	I	R21
mcbsp2_dx	전송된 시리얼 데이터	I/O	M21
mcbsp2_clkx	클럭 신호	I/O	N21
mcbsp2_fsx	동기화 프레임	I/O	P21
mcbsp_clks	CPU 동기화를 위한 외부 클럭 신호 입력	I	T21

▲ 비글보드의 OMAP3 프로세서의 오디오 관련 시그널

위 그림은 OMAP3 프로세서의 McBSP2와 I2S Interface를 통한 코덱과의 연결을
의미합니다. PMIC TPS65950 칩이 TWL4030 코덱에 기반하고 있으며, 이는 위의
그림에 TWL4030라고 코덱 부분에 명시되어 있습니다.

다음 회로도는 OMAP3 프로세서의 McBSP2와 관련된 핀들이 실제로 PMIC
TPS65950 칩의 오디오 포트들로 연결되고 있음을 나타냅니다. 실제 핀 간의 매핑은
테이블로도 표현할 수 있습니다.

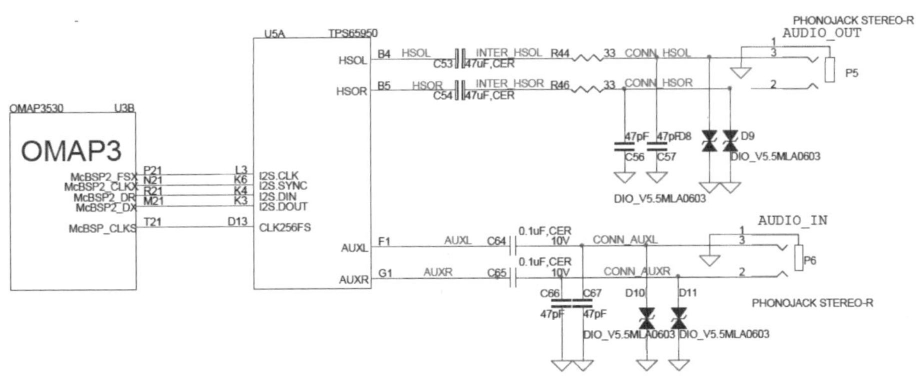

▲ 비글보드의 오디오 입출력을 위한 실제 보드 회로도   (출처 : 비글보드 System Reference Manual)

Signal Name	설명	I/O	Pin
I2S.CLK	오디오 포트의 클럭 신호	I/O	L3
I2S.SYNC	오디오 포트의 동기화 신호	I/O	K6
I2S.DIN	오디오 포트의 데이터 수신	I	K4
I2S.DOUT	오디오 포트의 데이터 전송	O	K3
CLK256FS	CPU로 전송될 동기화 프레임	O	D13

▲ 비글보드의 하드웨어 코덱의 시그널 테이블

위의 회로도에서 표현되어 있듯이, PMIC TPS65950 칩은 OMAP3와도 데이터 통신을 하지만, 실제로 아날로그 시그널의 입출력도 담당하고 있다. 육안으로 보드에서 확인할 수 있는 오디오 인풋 아웃풋 단자는 신호 증폭 및 안정화를 위한 적당한 회로를 거쳐서 이 칩에 연결되게 됩니다. 회로도에서 AUDIO_IN, AUDIO_OUT으로 표현된 부분이 오디오 인풋 아웃풋 단자이고, 이곳으로 스피커나 마이크 등의 실제 사운드 관련 장치가 연결되어 사운드의 입출력이 발생합니다.

Section 02.
리눅스 커널 내의 오디오 인터페이스

실제 운영체제 내에서 진행되어야 하는 일은 Audio CODEC에 맞는 디지털 시그널을 OMAP3530의 McBSP2를 통해 출력해주거나, PMIC TPS65950 칩이 보내주는 디지털 시그널을 전달받아서 MP3 등의 특정 파일의 형식에 맞게 저장하거나 네트워크 등을 통해 다른 컴퓨터로 전달하는 등의 작업을 해주어야 합니다.

실제 리눅스 커널 내에서는 오디오 인터페이스와 관련해서 어떤 코드들이 존재하는지, 운영체제 내에서 어떻게 동작하는지 알아보도록 하고, 더불어 실제 사용자 애플리케이션에서 이 오디오 인터페이스를 활용하기 위해서는 어떠한 과정을 거치게 되는지 알아보도록 하겠습니다.

비글보드에 리눅스 환경을 설치한 후, 부팅 시의 메세지를 살펴보면 오디오와 관련된 메시지를 찾을 수 있습니다.

|||| 비글보드의 리눅스 부팅 시의 오디오 관련 디바이스 드라이버

```
root@omap:/proc/asound/oss# dmesg | grep -i sound
[    0.094543] Advanced Linux Sound Architecture Driver Version
1.0.24.
```

ALSA(Advanced Linux Sound Architecture)라고 불리는 이 드라이버는 앞서 설명한 하드웨어들과 연동하며 시스템의 사운드 입출력을 담당합니다. 세부적인 드라이버 설명에 앞서, 이 드라이버가 잘 동작하고 있는지 먼저 테스트 해보겠습니다. 대부분의 경우, 비글보드의 볼륨은 제대로 초기화되어 있지 않으므로, 다음의 커맨드를 쉘에서 수행하여 비글보드 볼륨 설정을 진행합니다. 그 이후, AUDIO OUT 단자에 스피커 혹은 이어폰을 연결하여 사운드 출력 확인까지 해보도록 하겠습니다.

▥ 비글보드의 사운드 볼륨설정 및 사운드 출력 확인

```
root@omap:~# amixer sset 'HeadsetL Mixer AudioL2' on
root@omap:~# amixer sset 'HeadsetR Mixer AudioR2' on
root@omap:~# amixer sset 'Headset' 2
root@omap:~# amixer cset name="DAC2 Analog Playback Switch" 1
root@omap:~# amixer cset name="DAC2 Analog Playback Volume" 12
root@omap:~# amixer cset name="DAC2 Digital Coarse Playback
Volume" 2
root@omap:~# amixer cset name="DAC2 Digital Fine Playback Volume" 50
/* amixer 라는 유틸이 없는경우, alsa-utils package(ubuntu)를 설치하도록 한다. */

root@omap:~# cd /usr/share/sounds/alsa/
root@omap:/usr/share/sounds/alsa# ls
Front_Center.wav Noise.wav      Rear_Right.wav
Front_Left.wav   Rear_Center.wav Side_Left.wav
Front_Right.wav  Rear_Left.wav   Side_Right.wav

root@omap:/usr/share/sounds/alsa# aplay Front_Center.wav
Playing WAVE 'Front_Center.wav' : Signed 16 bit Little Endian,
Rate 48000 Hz, Mono
```

/usr/share/sounds/alsa 디렉토리에는 리눅스에서 기본으로 제공하는 wav 파일이 존재합니다. aplay라는 커맨드를 통해 이 wav 파일을 재생해 볼 수 있습니다. 위 과정을 거쳤을 때, (Front, Center)라는 영어 발음을 확인하였다면 현재 비글보드의 사운드 출력은 문제없이 동작하고 있는 것입니다.

지금부터는 앞서 설명한 오디오 인터페이스의 하드웨어 동작과 맞물려서, 실제 운영체제에 속한 디바이스 드라이버가 어떻게 동작하고 있는지를 알아보도록 하겠습니다. 리눅스 부팅 시의 커널 부팅 메세지로부터 확인했던 ALSA 디바이스부터 시작해보도록 하겠습니다.

사운드 디바이스는 보통 다른 플러그 앤 플레이 디바이스나 USB 스토리지 등과는 달리 전체 시스템에서 하나의 통일된 드라이버를 이용한다는 특징이 있습니다. 그렇기 때문에, 리눅스의 커널 소스 트리에서는 sound 디바이스를 위한 디렉토리를 따로 운영합니다. 실제로 ALSA 역시 이 디렉토리 내부에 구현이 되어 있습니다.

사운드 카드는 호스트 시스템의 종류에 따라 다양하게 구성될 수 있습니다. 일반적으로 과거의 개인 컴퓨터에는 PCI 형태의 사운드 카드가 사용되어 왔었습니다. 최근에는 메인보드 일체형 사운드 카드가 대부분을 차지합니다. 비글보드는 메인보드 일체형과 유사한 형태의 사운드 카드를 지니고 있는데, OMAP3530 프로세서 내부에서 사운드의 디지털 신호가 출력되어 나가게 됩니다. 전자를 PCI 사운드 카드라고 한다면, 후자를 SoC 사운드 카드라고 부르며, 커널 디렉토리에도 이러한 내용이 반영되어 있습니다.

커널 소스의 sound/soc 디렉토리에 SoC 사운드 카드 유형에 해당하는 소스들이 존재합니다. 특히 비글보드와 관련된 소스가 존재하는 것을 확인할 수 있습니다(sound/soc/omap/omap3beagle.c). 실제 이 소스내의 초기화 과정을 분석하며, 비글보드의 오디오를 위한 디바이스 드라이버의 동작을 알아보도록 하겠습니다.

리눅스 커널이 제공하는 ALSA SoC Layer 문서에 따르면, 이 레이어는 오디오 시스템을 Codec, Platform, Machine 이렇게 세 가지의 드라이버로 나누어서 구성합니다. Codec 드라이버는 실제 Audio CODEC을 관리하는 드라이버이고, Platform 드라이버는 Audio CODEC으로 전달되는 DMA 엔진과 I2S, AC97, PCM 등의 오디오 인터페이스에 관련이 되어 있습니다. Machine 드라이버는 보드 타입에 특화된 컨트롤이나 오디오 이벤트를 관리하는데 사용됩니다. 이들 드라이버를 순서대로 살펴보도록 하겠습니다.

Codec 드라이버는 커널 소스 상에서 sound/soc/codecs/에 위치해 있습니다. 이 드라이버는 코덱 사용을 위한 인터페이스를 제공합니다. 쉽게 말해서, 주요 기능인 사운드의 재생, 캡처(녹음)과 더불어 볼륨 컨트롤 등의 인터페이스를 제공합니다. 코덱의 종류별로 파일 형태로 나뉘어서 코드가 구성됩니다. 비글보드에서는 TWL4030을 사용합니다.

▏▎▍ TWL4030 코덱 드라이버의 초기화 과정

```c
static struct snd_soc_dai_ops twl4030_dai_hifi_ops = {
    .startup      = twl4030_startup,
    .shutdown     = twl4030_shutdown,
    .hw_params    = twl4030_hw_params,
    .set_sysclk   = twl4030_set_dai_sysclk,
    .set_fmt      = twl4030_set_dai_fmt,
    .set_tristate = twl4030_set_tristate,
```

```c
};

static struct snd_soc_dai_driver twl4030_dai[] = {
{
    .name = "twl4030-hifi",
    .playback = {
        .stream_name = "HiFi Playback",
        .channels_min = 2,
        .channels_max = 4,
        .rates = TWL4030_RATES | SNDRV_PCM_RATE_96000,
        .formats = TWL4030_FORMATS,},
    .capture = {
        .stream_name = "Capture",
        .channels_min = 2,
        .channels_max = 4,
        .rates = TWL4030_RATES,
        .formats = TWL4030_FORMATS,},
    .ops = &twl4030_dai_hifi_ops,
},

static struct snd_soc_codec_driver soc_codec_dev_twl4030 = {
    .probe = twl4030_soc_probe,
    .remove = twl4030_soc_remove,
    .suspend = twl4030_soc_suspend,
    .resume = twl4030_soc_resume,
    .read = twl4030_read_reg_cache,
    .write = twl4030_write,
    .set_bias_level = twl4030_set_bias_level,
    .reg_cache_size = sizeof(twl4030_reg),
    .reg_word_size = sizeof(u8),
    .reg_cache_default = twl4030_reg,
};

static int __devinit twl4030_codec_probe(struct platform_device
*pdev)
{
    struct twl4030_codec_audio_data *pdata = pdev->dev.platform_
data;

    if (!pdata) {
        dev_err(&pdev->dev, "platform_data is missing\n");
        return -EINVAL;
    }

    return snd_soc_register_codec(&pdev->dev, &soc_codec_dev_
    twl4030, twl4030_dai, ARRAY_SIZE(twl4030_dai));
```

```
}

static struct platform_driver twl4030_codec_driver = {
    .probe      = twl4030_codec_probe,
    .remove     = __devexit_p(twl4030_codec_remove),
    .driver     = {
        .name  = "twl4030-codec",
        .owner = THIS_MODULE,
    },
};

static int __init twl4030_modinit(void)
{
    return platform_driver_register(&twl4030_codec_driver);
}
```

코덱의 종류가 결정되면, 이 코덱 스펙에 맞는 디지털 신호가 생성될 수 있습니다. 생성된 신호가 실제 Audio CODEC 하드웨어에 전달되어야 하는데, 이때 사용되는 것이 Digital Audio Interface 입니다. AC97, I2S, PCM 등의 인터페이스 종류가 있는데, 일반적인 개인 컴퓨터에서는 AC97이 사용되지만, 비글보드에서는 I2S를 사용하고 있습니다.

전달 인터페이스는 ALSA ASoC의 Platform 드라이버에서 관장하게 됩니다. Platform 드라이버는 커널 소스의 sound/soc/omap/omap3beagle.c의 위치에 Machine 드라이버와 함께 기록되어 있습니다.

▥ 비글보드를 위한 ALSA 디바이스 드라이버에서의 하드웨어 연결

```
/* Digital audio interface glue - connects codec <--> CPU */
static struct snd_soc_dai_link omap3beagle_dai = {
    .name = "TWL4030",
    .stream_name = "TWL4030",
    .cpu_dai_name = "omap-mcbsp-dai.1",
    .platform_name = "omap-pcm-audio",
    .codec_dai_name = "twl4030-hifi",
    .codec_name = "twl4030-codec",
    .ops = &omap3beagle_ops,
};

/* Audio machine driver */
static struct snd_soc_card snd_soc_omap3beagle = {
    .name = "omap3beagle",
    .owner = THIS_MODULE,
    .dai_link = &omap3beagle_dai,
```

```
    .num_links = 1,
};

static int __init omap3beagle_soc_init(void)
{
    int ret;
    ...

    omap3beagle_snd_device = platform_device_alloc
      ("soc-audio", -1);
    ...
    platform_set_drvdata(omap3beagle_snd_device,
                         &snd_soc_omap3beagle);

    ret = platform_device_add(omap3beagle_snd_device);
    ...
    return 0;
    ...
}
```

Section 03.

오디오를 사용하는 리눅스 애플리케이션

지금까지 ALSA 라고 불리는 오디오 드라이버에 대해 간략히 알아보았습니다. 실제로
이 디바이스 드라이버를 사용하기 위해서는, 디바이스 드라이버를 리눅스 애플리케이
션에서 어떻게 활용할 수 있는지에 관한 인터페이스를 이해하여야 합니다. 디바이스
드라이버의 기초에서 소개된 Char 디바이스의 경우, /dev/ 폴더에 디바이스 드라이
버와 연결된 스페셜 파일이 존재해서, 이를 open 하여 핸들을 얻은 후 read 및 write
등의 작업을 수행하여 장치를 이용할 수 있었습니다. 오디오 디바이스도 정확히 동일
하지는 않지만 비슷한 방법으로 장치 이용을 할 수 있습니다. 실제 애플리케이션에서
의 사용에 앞서 몇 가지 사전 정보를 인지하고 넘어가도록 하겠습니다.

앞 Section에서 커널의 오디오 디바이스 드라이버가 제공하는 시스템 콜 인터페이스
에 대해서 알아보았습니다. 하지만, 실제 애플리케이션 레벨에서 사용 할 때, 너무 많
은 시스템 콜을 복잡한 과정을 거쳐서 부를 필요가 있기 때문에, ALSA 에서는 중간
단계의 라이브러리를 만들어서 제공합니다. 그래서 대부분 이 라이브러리를 이용하여
사운드 프로그래밍을 하게 됩니다.

ALSA 라이브러리를 이용하는 사운드 프로그래밍은 다음과 같은 pseudo-code 형태로 작성되어야 합니다.

▌▌▌▌ ALSA 오디오 드라이버를 이용하는 애플리케이션의 pseudo-code

```
open interface for capture or playbackset

set hardware parameters
 (access mode, data format, channels, rate, etc.)

while there is data to be processed:
  read PCM data (capture)  or write PCM data (playback)

close interface
```

pseudo-code 자체는 마치 파일에 쓰기나 읽기 작업을 하는 것과 비슷한 형태임을 알 수 있습니다. 첫 번째로, 라이브러리를 이용하더라도 기존의 디바이스 드라이버의 open 시스템 콜과 비슷한 역할을 하는 제공된 함수를 통해 디바이스에 대한 접근 핸들을 얻어야 합니다. 우분투 리눅스의 경우, libasound2-dev 패키지를 설치하였을 때, ALSA 라이브러리의 제공 함수들의 스펙을 /usr/include/alsa/asoundlib.h에서 확인할 수 있습니다.

이 위치에 존재하는 제공 함수들 중 디바이스 핸들러에 관한 함수들을 추려보면 다음과 같습니다.

▌▌▌▌ /usr/include/alsa/asoundlib.h의 오디오 디바이스 open 및 close

```
int snd_pcm_open(snd_pcm_t **pcm, const char *name,
        snd_pcm_stream_t stream, int mode);

int snd_pcm_close(snd_pcm_t *pcm);
```

라이브러리 제공의 목적에 맞게, 사용자가 익숙한 파일 접근 인터페이스와 유사함을 알 수 있습니다. 이중 name에 들어가는 부분이 접근하고자 하는 디바이스의 이름입니다. 라이브러리에서 이 name에 대해 처리 루틴을 잘 만들어 두었기 때문에, 이 부분에는 한 가지 디바이스를 지칭하는 다양한 형태의 string이 전달될 수 있습니다. 실제 커널 드라이버에서 정의된 디바이스의 이름이 들어갈 수도 있고, 논리적인 이름 (hw:i,j 의 형태, i는 사운드 카드의 번호, j는 카드 내의 오디오 디바이스 번호) 혹은 특별히 지정된 이름(예를 들면 default)이 전달될 수 있습니다. 일반적으로 오디오 디바이스가 머신 및 보드에 한 개가 존재할 것이기 때문에, default 및 hw:0,0을 name 파라미터에 넣어서 전달하도록 합니다.

PCM이란 오디오의 재생 정보 및 데이터 전달을 위한 인터페이스로, 오디오 디바이스를 사용할 때 가장 많이 쓰이는 인터페이스입니다. 파일 읽기 및 쓰기의 파일 스트림과 일맥상통한다고 볼 수 있습니다. 사운드의 리코딩은 재생과 방향만 반대일 뿐, 거의 모든 개념 및 실제 함수의 적용이 비슷합니다.

사운드 데이터는 같은 데이터라고 하더라도 여러 가지 설정 값에 의해 다르게 재생될 수 있습니다. 예를 들면, 단순히 샘플링 레이트만 바뀌어도 같은 데이터의 실제 사운드 출력은 재생 시간, 재생 시의 표현 대역 등이 달라질 수 있습니다. 그렇기 때문에 실제 사운드의 입출력 전에 사운드 관련 파라미터들을 세팅하여야 합니다. pseudo-code에서도 사운드 디바이스에 대한 핸들을 얻은 이후에 이 과정을 진행하는 것을 확인할 수 있습니다.

모든 관련 파라미터를 일일이 설정하는 것은 사용자 애플리케이션 프로그래머에게 너무 많은 부담을 주게 됩니다. 그렇기 때문에 일단 기본값을 세팅해 둔 뒤, 필요한 파라미터들을 변경하는 방법으로 환경 설정이 진행되게 됩니다.

다음은 ALSA 라이브러리가 제공하는 환경 설정 관련 함수들입니다. 함수의 명칭을 통해 쉽게 의미를 유추할 수 있습니다.

▓▓▓ **/usr/include/alsa/asoundlib.h의 오디오 디바이스 환경 설정 함수**

```c
/* default value 설정 */
int snd_pcm_hw_params_any(snd_pcm_t *pcm,
                   snd_pcm_hw_params_t *params);

/* 중요 환경 파라미터 설정 함수 */

/* format for each sample data */
int snd_pcm_hw_params_set_format(snd_pcm_t *pcm, snd_pcm_hw_
params_t *params, snd_pcm_format_t val);

/* number of channels, stereo or mono */
int snd_pcm_hw_params_set_channels(snd_pcm_t *pcm, snd_pcm_hw_
params_t *params, unsigned int val);

/* sampling rate */
int snd_pcm_hw_params_set_rate(snd_pcm_t *pcm, snd_pcm_hw_
params_t *params, unsigned int val, int dir);

/* period size in the unit of a frame */
int snd_pcm_hw_params_set_period_size(snd_pcm_t *pcm, snd_pcm_
hw_params_t *params, snd_pcm_uframes_t val, int dir);
```

```
/* 설정한 환경 파라미터 적용 */
int snd_pcm_hw_params(snd_pcm_t *pcm, snd_pcm_hw_params_t *params);
```

우리가 주로 듣는 음악 파일을 예로 들어 보겠습니다. 음악 파일의 정보를 보면 sample_rate 혹은 stereo 및 mono라는 단어들을 쉽게 볼 수 있습니다. 음악 파일을 재생하는 애플리케이션들은 어떤 파일의 재생 전에 위와 같은 함수들을 통해 재생하고자 하는 데이터에 관련된 파라미터들을 설정해주고 데이터를 ALSA 오디오 디바이스로 넣어주게 됩니다.

실제 음악 파일의 재생 데이터를 오디오 디바이스로 전달하는 함수 역시 프로그래머가에 친숙하게 사용할 수 있도록 인터페이스화 되어 있습니다. 이 함수의 정의를 살펴보면 다음과 같습니다.

```
/usr/include/alsa/asoundlib.h의 오디오 디바이스로의 데이터 전송 함수
snd_pcm_sframes_t
    snd_pcm_writei(snd_pcm_t *pcm, const void *buffer,
                                snd_pcm_uframes_t size);
```

첫 단계에서 snd_pcm_open 함수를 통해 얻은 핸들을 이용하여 오디오 디바이스에 실제 데이터를 전송하게 됩니다. 전송할 데이터는 파일 읽기 및 쓰기와 마찬가지로 애플리케이션이 생성한 buffer 위치에 넣어둔 뒤, 보내고자 하는 데이디의 크기(size)를 지정하여 전송될 것입니다.

간단한 예제 애플리케이션을 통해 위의 라이브러리 제공 함수들로 구성된 프로그램에 잘 동작하는지 알아보겠습니다. main 함수 내에 위의 모든 내용이 직렬적으로 구현되어 있는데, 입력 받은 데이터를 바로 오디오 장치로 보내는 역할을 합니다. 이 코드를 비글보드용으로 크로스 컴파일하여 실행하고, 비글보드에서 재생이 되는지 확인해 보도록 하겠습니다.

ⓘⓘⓘ 간단한 ALSA 라이브러리를 이용한 사운드 재생 애플리케이션

```
#define ALSA_PCM_NEW_HW_PARAMS_API
#include <alsa/asoundlib.h>

int main() {
    long loops;
    int rc;
    int size;
    snd_pcm_t *handle;
    snd_pcm_hw_params_t *params;
```

```c
unsigned int val;
int dir;
snd_pcm_uframes_t frames;
char *buffer;

rc = snd_pcm_open(&handle, "default", SND_PCM_STREAM_PLAYBACK, 0);
...

snd_pcm_hw_params_alloca(&params);
snd_pcm_hw_params_any(handle, params);

snd_pcm_hw_params_set_access(handle, params,
                  SND_PCM_ACCESS_RW_INTERLEAVED);

snd_pcm_hw_params_set_format(handle, params, SND_PCM_FORMAT_
 S16_LE);

snd_pcm_hw_params_set_channels(handle, params, 2);

val = 44100;
snd_pcm_hw_params_set_rate_near(handle, params, &val, &dir);

frames = 32;
snd_pcm_hw_params_set_period_size_near(handle, params,
 &frames, &dir);

rc = snd_pcm_hw_params(handle, params);
...

snd_pcm_hw_params_get_period_size(params, &frames, &dir);

size = frames * 4;
buffer = (char *) malloc(size);

snd_pcm_hw_params_get_period_time(params, &val, &dir);

loops = 5000000 / val;

while (loops > 0) {
  loops--;
  rc = read(0, buffer, size);
  if (rc == 0) {
    fprintf(stderr, "end of file on input\n");
    break;
```

```
    }
    ...
    rc = snd_pcm_writei(handle, buffer, frames);
    ...
  }
snd_pcm_drain(handle);
snd_pcm_close(handle);
free(buffer);
return 0;
}
```

코드 작성이 완료되었으면 다음과 같이 컴파일하고 실행합니다.

```
root@host:# gcc -o play play.c -lasound

root@host:# ./play < Rear_Right.wav
```

재생 애플리케이션의 주요 함수들은 미리 설명된 함수들입니다. 한편, 이 프로그램은 스탠다드 입력으로 파일의 데이터를 입력 받고 이를 사운드 카드에서 재생할 수 있도록 만들어줍니다. read(0,~~) 부분이 스탠다드 입력 스트림을 읽어주는 함수이고, 이를 버퍼에 저장한 후, 버퍼를 snd_pcm_writei 함수를 이용하여 오디오 디바이스의 하드웨어 버퍼(MCBSP2)로 DMA를 통해 전달하도록 만듭니다.

컴파일 시에는 실제 실행이 될 하드웨어가 비글보드이기 때문에, 크로스 컴파일 방법을 이용하거나, 비글보드 내에서 직접 컴파일하는 방법이 가능합니다. 위의 코드 블럭 내부에서 두 가지 과정을 모두 기술하였습니다. 컴파일 명령어에는 컴파일러가 다르다는 점 이외에는 크게 다른 점이 없으나, 크로스 컴파일러용 ALSA 헤더 파일 및 라이브러리 환경을 갖추어야 하기 때문에 사전 과정이 좀더 필요하게 될 것입니다. 실행 방법은 어떤 컴파일 방법을 취하는가에 관련없이 당연히 같은 방법으로 실행하게 됩니다.

만든 애플리케이션에서 재생한 음악 파일에 의해서 이어폰으로 전달된 소리가 aplay라는 기존의 간단한 재생 프로그램이 내주는 소리와 일치한다면, 애플리케이션이 제대로 수행된 것입니다.

Section 04.

안드로이드에서의 오디오 인터페이스

앞 Section에서, 리눅스 애플리케이션에서의 오디오 장치 사용을 확인해 보았습니다. 최종적으로 안드로이드 환경에서 비글보드를 사용하는 것을 목표로 하고 있으므로, 실제 안드로이드 환경에서는 어떻게 오디오 인터페이스들을 사용하게 되는지 알아보도록 하겠습니다.

오디오 디바이스는 안드로이드 환경의 거의 모든 애플리케이션들이 공통으로 사용하게 될 디바이스일 것이기 때문에 커스텀 디바이스와는 달리 안드로이드에서 기본적으로 제공하는 개발 라이브러리에 포함되어 있습니다. 이번 Section에서는 안드로이드의 플랫폼에 오디오 디바이스가 어떠한 방식을 거쳐서 등록되고, 이를 사용자가 안드로이드 애플리케이션 개발 시에 사용할 수 있게 되는지에 대해 설명하도록 하겠습니다.

지금까지는 가장 하부의 하드웨어부터 Bottom Up 방식으로 설명해왔으나, 안드로이드 플랫폼의 설명을 위해서는 먼저 안드로이드 애플리케이션이 사용하는 라이브러리에 대한 지식이 필요하기 때문에 Top Down의 방식으로 설명할 것입니다.

그래서 이클립스가 설치되어 있지 않으면 'chapter 12. 안드로이드 앱 개발 환경 구축'을 참고하여 이클립스를 설치하도록 합니다.

먼저, 안드로이드 애플리케이션에서 오디오 디바이스를 사용하는 예제 코드를 먼저 살펴보도록 하겠습니다.

▐ **안드로이드 애플리케이션의 개발 시, 오디오 디바이스의 사용**

```java
package beagleboard.dummy;

import android.app.Activity;
import android.media.MediaPlayer;
import android.os.Bundle;

public class Beagleboard_dummyActivity extends Activity {
    MediaPlayer player;

    /** Called when the activity is first created. */

    @Override
    public void onCreate(Bundle savedInstanceState) {
        super.onCreate(savedInstanceState);
```

```
    setContentView(R.layout.main);

    player = MediaPlayer.create(this, R.raw.f);
    player.start();

  }
}
```

위의 코드는 음악 파일을 재생하는 안드로이드 애플리케이션의 가장 간단한 예제를 설명한 것입니다. MediaPlayer라는 안드로이드가 제공하는 라이브러리를 이용하여 안드로이드 애플리케이션 개발 디렉토리의 res/raw 폴더에 위치한 f.wav 파일을 재생하였습니다.

안드로이드의 실제 소스에서, MediaPlayer라는 라이브러리로부터 시작하여 이 chapter에서 지금까지 설명해왔던 부분과 만나는 지점을 찾는 것을 목표로 탐색을 해 보겠습니다. 안드로이드 소스는 커널 소스보다도 방대하기 때문에, 개략적인 흐름을 각 레이어를 블록화시킨 다음 그림을 통해서 먼저 이해해야 쉽게 코드를 탐색해 볼 수 있습니다.

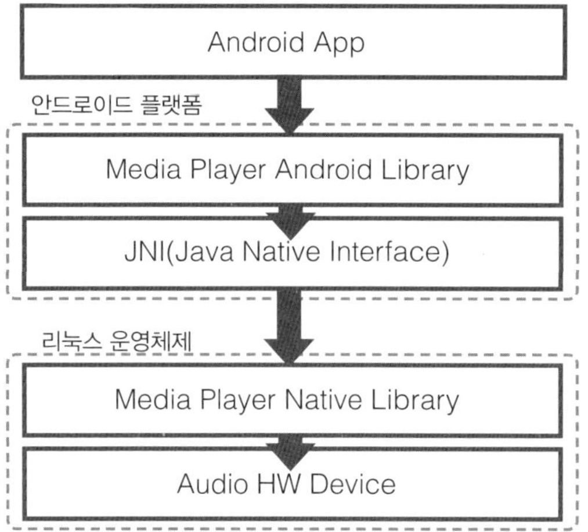

▲ 오디오 입출력을 위한 안드로이드 애플리케이션의 수행 플로우

위의 코드에서 설명하였듯이, 안드로이드 애플리케이션은 MediaPlayer라는 라이브러리에서 정의하는 변수 및 함수를 사용하여 오디오를 재생합니다. 애플리케이션이 전달하는 파라미터를 이용하여, MediaPlayer 라이브러리는 JNI 인터페이스를 이용하여 Native 코드로 이를 변환하게 되고, Native 코드는 OS 파트로 연결되어 최종적으로 시스템 콜을 통해 오디오 하드웨어 디바이스에 접근하게 될 것입니다.

먼저, MediaPlayer의 안드로이드 라이브러리(Java 언어)부분을 살펴보면 다음과 같습니다. 아래의 위치에 존재하며, 주요 코드 내용은 다음과 같습니다.

```
- frameworks/base/media/java/android/media/MediaPlayer.java
```

IIIII **MediaPlayer 안드로이드 라이브러리**

```java
package android.media;
...
import android.media.AudioManager;
...
public class MediaPlayer
{
 ...
 public static MediaPlayer create(Context context, int resid) {
  try {
   AssetFileDescriptor afd =
              context.getResources().openRawResourceFd(resid);
   if (afd == null) return null;

   MediaPlayer mp = new MediaPlayer();
   mp.setDataSource(afd.getFileDescriptor(),
                     afd.getStartOffset(), afd.getLength());
   afd.close();
   mp.prepare();
   return mp;
  } catch (IOException ex) {
   ...
  }
  return null;
 }

 public void start() throws IllegalStateException {
  stayAwake(true);
  _start();
 }

 private native void _start() throws IllegalStateException;

 ...
}
```

MediaPlayer의 안드로이드 라이브러리 소스 코드 가운데, 앞에 있는 안드로이드 애플리케이션에서 MediaPlayer 라이브러리를 이용하였을 때 사용했던 함수인 create와 start를 중심으로 발췌하였습니다. create에서는 파라미터로 들어오게 되는 애플리케이션 Context와 Context내에서의 자원 id를 이용해 파라미터가 지칭하는 음악 파일을 실제 MediaPlayer 인스턴스와 매핑시키는 역할을 합니다.

더욱 중요한 내용은 음악을 재생하는 부분인 start 함수인데, _start라는 내부 함수가 중요 역할을 하게 됩니다. _start 함수는 라이브러리 내에서 위와 같이 선언만 되어 있을 뿐, 실제 코드 내용을 찾을 수 없습니다. native로 선언된 함수이기 때문에, 이 함수는 참조 시에 JNI를 통해 Native 코드로 전달될 것입니다. 이제 이 _start라는 native 함수의 정의를 찾아보겠습니다. 다음의 위치에서 찾을 수 있습니다.

- frameworks/base/media/jni/android_media_MediaPlayer.cpp
- frameworks/base/media/libmedia/mediaplayer.cpp
- frameworks/base/media/libmedia/IMediaPlayer.cpp

||||| MediaPlayer 라이브러리 내 Native 함수들의 정의

```cpp
/* android_media_MediaPlayer.cpp */

static JNINativeMethod gMethods[] = {
  ...
  {"_start", "()V",    (void *)android_media_MediaPlayer_start},
  ...
}
...
static void
android_media_MediaPlayer_start(JNIEnv *env, jobject thiz)
{
  LOGV("start");
  sp<MediaPlayer> mp = getMediaPlayer(env, thiz);
  if (mp == NULL ) {
    jniThrowException(env, "java/lang/IllegalStateException",
      NULL);
    return;
  }
  process_media_player_call( env, thiz, mp->start(), NULL, NULL );
}
/* mediaplayer.cpp */

status_t MediaPlayer::start()
{
  LOGV("start");
  Mutex::Autolock _l(mLock);
  if (mCurrentState & MEDIA_PLAYER_STARTED)
    return NO_ERROR;
```

```cpp
    if ( (mPlayer != 0) && ( mCurrentState & ( MEDIA_PLAYER_PREPARED |
            MEDIA_PLAYER_PLAYBACK_COMPLETE | MEDIA_PLAYER_PAUSED )
            ) ) {
      mPlayer->setLooping(mLoop);
      mPlayer->setVolume(mLeftVolume, mRightVolume);
      mPlayer->setAuxEffectSendLevel(mSendLevel);
      mCurrentState = MEDIA_PLAYER_STARTED;
      status_t ret = mPlayer->start();
      if (ret != NO_ERROR) {
        mCurrentState = MEDIA_PLAYER_STATE_ERROR;
      } else {
        if (mCurrentState == MEDIA_PLAYER_PLAYBACK_COMPLETE) {
          LOGV("playback completed immediately following start()");
        }
      }
      return ret;
    }
    LOGE("start called in state %d", mCurrentState);
    return INVALID_OPERATION;
}


/* IMediaPlayer.cpp */
status_t start()
  {
    Parcel data, reply;
    data.writeInterfaceToken(IMediaPlayer::
      getInterfaceDescriptor());
    remote()->transact(START, data, &reply);
    return reply.readInt32();
  }
```

_start 함수는 native 코드의 android_media_MediaPlayer_start로 연결
되고, 이는 최종적으로 binder라는 안드로이드 플랫폼의 프로세스간 통신 방식
을 통해 MediaServer라는 오브젝트로 전달됩니다. 오디오만 재생하는 경우, 이
MediaServer로 연결된 함수는 다시 AudioSink라는 오브젝트로 연결되고, 이 오브
젝트가 Audio Devce Driver를 최종적으로 호출하게 됩니다. 실제 디바이스에 도달
하기까지의 과정을 축약해서 살펴보면 다음과 같습니다.

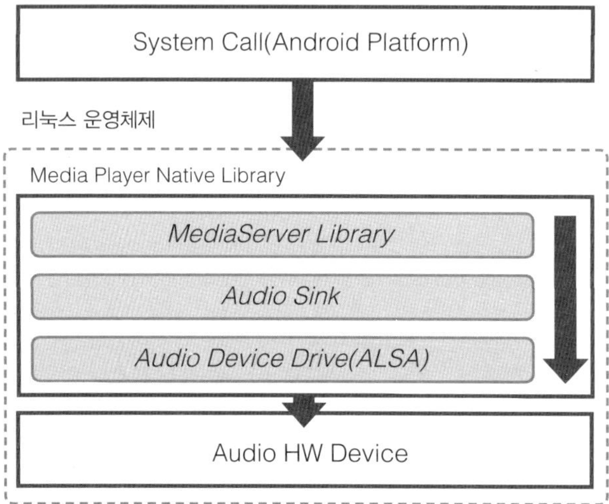

▲ 리눅스의 MediaPlayer Library의 수행 플로우

오디오 재생을 위한 안드로이드 플랫폼의 마지막 단계에서는 우리가 앞서 알아보았던
리눅스 일반 사용자 애플리케이션과 마찬가지로 ALSA 라이브러리를 이용하여 리눅
스 커널과 통신을 하게 됩니다. 다음 코드에서 이를 확인할 수 있습니다.

▥ hardware/alsa_sound/AudioHardwareALSA.cpp

```cpp
...
#include <alsa/asoundlib.h>
...
ssize_t AudioStreamOutALSA::write(const void *buffer, size_t bytes)
{
  snd_pcm_sframes_t n;
  status_t       err;

  AutoMutex lock(mLock);

  if (isStandby())
    return 0;

  if (!mPowerLock) {
    acquire_wake_lock (PARTIAL_WAKE_LOCK, "AudioLock");
    ALSAStreamOps::setDevice(mMode, mDevice);
    mPowerLock = true
  }

  n = snd_pcm_writei(mHandle,
          buffer,
          snd_pcm_bytes_to_frames(mHandle, bytes));
```

```
    if (n < 0 && mHandle) {
    // snd_pcm_recover() will return 0 if successful in recovering from
      // an error, or -errno if the error was unrecoverable.
      n = snd_pcm_recover(mHandle, n, 0);
    }

    return static_cast<ssize_t>(n);
  }
  ...
```

매우 많은 native 함수를 지니고 있지만, 그 가운데 재생에 직접적으로 관련이 있을 함수인 write 함수를 보도록 하겠습니다. 이 함수에서는 audio 디바이스에 대한 제어권을 얻은 뒤, snd_pcm_write라는 함수를 통해 오디오를 재생합니다. 이 함수는 앞에서 리눅스 애플리케이션에서의 오디오 재생을 설명할 때 언급한 바 있습니다. 이 함수는 ALSA 라이브러리가 제공하는 함수로서, 함수의 내부에 실제적인 리눅스 OS로의 시스템 콜을 갖고 있습니다.

결과적으로, 안드로이드의 최종 레이어에서는 리눅스 애플리케이션에서 오디오 제어를 위해 사용했던 것과 같은 라이브러리 함수를 사용하게 되는 것을 알 수 있습니다. 마지막 단계가 되어서야 사용자 애플리케이션이 사용하는 라이브러리를 사용하여 재생을 시도 하기 때문에, 반응 속도 등의 성능 면에서는 당연히 안드로이드 애플리케이션이 리눅스의 일반 사용자 애플리케이션을 앞설 수 없습니다. 하지만, 안드로이드 플랫폼 자체가 사용자 애플리케이션의 편의성, 통일성, 보안성 및 독립성을 목적으로 설계되었기 때문에, 이렇게 복잡한 단계를 거쳐서 하드웨어를 사용하도록 만들어져 있습니다.

Section 05.
간단한 오디오 인터페이스 활용 예제

일반적으로, 안드로이드 플랫폼을 올리고자 하는 대부분의 모바일 장치 및 보드들에는 사운드를 지원하는 하드웨어가 내장되어 있습니다. 초기화 과정들을 통해 이 하드웨어들이 리눅스 운영체제 및 안드로이드 플랫폼에 알려져있기 때문에, 사용자가 특별히 하드웨어 사용을 위한 디바이스 드라이버를 제작하거나, 디바이스 드라이버를 사용하기 위한 사용자 함수들을 제작할 필요는 없습니다.

이번에는 안드로이드가 이미 포함하고 있는 오디오 장치와 관련된 라이브러리를 어떤 방식으로 활용하여 애플리케이션에 포함시킬 수 있는지에 대해 알아보도록 하겠습니다.

안드로이드가 제공하는 라이브러리 중 오디오에 관련된 라이브러리는 재생 및 녹음 기능에 따라 다음과 같이 나뉠 수 있습니다.

- 재생 : MediaPlayer
- 녹음 : MediaRecorder

위에 나열된 각각의 라이브러리 들을 하나씩 알아보도록 하겠습니다.

MediaPlayer

MediaPlayer는 앞에서도 예제 형식으로 살펴보았는데 단순한 재생뿐만 아니라, 정지, 탐색 등의 기능도 구현이 가능하므로, 이를 살펴보며 동작 원리에 대해 이해해보도록 하겠습니다.

▥ 안드로이드 애플리케이션에서의 MediaPlayer 라이브러리 사용 예제

```java
package sample.sample;

import android.app.Activity;
import android.media.MediaPlayer;
import android.os.Bundle;
import android.view.View;
import android.widget.Button;

public class SampleActivity extends Activity {
    /** Called when the activity is first created. */
    @Override
    public void onCreate(Bundle savedInstanceState) {

        super.onCreate(savedInstanceState);
        setContentView(R.layout.main);

        final MediaPlayer player;
        player = MediaPlayer.create(this, R.raw.f);

        Button play = (Button)findViewById(R.id.Button01);
        play.setOnClickListener(new Button.OnClickListener() {
        public void onClick(View v) {
        player.start();
        }
```

```
    });

    Button stop = (Button)findViewById(R.id.button1);
     stop.setOnClickListener(new Button.OnClickListener(){
    public void onClick(View v){
    player.pause();
    }
    });


  }
}
```

위의 코드에서는 간단히 버튼 두 개를 삽입하여, f라는 파일명을 갖는 소리 파일을 재
생하고 멈추는 애플리케이션을 나타내었습니다. 안드로이드의 MediaPlayer는 매우
높은 수준의 추상화된 레이어를 제공하기 때문에, 애플리케이션의 버튼 하나의 기능
이 제공되는 함수 한 개로 모두 실현이 가능합니다. 재생의 경우에는 play라는 함수를
사용하고, 멈춤의 경우는 pause라는 함수를 사용합니다. pause 이후에 다시 play를
실행하면, 멈췄던 지점부터 소리 파일을 재생해줄 것입니다.

MediaRecorder

MediaPlayer의 오디오 인풋에 해당하는 버전이 MediaRecorder라고 볼 수 있습니
다. 앞서 설명된 하드웨어에 이르기까지의 과정이 MediaPlayer와 거의 같으며, 제공
하는 함수의 추상화 레벨 역시 비슷하다는 공통점을 가지고 있습니다. 실제 이를 사용
하는 애플리케이션을 다음과 같이 작성해 볼 수 있습니다.

||||| 안드로이드 애플리케이션에서의 MediaRecorder 라이브러리 사용 예제

```
package sample.recorder1;

import java.io.IOException;
import android.app.Activity;
import android.media.MediaRecorder;
import android.os.Bundle;
import android.util.Log;
import android.view.View;
import android.widget.Button;


public class SampleRecorderActivity extends Activity {
  @Override
  public void onCreate(Bundle savedInstanceState) {
    super.onCreate(savedInstanceState);
```

```java
        setContentView(R.layout.main);

    final MediaRecorder recorder;
    recorder = new MediaRecorder();
    recorder.setAudioSource(MediaRecorder.AudioSource.MIC);
    recorder.setOutputFormat(MediaRecorder.OutputFormat.
      MPEG_4);
    recorder.setAudioEncoder(MediaRecorder.AudioEncoder.AMR_NB);

    Button record = (Button)findViewById(R.id.Button01);
    record.setOnClickListener(new Button.OnClickListener(){
      public void onClick(View v){

        try {
            recorder.setOutputFile("/sdcard/test.mp4");
            recorder.prepare();
            recorder.start();

        } catch (IllegalStateException e) {
            e.printStackTrace();
        } catch (IOException e) {
            e.printStackTrace();
        }
      }
    });

    Button stop = (Button)findViewById(R.id.button1);
    stop.setOnClickListener(new Button.OnClickListener(){
    public void onClick(View v){
      try{
          recorder.stop();
          } catch (IllegalStateException e) {
            Log.d("test",""+e.toString());
      } catch (IOException e) {
          e.printStackTrace();
      }
     }
    });
  }
}


/* shell을 통한 파일 생성 확인 */
# cd /
# pwd
/
# cd sdcard
```

```
# pwd
/mnt/sdcard
# ls -l test.mp4
-rwxrwxrwx root    root       5197 2000-01-17 10:50 test.mp4
```

앞서 설명한 MediaPlayer의 응용과 비슷한 유형의 애플리케이션 입니다. 마찬가지로 버튼 두 개만을 가지는 간단한 뷰를 지니고 있으며, 첫 번째 버튼은 record를 시작하는 동작을 가지게 되고, 두 번째 버튼은 record를 중지하는 동작을 가집니다. record의 시작에 앞서, play와는 달리 몇 가지의 추가 환경 설정이 필요합니다. MIC를 통해 record를 할 것임을 알리는 setAudioSource 함수, record 출력 파일의 유형을 결정하는 setOutputFormat 함수, 그리고 Audio의 encoding 방식을 결정하는 setAudioEncoder 함수 등으로 생성하고자 하는 record 파일에 대한 설정을 마칩니다.

그 후, 버튼을 눌렀을 때, start 함수가 실행되어 record를 시작하게 됩니다. 중지의 경우, MediaPlayer와 마찬가지로, stop 함수를 사용하였습니다. 애플리케이션 실행 후, record 버튼을 누르고 MIC를 통해 오디오 입력을 한 후에 stop 버튼을 누르면, /sdcard/test.mp4라는 파일이 생성되어 있는 것을 확인할 수 있습니다. 이를 재생기를 통하여 재생해보면, 녹음된 내용을 확인할 수 있습니다.

이 chapter에서는 비글보드의 오디오 입출력을 사용하기 위하여, 비글보드 내의 오디오 관련 하드웨어 파트에 대해 알아보았고, 리눅스 운영체제는 이를 이용하기 위하여 어떠한 인터페이스를 지니고 있으며 실제 사용방법은 어떠한지에 대해 기술하였습니다. 더불어, 안드로이드 플랫폼은 리눅스 운영체제가 제공하는 인터페이스를 어떠한 소프트웨어 레이어들을 거쳐서 사용하게 되며, 실제 안드로이드 애플리케이션에서는 어떻게 오디오를 사용할 수 있는지에 대해 코드 단계의 설명과 함께 소개하였습니다.

안드로이드 애플리케이션 개발자는 이 장의 후반부를 통해 실제 개발에 필요한 내용을 얻었을 것이고, 전반부를 통해서는 실제 개발하게 될 코드 하부 레이어에서 어떠한 과정들이 발생하는지에 대해 자세히 알 수 있을 것입니다.

chapter 11
디스플레이 제어하기

이번 Chapter에서는 비글보드의 디스플레이 출력에 관한 이론과 실습을 다뤄보도록 하겠습니다. 디스플레이 출력 포트는 외부 디스플레이 장치와 연결되어 사용자에게 시각적으로 정보를 전달해 줄 수 있도록 하는 역할을 합니다. 리눅스 또는 안드로이드 기반의 영상 시스템을 구축하는데 있어서 기본적인 내용이 다뤄질 것입니다. 그럼 리눅스 커널에서부터 어떻게 디스플레이가 작동할 수 있는지 살펴보도록 하겠습니다.

Section 01.

비글보드의 디스플레이 인터페이스

비글보드에는 총 세 개의 디스플레이 출력 인터페이스가 존재합니다. 먼저 오디오 입출력 단자 바로 옆에 있는 S-Video 출력 포트입니다. 이 포트에서는 S-Video 형식의 영상이 출력됩니다. S-Video는 영상 데이터를 밝기와 색상 두 개의 신호로 전달하는 아날로그 방식의 영산 신호입니다.

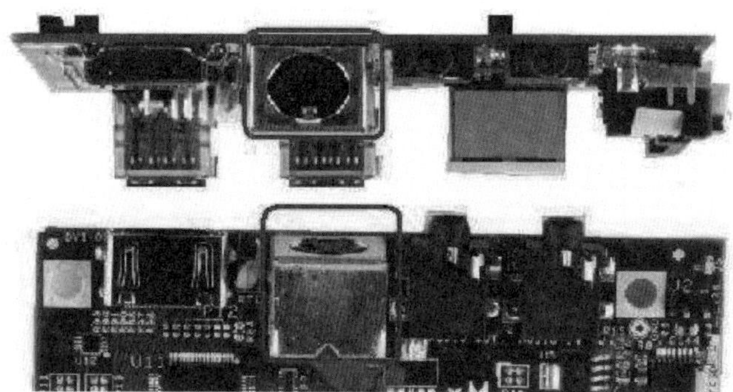

▲ 비글보드의 S-Video 포트

다음은 HDMI 포트입니다. 이 포트에서는 디지털 신호인 HDMI 영상 신호가 출력됩니다. HDMI는 High Definition Multimedia Interface의 약자로, 비압축 디지털 영상 및 음향 인터페이스입니다. HDMI를 통하여 음성 신호와 영상 신호를 모두 보낼 수 있지만, 여기에서는 영상 신호 부분만 살펴보기로 합니다.

영상 신호는 DVI 방식과 호환됩니다. DVI는 Digital Visual Interface의 약자로, 각종 디지털 디스플레이 장치에 적합한 방식입니다. 실제 HDMI가 DVI에 음향 정보를 추가하여 소리를 지원하는 전자 기기에 적합하도록 설계 된 인터페이스이므로, 영상 전송에 있어서는 DVI와 HDMI가 크게 다른 점이 없습니다.

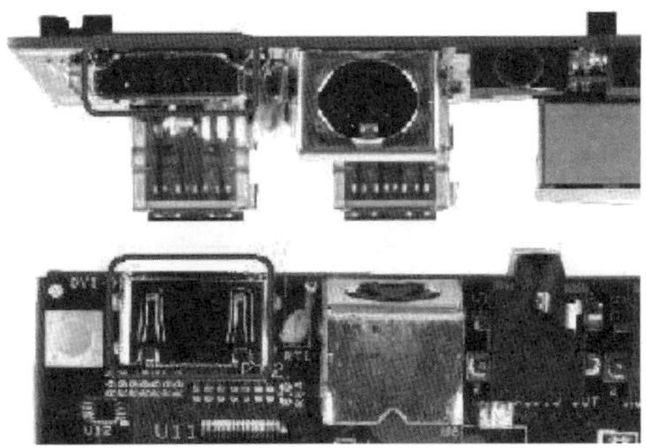

▲ 비글보드의 HDMI

마지막으로 LCD 패널을 연결할 수 있는 커넥터가 있습니다. 여기서는 DVI 신호가 출력됩니다.

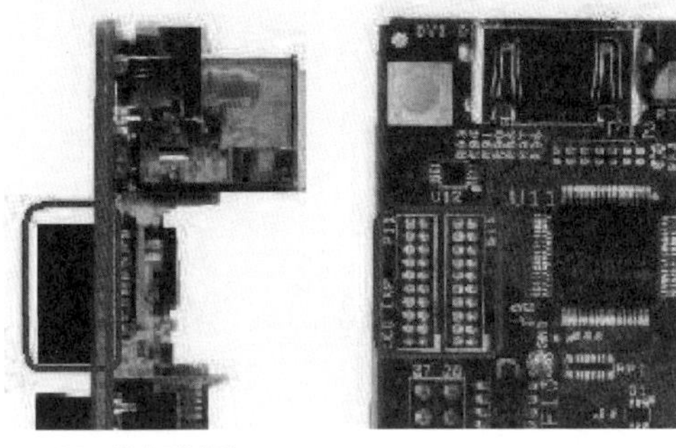

▲ LCD 패널 커넥터

디스플레이 포트도 하드웨어 장치이기 때문에 디바이스 드라이버를 통하여 제어할 수 있습니다. 이제 디스플레이 출력이 어떻게 이루어지는지 디바이스 드라이버와 함께 들여다보기로 하겠습니다.

Section 02.

디스플레이 디바이스 드라이버

omap 계열의 보드에서 디스플레이를 제어하기 위한 디바이스 드라이버는 kernel/drivers/video/omap2에 위치하고 있습니다. 이 경로에는 여러 파일이 존재합니다. 각각의 파일을 살펴보기로 합니다.

vram.c

vram.c 파일은 VRAM을 관리하기 위한 파일입니다. VRAM은 디스플레이에 사용되는 이미지 데이터를 저장하는 데 사용하는 메모리입니다. 프로세서에서 나온 데이터가 실제 디스플레이 되기 전 이미지가 저장되어 있는 일종의 버퍼라고 볼 수 있습니다. vram.c 파일에서는 VRAM 영역에 대한 allocation 및 free가 이루어집니다.

먼저 omap_vram_init 함수를 통하여 VRAM 영역을 초기화합니다.

▥ omap_ vram_ init 함수

```
static __init int omap_vram_init(void)
{
    int i;

    vram_initialized = 1;

    for (i = 0; i < postponed_cnt; i++)
        omap_vram_add_region(postponed_regions[i].paddr,
            postponed_regions[i].size);

#ifdef CONFIG_DEBUG_FS
    if (omap_vram_create_debugfs())
        pr_err("VRAM: Failed to create debugfs file\n");
#endif

    return 0;
}
```

이 함수에서는 omap_vram_add_region을 통해 vram_region을 생성합니다. omap_vram_add_region 함수에서는 omap_vram_create_region을 호출하여 새로운 region을 생성합니다.

▥ omap_ vram_ add_ region 함수

```
int omap_vram_add_region(unsigned long paddr, size_t size)
{
    struct vram_region *rm;
    unsigned pages;

    if (vram_initialized) {
        DBG("adding region paddr %08lx size %d\n",
        paddr, size);
```

```c
        size &= PAGE_MASK;
        pages = size >> PAGE_SHIFT;

        rm = omap_vram_create_region(paddr, pages);
        if (rm == NULL)
            return -ENOMEM;

        list_add(&rm->list, &region_list);
    } else {
        if (postponed_cnt == MAX_POSTPONED_REGIONS)
            return -ENOMEM;

        postponed_regions[postponed_cnt].paddr = paddr;
        postponed_regions[postponed_cnt].size = size;

        ++postponed_cnt;
    }
    return 0;
}
```

omap_vram_create_region에서는 kzalloc 함수를 통해 메모리 영역을 할당하고,
해당 메모리 값을 0으로 초기화합니다.

||||| **omap_vram_create_region 함수**

```c
static struct vram_region *omap_vram_create_region(unsigned
long paddr, unsigned pages)
{
    struct vram_region *rm;

    rm = kzalloc(sizeof(*rm), GFP_KERNEL);

    if (rm) {
        INIT_LIST_HEAD(&rm->alloc_list);
        rm->paddr = paddr;
        rm->pages = pages;
    }

    return rm;
}
```

초기화 이후 VRAM 영역 메모리를 할당받기 위해서는 omap_vram_alloc 함수를
호출합니다.

||||| **omap_vram_alloc 함수**

```c
int omap_vram_alloc(int mtype, size_t size, unsigned long *paddr)
{
    unsigned pages;
    int r;

    BUG_ON(mtype > OMAP_VRAM_MEMTYPE_MAX || !size);

    DBG("alloc mem type %d size %d\n", mtype, size);

    size = PAGE_ALIGN(size);
    pages = size >> PAGE_SHIFT;

    mutex_lock(&region_mutex);

    r = _omap_vram_alloc(mtype, pages, paddr);

    mutex_unlock(&region_mutex);

    return r;
}
```

이 함수에서는 하나의 메모리 구역이 동시에 여러 프로세스에 메모리가 할당되는 것
을 방지하기 위해 lock을 잡은 상태에서 _omap_vram_alloc 함수를 호출하여 메모
리를 할당받습니다.

||||| **_omap_vram_alloc 함수**

```c
static int _omap_vram_alloc(int mtype, unsigned pages,
unsigned long *paddr)
{
    struct vram_region *rm;
    struct vram_alloc *alloc;

    list_for_each_entry(rm, &region_list, list) {
        unsigned long start, end;

        DBG("checking region %lx %d\n", rm->paddr, rm->pages);

        if (region_mem_type(rm->paddr) != mtype)
            continue;

        start = rm->paddr;

        list_for_each_entry(alloc, &rm->alloc_list, list) {
```

```
        end = alloc->paddr;

        if (end - start >= pages << PAGE_SHIFT)
        goto found;

        start = alloc->paddr + (alloc->pages << PAGE_SHIFT);
    }

    end = rm->paddr + (rm->pages << PAGE_SHIFT);
found:
    if (end - start < pages << PAGE_SHIFT)
        continue;

    DBG("found %lx, end %lx\n", start, end);

    alloc = omap_vram_create_allocation(rm, start, pages);
    if (alloc == NULL)
        return -ENOMEM;

    *paddr = start;

    _omap_vram_clear(start, pages);

    return 0;
    }

    return -ENOMEM;
}
```

먼저 미리 구성된 vram_region들 중 원하는 페이지의 주소가 포함되어 있는 것
을 찾습니다. vram_region에는 할당된 메모리 주소의 리스트가 존재하는데, 모든
vram_region에 대하여 해당 리스트를 조사하여 할당을 원하는 페이지 주소가 해당
region에 존재하는지를 확인합니다. 확인되었다면, 해당 vram_region의 원하는 위
치에 omap_vram_create_allocation 함수를 통해 새로운 페이지 메모리를 할당하
게 됩니다. 여기에서도 역시 kzalloc 함수가 사용됩니다.

‖‖ omap_vram_create_allocation 함수

```
static struct vram_alloc *omap_vram_create_allocation(struct
vram_region *vr, unsigned long paddr, unsigned pages)
{
    struct vram_alloc *va;
    struct vram_alloc *new;
```

```
    new = kzalloc(sizeof(*va), GFP_KERNEL);

    if (!new)
        return NULL;

    new->paddr = paddr;
    new->pages = pages;

    list_for_each_entry(va, &vr->alloc_list, list) {
        if (va->paddr > new->paddr)
            break;
    }

    list_add_tail(&new->list, &va->list);

    return new;
}
```

VRAM 페이지를 사용 한 뒤에는 omap_vram_free를 통해 메모리 할당을 해제해
야 합니다. 이 때 omap_vram_free_allocation 함수를 호출합니다.

▥ omap_vram_free 함수와 omap_vram_free_allocation 함수

```
int omap_vram_free(unsigned long paddr, size_t size)
{
    struct vram_region *rm;
    struct vram_alloc *alloc;
    unsigned start, end;

    DBG("free mem paddr %08lx size %d\n", paddr, size);

    size = PAGE_ALIGN(size);

    mutex_lock(&region_mutex);

    list_for_each_entry(rm, &region_list, list) {
        list_for_each_entry(alloc, &rm->alloc_list, list) {
            start = alloc->paddr;
            end = alloc->paddr + (alloc->pages >> PAGE_SHIFT);

            if (start >= paddr && end < paddr + size)
                goto found;
        }
    }

    mutex_unlock(&region_mutex);
```

```
    return -EINVAL;

found:
  omap_vram_free_allocation(alloc);

  mutex_unlock(&region_mutex);
  return 0;
}



static void omap_vram_free_allocation(struct vram_alloc *va)
{
  list_del(&va->list);
  kfree(va);
}
```

vrfb.c

VRFB는 Virtual Rotated Frame Buffer의 약자로, 출력 이미지의 각도(회전)을 제어하는 역할을 합니다. VRFB가 없다면 회전된 화면을 출력시키고자 할 때 이미지를 사전에 회전시킨 후 출력해야 하지만, VRFB를 사용한다면 이미 버퍼에 올려진 화면을 회전시켜 출력할 수 있습니다. 비글보드에서는 하드웨어적으로 0도와 90도, 180도, 270도로 회전된 이미지를 출력할 수 있도록 지원하고 있습니다.

먼저 omap_vrfb_setup 함수를 통해 초기화 과정을 거칩니다. 이 함수의 마지막 부분을 보면 VRFB의 화면 크기와 offset, 색상 모드(YUV)를 설정하고 있습니다.

||||| omap_vrfb_setup 함수

```
void omap_vrfb_setup(struct vrfb *vrfb, unsigned long paddr,
u16 width, u16 height, unsigned bytespp, bool yuv_mode)
{
  unsigned pixel_size_exp;
  u16 vrfb_width;
  u16 vrfb_height;
  u8 ctx = vrfb->context;
  u32 size;
  u32 control;

  DBG("omapfb_set_vrfb(%d, %lx, %dx%d, %d, %d)\n", ctx, paddr,
  width, height, bytespp, yuv_mode);

  /* For YUV2 and UYVY modes VRFB needs to handle pixels a bit
```

```c
 * differently. See TRM. */
if (yuv_mode) {
   bytespp *= 2;
   width /= 2;
}

if (bytespp == 4)
   pixel_size_exp = 2;
else if (bytespp == 2)
   pixel_size_exp = 1;
else
   BUG();

vrfb_width = ALIGN(width * bytespp, VRFB_PAGE_WIDTH) / bytespp;
vrfb_height = ALIGN(height, VRFB_PAGE_HEIGHT);

DBG("vrfb w %u, h %u bytespp %d\n", vrfb_width, vrfb_height,
   bytespp);

size  = vrfb_width << SMS_IMAGEWIDTH_OFFSET;
size |= vrfb_height << SMS_IMAGEHEIGHT_OFFSET;

control  = pixel_size_exp << SMS_PS_OFFSET;
control |= VRFB_PAGE_WIDTH_EXP << SMS_PW_OFFSET;
control |= VRFB_PAGE_HEIGHT_EXP << SMS_PH_OFFSET;

vrfb_hw_context[ctx].physical_ba = paddr;
vrfb_hw_context[ctx].size = size;
vrfb_hw_context[ctx].control = control;

omap2_sms_write_rot_physical_ba(paddr, ctx);
omap2_sms_write_rot_size(size, ctx);
omap2_sms_write_rot_control(control, ctx);

DBG("vrfb offset pixels %d, %d\n",
vrfb_width - width, vrfb_height - height);

vrfb->xres = width;
vrfb->yres = height;
vrfb->xoffset = vrfb_width - width;
vrfb->yoffset = vrfb_height - height;
vrfb->bytespp = bytespp;
vrfb->yuv_mode = yuv_mode;
}
```

setup이 완료된 상태에서 omap_vrfb_request_ctx 함수를 통해 회전을 결정할
context를 요청합니다.

‖‖‖‖ omap_vrfb_request_ctx 함수

```c
int omap_vrfb_request_ctx(struct vrfb *vrfb)
{
    int rot;
    u32 paddr;
    u8 ctx;
    int r;

    DBG("request ctx\n");

    mutex_lock(&ctx_lock);

    for (ctx = 0; ctx < VRFB_NUM_CTXS; ++ctx)
        if ((ctx_map & (1 << ctx)) == 0)
            break;

    if (ctx == VRFB_NUM_CTXS) {
        pr_err("vrfb: no free contexts\n");
        r = -EBUSY;
        goto out;
    }

    DBG("found free ctx %d\n", ctx);

    set_bit(ctx, &ctx_map);

    memset(vrfb, 0, sizeof(*vrfb));

    vrfb->context = ctx;

    for (rot = 0; rot < 4; ++rot) {
        paddr = SMS_ROT_VIRT_BASE(ctx, rot);
        if (!request_mem_region(paddr, OMAP_VRFB_SIZE, "vrfb")) {
            pr_err("vrfb: failed to reserve VRFB "
            "area for ctx %d, rotation %d\n",
            ctx, rot * 90);
            omap_vrfb_release_ctx(vrfb);
            r = -ENOMEM;
            goto out;
        }

        vrfb->paddr[rot] = paddr;
```

```
        DBG("VRFB %d/%d: %lx\n", ctx, rot*90, vrfb->paddr[rot]);
    }

    r = 0;
out:
    mutex_unlock(&ctx_lock);
    return r;
}
```

이 함수에서는 중복 방지를 위하여 lock을 잡은 상태에서 ctx_map으로 선언된 비트 맵을 살펴보고, 추가 context가 들어갈 수 있는지를 확인합니다. 비트맵 상의 모든 공간이 이미 사용중이라면 에러인 EBUSY를 반환합니다. 사용 가능한 공간이 있다면 해당 bit를 1로 설정합니다.

이후 for 루프를 통해 네 방향(0도, 90도, 180도, 270도)의 이미지가 저장될 메모리를 할당받습니다. request_mem_region 함수를 통해 각각에 필요한 메모리를 할당받는데, 만약 메모리가 부족할 경우 ENOMEM을 반환합니다. 메모리 할당에 성공하였다면 메모리 주소를 저장한 뒤 lock을 해제합니다.

omap_vrfb_map_angle 함수는 I/O 메모리 상에 존재하는 특정 회전 방향 이미지를 가상 메모리로 불러오는 역할을 합니다.

▥ omap_vrfb_map_angle 함수

```
int omap_vrfb_map_angle(struct vrfb *vrfb, u16 height, u8 rot)
{
    unsigned long size = height * OMAP_VRFB_LINE_LEN *
        vrfb->bytespp;

    vrfb->vaddr[rot] = ioremap_wc(vrfb->paddr[rot], size);

    if (!vrfb->vaddr[rot]) {
        printk(KERN_ERR "vrfb: ioremap failed\n");
        return -ENOMEM;
    }

    DBG("ioremapped vrfb area %d of size %lu into %p\n", rot, size,
    vrfb->vaddr[rot]);

    return 0;
}
```

이 함수에서는 ioremap_wc를 호출합니다. ioremap_wc 함수는 I/O 메모리로부터 값을 읽어와 가상 메모리 상에 연결시켜주는 함수입니다. 이 함수의 반환 값이 0이라면 메모리가 부족하다는 것으로, ENOMEM을 반환합니다.

VRFB로부터 context를 해제할 때에는 omap_vrfb_release_ctx 함수를 호출합니다.

▒ **omap_vrfb_release_ctx 함수**

```c
void omap_vrfb_release_ctx(struct vrfb *vrfb)
{
    int rot;
    int ctx = vrfb->context;

    if (ctx == 0xff)
    return;

    DBG("release ctx %d\n", ctx);

    mutex_lock(&ctx_lock);

    BUG_ON(!(ctx_map & (1 << ctx)));

    clear_bit(ctx, &ctx_map);

    for (rot = 0; rot < 4; ++rot) {
        if (vrfb->paddr[rot]) {
            release_mem_region(vrfb->paddr[rot], OMAP_VRFB_SIZE);
            vrfb->paddr[rot] = 0;
        }
    }

    vrfb->context = 0xff;

    mutex_unlock(&ctx_lock);
}
```

omap_vrfb_request_ctx 함수와는 반대로 ctx_map 비트맵 상의 해당 bit을 0으로 설정합니다. 또한 앞에서 할당받았던 네 개의 메모리 영역을 릴리즈해 줍니다.

omapfb/omapfb-main.c

omapfb-main.c 파일은 실제로 화면에 나타날 이미지를 설정하는 함수들을 가지고 있습니다.

먼저 드라이버 모듈이 시작할 때 실행되는 omapfb_init 함수에서는 드라이버를 등록합니다.

||||| **omapfb_init 함수**

```c
static int __init omapfb_init(void)
{
    DBG("omapfb_init\n");

    if (platform_driver_register(&omapfb_driver)) {
        printk(KERN_ERR "failed to register omapfb driver\n");
        return -ENODEV;
    }

    return 0;
}
```

드라이버 사용을 끝나고 모듈을 해제할 때 호출되는 omapfb_exit 함수에서는 init과는 반대로 드라이버 등록을 해제합니다.

||||| **omapfb_exit 함수**

```c
static void __exit omapfb_exit(void)
{
    DBG("omapfb_exit\n");
    platform_driver_unregister(&omapfb_driver);
}
```

실질적인 omapfb 초기화가 이루어지는 함수는 omapfb_fb_init 함수입니다.

||||| **omapfb_fb_init 함수**

```c
static int omapfb_fb_init(struct omapfb2_device *fbdev,
struct fb_info *fbi)
{
    //중략

    if (fbdev->dev->platform_data) {
        struct omapfb_platform_data *opd;
        int id = ofbi->id;

        opd = fbdev->dev->platform_data;
        if (opd->mem_desc.region[id].format_used) {
            enum omap_color_mode mode;
            enum omapfb_color_format format;
```

```
            format = opd->mem_desc.region[id].format;
            mode = fb_format_to_dss_mode(format);
            if (mode < 0) {
                r = mode;
                goto err;
            }
            r = dss_mode_to_fb_mode(mode, var);
            if (r < 0)
                goto err;
        }
    }

    if (display) {
        u16 w, h;
        int rotation = (var->rotate + ofbi->rotation[0]) % 4;

        display->driver->get_resolution(display, &w, &h);

        if (rotation == FB_ROTATE_CW ||
            rotation == FB_ROTATE_CCW) {
            var->xres = h;
            var->yres = w;
        } else {
            var->xres = w;
            var->yres = h;
        }

        var->xres_virtual = var->xres;
        var->yres_virtual = var->yres;

        if (!var->bits_per_pixel) {
            switch (omapfb_get_recommended_bpp(fbdev, display)) {
            case 16:
                var->bits_per_pixel = 16;
            break;
            case 24:
                var->bits_per_pixel = 32;
            break;
            default:
                dev_err(fbdev->dev, "illegal display "
                "bpp\n");
            return -EINVAL;
            }
        }
    } else {
        /* if there's no display, let's just guess some basic values */
```

```
            var->xres = 320;
            var->yres = 240;
            var->xres_virtual = var->xres;
            var->yres_virtual = var->yres;
            if (!var->bits_per_pixel)
            var->bits_per_pixel = 16;
      }


      //중략
}
```

먼저 디스플레이에 사용될 색상 format을 설정합니다. 연결된 디스플레이에서 지원하는 색상 format으로 선택하거나, 기본 색상 format을 사용하게 됩니다. 이후 if(display)-else 문에서 디스플레이 화면의 해상도(resolution)와 픽셀 당 bit수를 결정합니다. 이 때 디스플레이가 연결되어 있다면 해당 디스플레이 장치의 드라이버로부터 지원 가능한 해상도와 픽셀 당 bit수를 받아와 그 값으로 설정하고, 그렇지 않다면 기본 값으로 설정합니다.

draw_pixel 함수는 특정 픽셀에 원하는 색상을 그리는 함수입니다.

⊪ draw_pixel 함수

```
static void draw_pixel(struct fb_info *fbi, int x, int y,
unsigned color)
{
   struct fb_var_screeninfo *var = &fbi->var;
   struct fb_fix_screeninfo *fix = &fbi->fix;
   void __iomem *addr = fbi->screen_base;
   const unsigned bytespp = var->bits_per_pixel >> 3;
   const unsigned line_len = fix->line_length / bytespp;

   int r = (color >> 16) & 0xff;
   int g = (color >> 8) & 0xff;
   int b = (color >> 0) & 0xff;

   if (var->bits_per_pixel == 16) {
      u16 __iomem *p = (u16 __iomem *)addr;
      p += y * line_len + x;

      r = r * 32 / 256;
      g = g * 64 / 256;
      b = b * 32 / 256;

      __raw_writew((r << 11) | (g << 5) | (b << 0), p);
```

```
    } else if (var->bits_per_pixel == 24) {
      u8 __iomem *p = (u8 __iomem *)addr;
      p += (y * line_len + x) * 3;


      __raw_writeb(b, p + 0);
      __raw_writeb(g, p + 1);
      __raw_writeb(r, p + 2);
    } else if (var->bits_per_pixel == 32) {
      u32 __iomem *p = (u32 __iomem *)addr;
      p += y * line_len + x;
      __raw_writel(color, p);
    }
  }
```

입력 되는 x와 y 값은 화면 상의 좌표를 나타내고, color는 RGB 색상 값을 나타냅니다. 최하위 8개 bit은 B, 다음 8개 bit은 G, 다음 8개 bit은 R 값을 나타냅니다. ARGB 색상을 사용할 때에는 최상위 8개 bit이 A값(투명도)으로 사용되지만, 여기에서는 RGB 색상을 사용하기 때문에 최상위 8개 bit은 사용되지 않습니다. 이후 픽셀당 bit 수에 따라 레지스터에 넣어 줄 값을 계산 한 뒤, 각 bit에 맞는 __raw_write 함수를 호출하여 디스플레이 제어 레지스터에 색상 값을 넘겨주게 됩니다.

Section 03.

안드로이드와 디스플레이

안드로이드 SDK에서 디스플레이를 담당하는 package는 android.view입니다. 이 android.view는 여러 개의 android.widget을 이용하여 화면을 구성합니다. 위젯(Widget)에는 버튼이나 텍스트 상자, 체크 박스, 이미지 출력 상자, 리스트, 스크롤러, 표 등 안드로이드 애플리케이션 상에서 사용자 UI를 위한 다양한 화면 구성 요소가 존재합니다. 이들 구성 요소는 xml 파일에 구성되어 있습니다. 각 구성 요소를 배치하기 위해 xml을 어떻게 작성할 수 있는지는 뒤에서 자세히 살펴보기로 합니다.

다음 그림은 안드로이드 소프트웨어 구조를 나타내고 있습니다. 최하위 Linux kernel에 위치한 Display Driver는 앞 Section에서 설명한 드라이버가 위치하게 됩니다. 차상위 계층인 application framework에 위치한 View System은 view 패키지를 의미합니다.

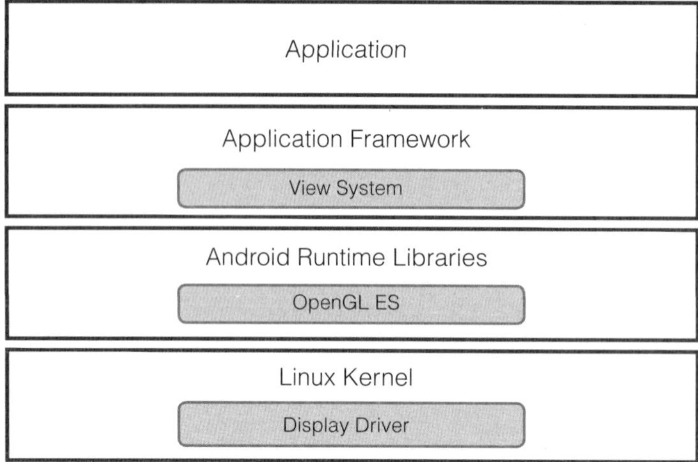

▲ 안드로이드 소프트웨어 구조

View System에서 Display Driver를 사용하기 위해서는 OpenGL과 같은 라이브러리를 거쳐야 합니다. 먼저 xml 등의 방법으로 구성되어 있는 view에서 각 위젯(widget)들의 크기나 위치 정보를 파악합니다. 이후 라이브러리에 접근해야 하는데, JAVA에서 C/C++ 라이브러리에 접근하는 작업이 필요하기 때문에 JNI와 NDK를 통해 디스플레이 관련 라이브러리에 접근하게 됩니다.

해당 라이브러리를 통해 특정 위치에 특정 위젯을 그리라는 명령을 내리게 되면, 일반 리눅스에서와 같이 각 라이브러리는 Display Driver를 열고 명령받은 대로 화면을 출력하도록 지시합니다. 디스플레이 드라이버는 이를 화면에 나타내주게 되고, 사용자로 하여금 특정 안드로이드 화면을 볼 수 있도록 유도하게 됩니다.

이번 chapter에서는 비글보드 상에 있는 디스플레이 제어 장치들과 이들 장치들을 제어하기 위한 드라이버를 알아보았습니다. 안드로이드상에서 라이브러리에 디스플레이 관련 요청을 하면, 라이브러리에서는 디스플레이 드라이버에 접근하고 원하는 위치에 원하는 그림을 그리라는 명령을 내립니다. 디스플레이 드라이버는 해당 명령을 수행하고, 최종적으로 사용자에게 화면을 보여줄 수 있습니다.

chapter 12
안드로이드 앱 개발 환경 구축

지금가지 안드로이드와 관련하여 리눅스에서 새로운 디바이스에 대한 디바이스 드라이버 구축하는 방법에 대해서 알아보았습니다. 하드웨어와 직접 연관이 있는 리눅스 커널에서의 프로그래밍과 안드로이드의 사용에 대해서 공부하였으니, 이제부터 비글보드와 여기에 빌드된 안드로이드 플랫폼을 활용하는 애플리케이션 개발에 관해서 알아보도록 하겠습니다.

구글은 안드로이드 애플리케이션을 개발하기 위한 안드로이드 개발 라이브러리로서 SDK를 제공하고 있습니다. 한편, 앱 개발 환경은 윈도우 환경과 리눅스 환경 모두에서 구축할 수 있지만, 현재 호스트 머신으로 우분투 리눅스를 사용하기 때문에 리눅스 환경에서 앱 개발 환경 구축에 대해서 설명하기로 합니다. 윈도우 환경에서 설치하는 방법 역시 리눅스 환경에서 설치하는 것과 동일하고, 개발 환경 구축에 필요한 도구들을 윈도우 환경에 맞는 버전을 사용하면 가능합니다.

안드로이드의 애플리케이션 개발 환경 구축을 위해서는 다음의 과정을 거쳐야 합니다.

① JDK (Java Development Kit)의 설치

② 이클립스 설치

③ 안드로이드 SDK 시작 패키지 설치

④ 이클립스 내에 ADT (Android Development Tools) 설치

⑤ 안드로이드 플랫폼들과 다른 구성 요소의 설치

이제부터 리눅스 환경에서 안드로이드 애플리케이션 개발 환경 구축에 필요한 과정들을 하나하나 살펴보도록 하겠습니다.

Section 01.

JDK 설치

안드로이드 애플리케이션을 개발하기 위한 이클립스는 JDK를 필요로 합니다. 따라서 애플리케이션 개발을 위한 도구의 설치 중에서 JDK 설치를 먼저 합니다. 이 책을 따라서 공부를 하는 독자는 chapter 03에서 비글보드 개발 환경을 구축하면서 JDK 6.0 버전을 설치하였을 것입니다. 만약 안드로이드 애플리케이션 개발에 관련하여 공부를 시작하는 독자라면, 잠시 chapter 03에 가서 JDK 설치하는 방법을 익히도록 합니다.

만약 우분투 리눅스가 아닌 다른 리눅스를 사용하거나 윈도우 사용자라면, 해당 JDK 는 Oracle 사에서 제공하는 파일을 다운받아서 설치해야 합니다. 각 운영체제에 맞는 버전을 웹사이트를 통하여 다운받습니다.

JDK를 다운받을수 있는 사이트는 다음과 같습니다.
– http://www.oracle.com/technetwork/java/javase/downloads/index.html

Section 02.

이클립스 설치

이클립스는 이클립스 홈페이지(www.eclipse.org/downloads/)를 통해 압축파일 을 다운받을 수 있습니다. 이클립스는 압축된 파일을 풀어주는 것으로 간단히 설치 할 수 있습니다. 이클립스의 경우 사용하는 플랫폼에 따라 여러 가지 버전이 제공 되는데, 안드로이드 개발용으로는 클래식 버전이나 엔터프라이즈 버전이 적합합 니다. Download list에서 Linux 플랫폼을 선택하고 Eclipse IDE for Java EE Developers 64 비트 버전을 다운로드합니다.

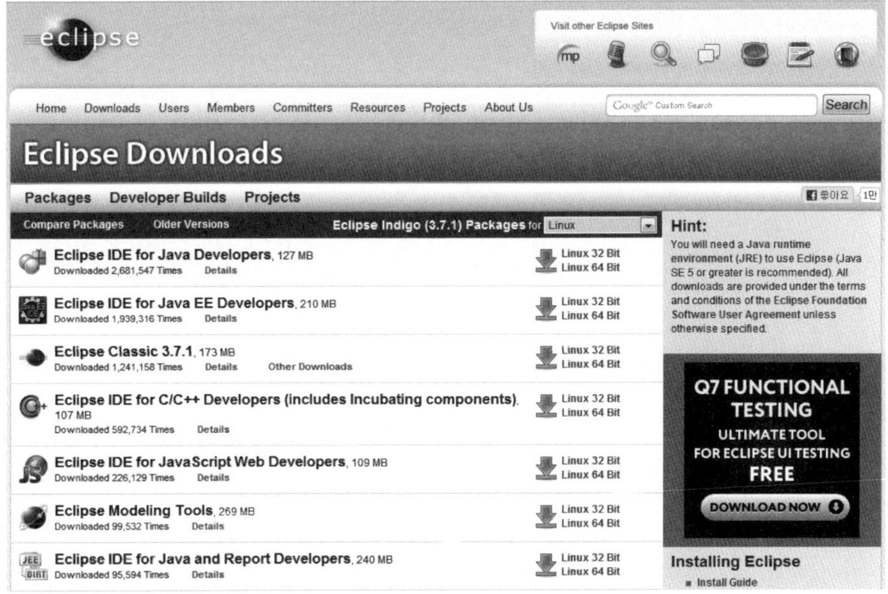

▲ 이클립스 다운로드 페이지

이클립스를 설치하기 위해서 다운받은 eclipse 압축 파일을 home 디렉토리로 이동
(복사)하고, tar 명령을 사용하여 압축 파일의 압축을 풀어주도록 합니다. 이클립스를
다운받을 시점에서 압축 파일의 이름이 다를 수 있으나 크게 문제가 될 것은 없습니
다.

▥ 이클립스 설치

```
beagleboard@ubuntu:~$ cp <다운로드 디렉토리>/eclipse-jee-juno-linux-
gtk-x86_64.tar.gz ~/
beagleboard@ubuntu:~$ tar xvfz eclipse-jee-juno-linux-gtk-x86_64.
tar.gz

--- 생략 ---

beagleboard@ubuntu:~$ ls
......
eclipse
eclipse-jee-indigo-SR1-linux-gtk-x86_64.tar.gz

--- 생략 ---
```

압축을 푼 후에 디렉토리를 살펴보면, eclipse라는 디렉토리가 생성이 되고, 디렉토리
안에 이클립스 파일들이 압축이 풀린 것을 확인할 수 있습니다. 해당 디렉토리에 가서
ls 명령을 통해서 압축이 풀린 파일을 보면 다음과 같습니다. 여기서 eclipse가 이클립
스의 실행 파일에 해당합니다. 아직 PATH를 설정하지 않았으므로, "./eclipse"라고
해서 이클립스를 실행해 봅시다.

▥ 이클립스 실행

```
beagleboard@ubuntu:~$ cd eclipse/
beagleboard@ubuntu:~/eclipse$ ls
about.html    configuration eclipse.ini icon.xpm      p2
about_files   dropins       epl-v10.html libcairo-swt.so plugins
artifacts.xml eclipse       features    notice.html    readme
beagleboard@ubuntu:~/eclipse$ ./eclipse
```

실행을 시키면 이클립스 로고가 나오고, 잠시 후에 워크스페이스(workspace)를 설정
하는 화면이 나옵니다. 워크스페이스란 이클립스를 통해서 프로젝트를 수행 시 코드
가 저장되는 위치를 나타냅니다. 기본적으로 선택된 워크스페이스를 그대로 두고 OK
버튼을 클릭해서 이클립스를 실행합니다. 워크스페이스의 위치는 이클립스에서 언제
든지 수정이 가능합니다.

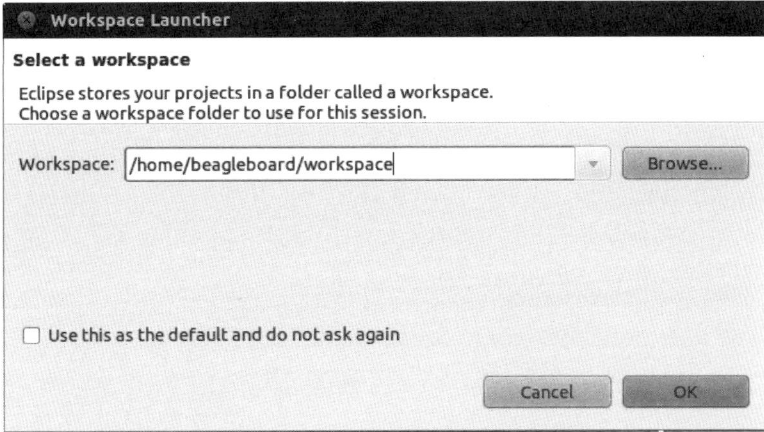

▲ 워크스페이스 설정 화면

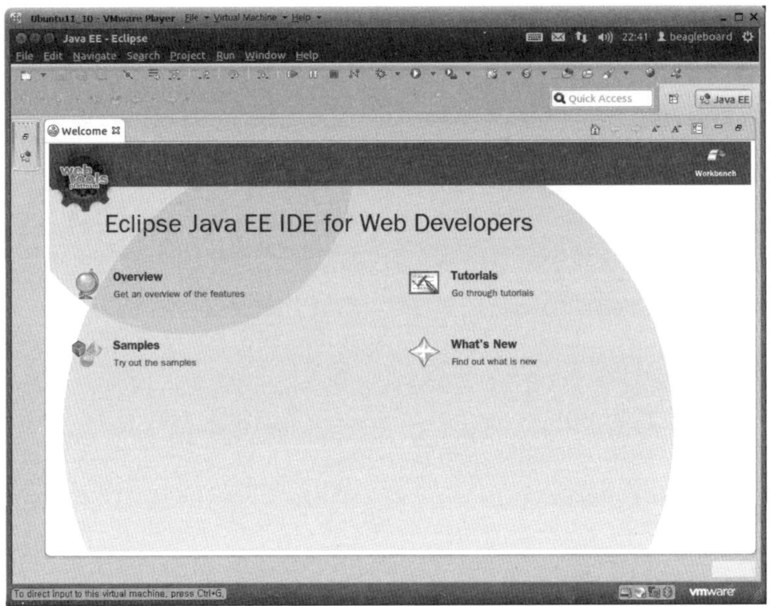

▲ 이클립스 처음 실행 시 나타나는 데모 화면

위 그림과 같이 이클립스를 소개하는 화면이 나타나면, 정상적으로 동작하는 것입니다. 처음 소개 화면에서는 이클립스의 간단한 소개와 tutorials 등을 볼 수 있습니다. 지금은 설치 중이므로 동작을 확인하고 다음 단계로 넘어갑니다.

Section 03.

안드로이드 SDK 시작 패키지 설치

이클립스에서 안드로이드 애플리케이션을 개발하기 위해서는 SDK와 AVD Manager
가 필요합니다. 이들을 설치하고 관리해 주는 도구가 SDK 시작 패키지 입니다. 안드
로이드 개발자 사이트(http://developer.android.com)에 접속한 후 SDK를 다운받
을 수 있습니다. developer.android.com/sdk/index.html로 가서 다운받습니다.
받을 SDK는 android-sdk_r20.0.1-linux.tgz 입니다.

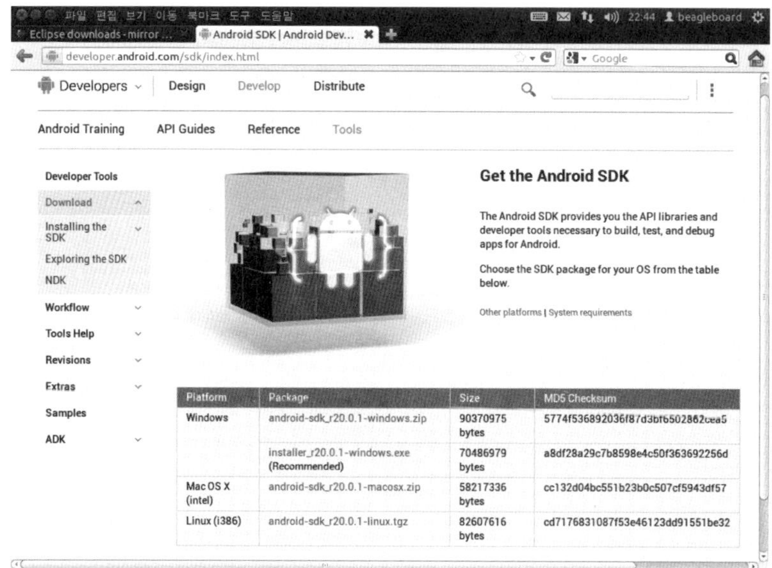

▲ 안드로이드 SDK 다운로드 페이지

해당 안드로이드 SDK를 다운받은 디렉토리에서 SDK를 eclipse 폴더 아래로 복사합
니다. 리눅스의 SDK의 설치는 압축을 풀고 해당 위치의 PATH를 설정하는 것으로
간단하게 설치할 수 있습니다. 일반적으로 HOME 디렉토리에 압축을 풀고 사용하는
데, 위치는 어느 곳이나 상관이 없습니다. 우리는 eclipse를 설치한 폴더 내에 압축을
풀어서 사용하는 것으로 합니다. 다음과 같은 명령을 사용하여 SDK 시작 패키지를 설
치하고 PATH를 설정합니다.

|||| SDK 시작 패키지 설치

```
beagleboard@ubuntu:~$ cp 〈다운로드 디렉토리〉/android-sdk_r20.0.1-linux.
tgz ~/eclipse/
beagleboard@ubuntu:~$ cd ~/eclipse/
```

```
beagleboard@ubuntu:~/eclipse$ tar xvf android-sdk_r20.0.1-linux.
tgz

--- 중략 ---

beagleboard@ubuntu:~/eclipse$ ls
about.html              configuration features      plugins
about_files             dropins   icon.xpm      readme
android-sdk-linux       eclipse   libcairo-swt.so
android-sdk_r20.0.1-linux.tgz eclipse.ini   notice.html
artifacts.xml           epl-v10.html p2

beagleboard@ubuntu:~/eclipse$
```

PATH의 설정은 HOME 디렉토리에 있는 .bashrc 파일을 수정합니다. 에디터를 사용하여 .bashrc 파일의 마지막 줄에 있는 다음의 내용을 수정합니다. 안드로이드 소스 컴파일 단계를 거친 독자들은 다음과 같이 추가된 것을 확인할 수 있습니다.

```
export PATH=~/bin:$PATH
```

이것을 다음과 같이 수정합니다.

```
export PATH=~/bin:~/eclipse:~/eclipse/android-sdk-linux/
tools:$PATH
```

그리고 파일을 저장하고, "source ./.bashrc" 파일이라는 명령을 통해서 PATH를 설정합니다. 터미널을 새로 여는 경우에는 바뀐 PATH가 설정이 됩니다. 만약, 안드로이드 앱 개발 환경 구축 단계를 처음 시작하는 경우라면 .bashrc 파일 마지막 줄에 추가하도록 합니다. 추가된 PATH에서 '~/eclipse' 디렉토리는 이클립스를 실행하는 명령이 존재하는 PATH를 설정한 것이고, '~/eclipse/android-sdk-linux/tools'는 sdk의 tool의 위치를 설정한 것입니다.

Section 04.
이클립스 내 ADT(Android Development Tools) 설치

JDK와 이클립스를 설치하면 코드의 작성과 컴파일 및 실행 등을 이클립스 내에서 모두 수행할 수 있습니다. 하지만 아직 안드로이드 애플리케이션 개발은 할 수 없는데, 프로젝트 생성 시 안드로이드 관련 프로젝트를 생성할 수 없는 것을 확인할 수 있을 것입니다. 따라서 이클립스에서 안드로이드를 개발하기 위해서 플러그인을 설치하여야 합니다. ADT는 Android Development Tools의 약자로 안드로이드 애플리케이션을 빌드하기 위한 이클립스 플러그 인입니다.

이클립스에 ADT를 설치하기 위해서는 이클립스를 실행해서 설치를 하는 과정을 거치게 됩니다. 이클립스를 실행한 후, 다음 그림과 같이 [Help]→[Install New Software...] 메뉴를 클릭합니다.

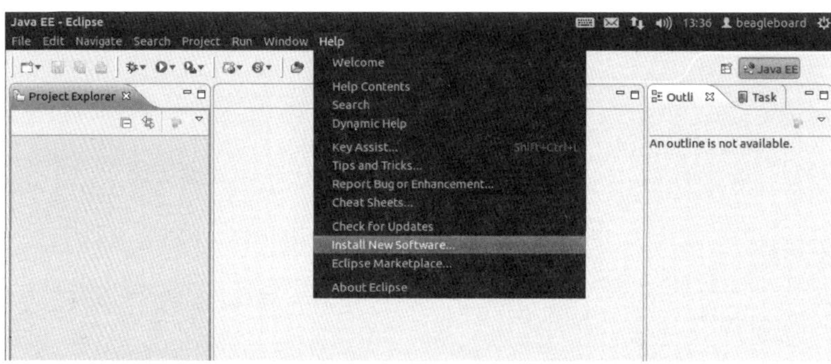

▲ Helf 메뉴에 있는 Install New Software

그러면 다음과 같이 "install"을 위한 새 창이 나타납니다.

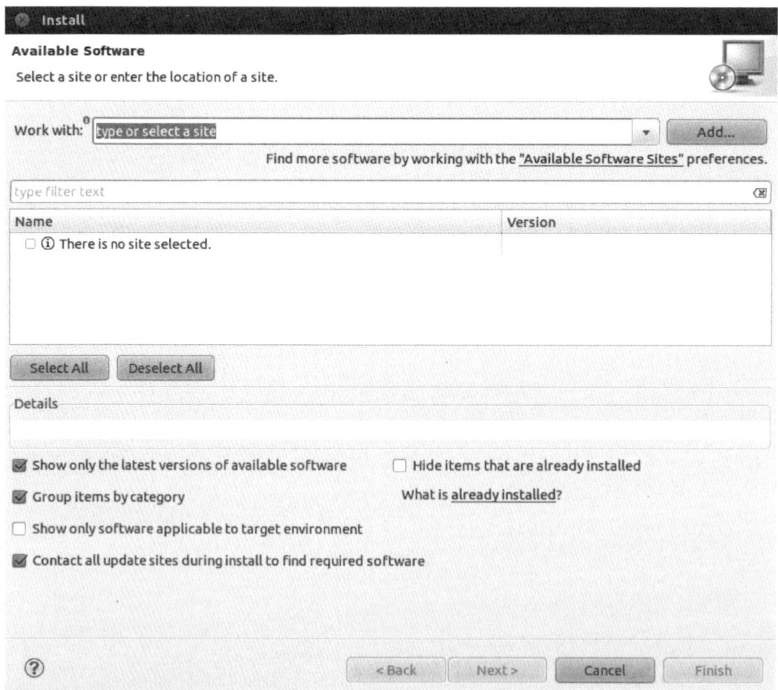

▲ 새로운 소프트웨어를 추가하는 화면

여기서 오른쪽 위에 있는 "Add…" 버튼을 클릭해서 새롭게 나타나는 "Add Repository" 창의 Name과 Location에 다음을 추가합니다.

```
Name: ADT Plugin
URL: https://dl-ssl.google.com/android/eclipse/
```

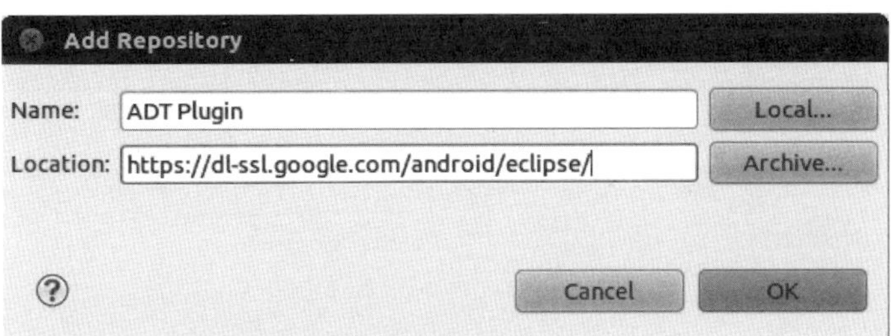

▲ 안드로이드 ADT의 저장소를 설정하는 화면

위의 사항을 추가하고 OK 버튼을 클릭하면, 사용할 수 있는 플러그 인의 리스트를 확인할 수 있습니다.

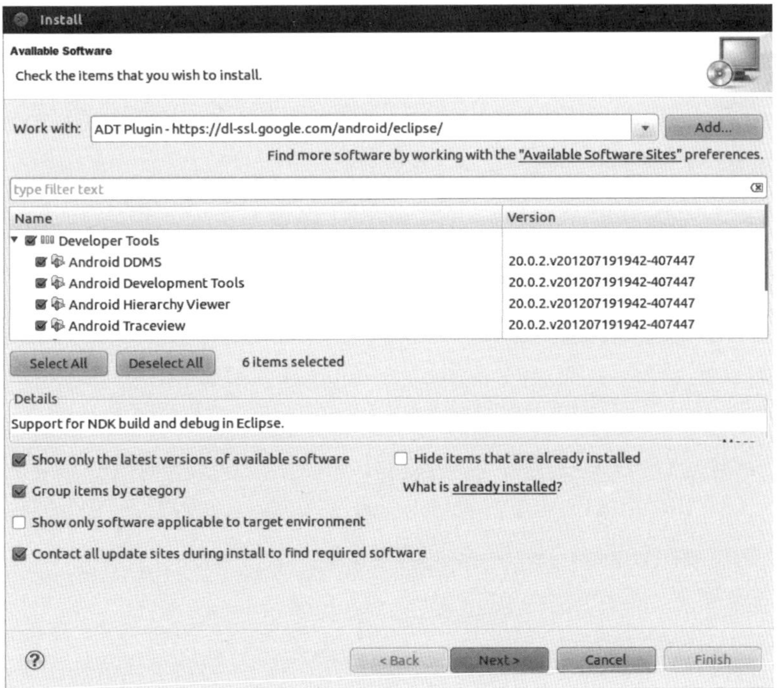

▲ 소프트웨어 추가화면에서 선택한 ADT의 리스트

위 그림과 같이 선택할 수 있는 플러그 인 모두를 선택한 후에, Next 버튼을 클릭해서 설치를 진행합니다. 진행 과정에서 다운로드할 항목들을 보여주는 화면 등이 나오는

데 Next를 클릭해서 설치를 계속 진행하면 됩니다. 라이선스 동의 화면에서는 accept를 클릭한 후 Finish 버튼을 클릭해서 설치를 마무리합니다.

이렇게 ADT 설치가 완료되면 이클립스를 재실행할지를 물어보는데, 설치한 ADT가 이클립스에 반영되도록 이클립스를 재실행합니다.

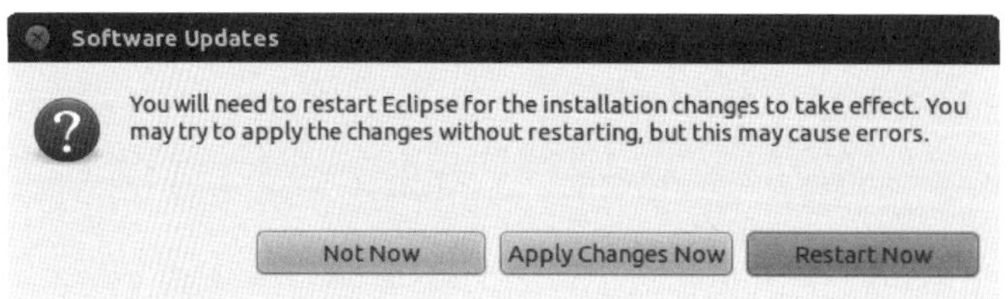

▲ 이클립스 재실행 여부를 묻는 화면

Section 05.

안드로이드 플랫폼 및 다른 구성 요소의 설치

다음은 이클립스에 안드로이드 SDK를 추가하는 과정입니다. 이 과정의 진행은 이클립스에서 [Window]→[Preferences] 메뉴를 통해서 가능합니다. 이번에 우리가 설치한 버전에서는 이클립스가 재실행이 되어서 동작을 시작하면, Android Development의 환영 메시지로 SDK platform을 설치를 물어보는 창이 나타나는 것을 확인할 수 있습니다. 이클립스에 아직 SDK가 추가되어있지 않기 때문입니다.

만약 이클립스를 재실행할 때, Android SDK Manager 화면이 나오지 않아도 걱정할 필요는 없습니다. 이클립스 메뉴에서, [Window]→[Preferences]를 클릭하면 나오는 Preference 창에서 다음 그림과 같이 Android 탭을 선택하면, SDK 위치와 필요한 플랫폼과 패키지를 설치할 수 있습니다.

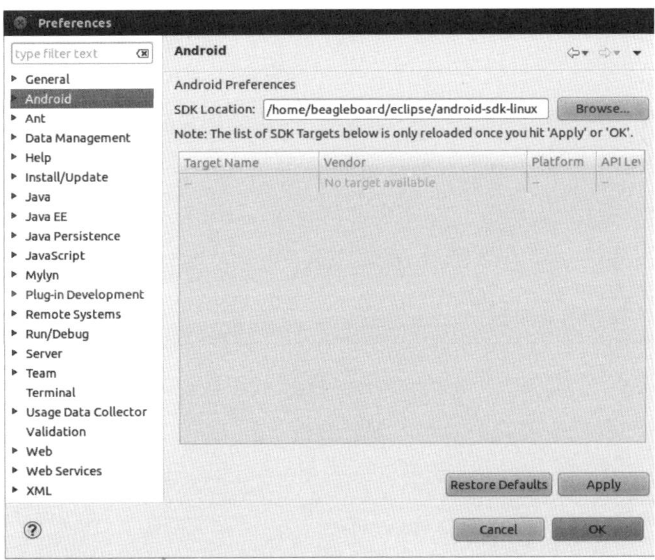

▲ 이클립스 메뉴를 통한 SDK 설정 방법

여기까지 이클립스의 ADT 플러그 인을 모두 설치하고 이클립스에서 SDK의 위치를 설정하였습니다. ADT 플러그 인을 설치한 후의 이클립스를 살펴보면 메뉴에 몇 가지 변화가 생긴 것을 알 수 있습니다. 먼저 앞에서 SDK 설정을 한 것처럼, Preference에 Android가 생긴 것을 볼 수 있고, Window 메뉴에서도 다음 그림과 같이 "Android SDK Manager"와 "AVD Manager" 항목이 새로 생긴 것을 알 수 있습니다. ADT 버전에 따라서는 이 두 항목이 "Android SDK and AVD Manager"라는 하나의 메뉴로 구성이 되어있을 수도 있습니다.

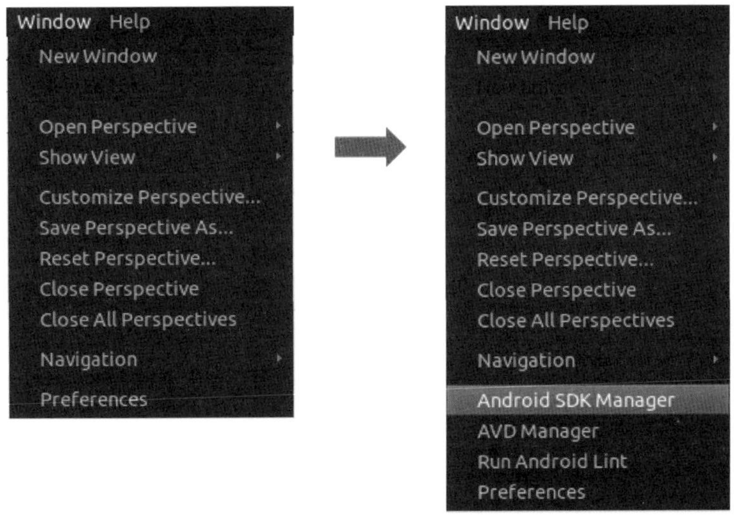

▲ 안드로이드 환경 구성 후 이클립스 메뉴의 변화

이클립스에서 프로젝트 생성 부분에서 프로젝트로 안드로이드 프로젝트를 생성할 수 있는 메뉴도 생성된 것을 확인할 수 있습니다. 하지만, 지금 단계에서 안드로이드 프로젝트를 생성해서 빌드 후 실행을 할 수 있는 것은 아닙니다. 이는 우리가 앞에서 설치한 SDK 버전 안에 platform에 관련된 항목이 빠져 있기 때문입니다. 따라서 추가로 필요한 SDK 항목들을 다운받는 과정을 수행해야 합니다. 이 과정은 ADT를 설치하는 과정과 비슷하게 이클립스에서 작업을 수행합니다.

[Window]→[Android SDK Manager]를 선택하면 다음과 같은 대화상자가 열립니다. 여기서 Package 항목으로 사용 가능한 플랫폼을 확인할 수 있고, 해당 항목을 설치할 수 있습니다. 나타난 항목을 살펴보면, 예전 안드로이드 플랫폼에서부터 최신의 것까지 항목이 나타나는 것을 확인할 수 있습니다. 우리가 타겟으로 하는 버전인 android 4.0.3 (API 15)에 해당하는 것을 우선적으로 설치합니다. 다양한 플랫폼에서 앱 개발을 하거나 공부를 하고자 한다면 모두 설치해도 무방합니다. 다음 그림과 같이 Tools에서 Android SDK Platform-tools를 선택하고, Android 4.0.3 (API 15)의 항목들 모두 설치합니다.

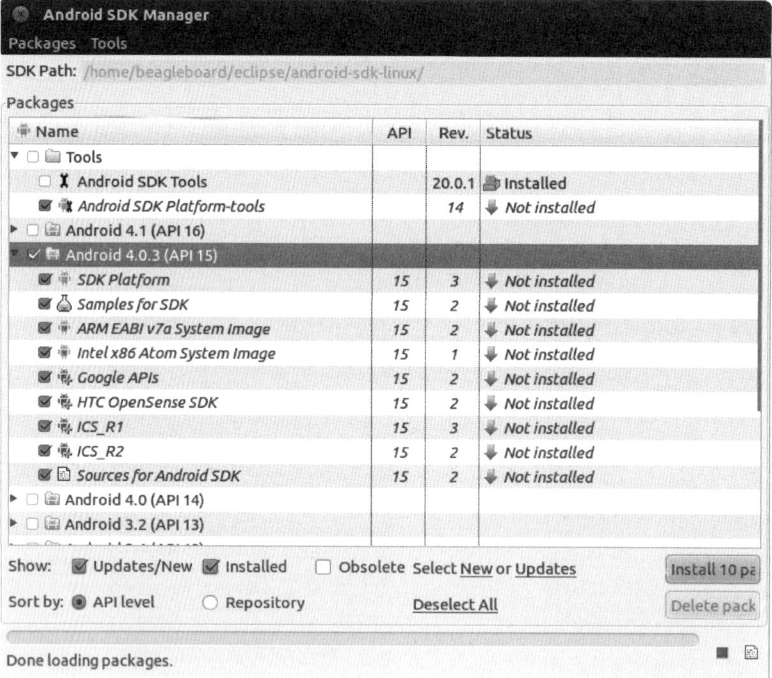

▲ 안드로이드 SDK platform 설치

인스톨 버튼을 클릭하면 라이선스 관련 물음 창이 나오는데, "Accept All"을 선택해서 모두 설치하도록 합니다.

package 설치 시에 ADB server가 종료됩니다. 따라서 설치가 완료된 후에 안드로이드 애플리케이션을 실행하기 위해서는 ADB server를 다시 실행시켜야 합니다. 따라서 package 설치를 마친 후에는 이클립스를 다시 실행하도록 합니다.

Section 06.

Hello, Android 앱 제작

이번 Section에서는 안드로이드 프로젝트를 생성하는 방법과 AVD를 이용하여 구축한 앱을 실행하는 방법에 대해서 알아봅니다.

애플리케이션을 만들기 위해서는 이클립스에서 안드로이드 프로젝트를 만들어서 원하는 기능을 프로그래밍하게 됩니다. 한편, 이렇게 생성한 안드로이드 앱을 직접 안드로이드 폰으로 옮겨서 실행해 볼 수도 있지만, 아직 안드로이드 폰이 없거나 개발 단계에서 매번 테스트를 위해서 폰으로 옮기는 과정을 수행하는 것은 쉬운 일이 아닙니다. 이를 위해서 안드로이드 개발 환경에서는 안드로이드 폰 에뮬레이터를 제공하는데, 이를 AVD(Android Virtual Device)라고 부릅니다.

이제부터 간단한 Hello Android 앱을 만들어보도록 하겠습니다. 먼저 이클립스를 실행하여 [File]→[New] 메뉴를 보면 생성 가능한 여러 프로젝트 종류를 확인할 수 있습니다. [File]→ [New]→[Project...] 메뉴를 선택합니다.

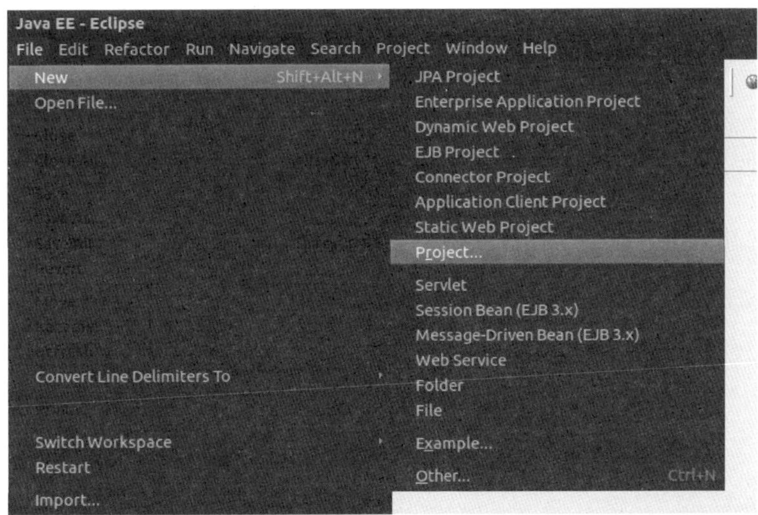

▲ 새 프로젝트 생성

해당 메뉴를 선택하면 새로운 프로젝트를 생성하기 위한 위저드 창이 나타납니다. 항목에 보면 Android 항목이 있는 것을 확인할 수 있습니다. 폴더를 열면 Android Application Project, Android Project from Existing Code, Android Sample Project 등등이 나오는 것을 확인할 수 있습니다. 여기서 Android Application Project를 선택하고 Next를 클릭합니다.

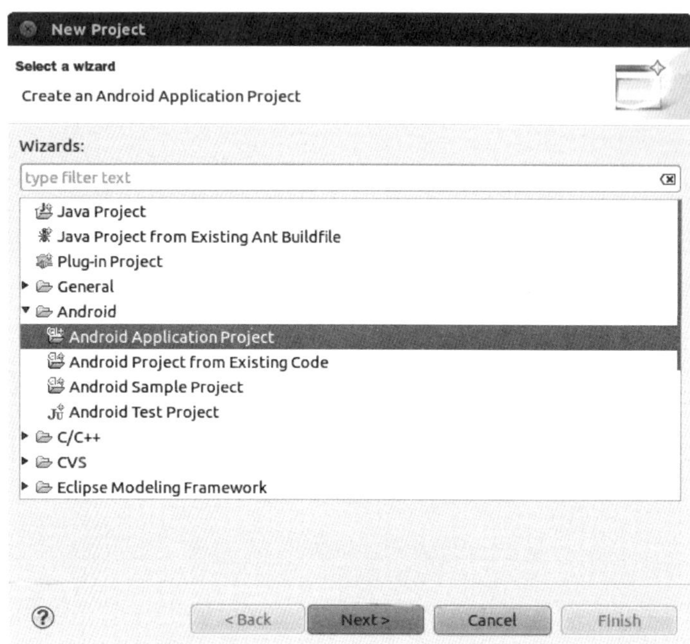

▲ 안드로이드 프로젝트 위저드

안드로이드 프로젝트 설정 위저드는 몇 단계로 나뉘어서 설정하게 됩니다. 위저드의 구성은 ADT 플러그 인의 버전에 따라서 조금씩 다르게 나타날 수 있지만, 설정해야 하는 항목은 크게 다르지 않으므로, 쉽게 프로젝트를 생성할 수 있습니다.

애플리케이션 이름은 사용자에게 보여지는 이름에 해당합니다. 그리고 프로젝트 이름은 프로젝트를 저장하는 디렉토리의 이름으로 사용되며, 이클립스의 workspace 디렉토리 아래에 저장됩니다. 많은 프로젝트를 수행할 때, 쉽게 알아볼 수 있는 이름으로 설정하는 것이 좋습니다. 여기서는 애플리케이션 이름에 HelloAndroid라고 입력합니다. 그러면 자동으로 프로젝트 이름과 패키지 이름이 만들어집니다.

Package Name은 Java에서 Package name에 해당합니다. 즉, 이 프로젝트가 생성하는 클래스가 저장될 패키지 이름이며, 클래스 파일이 저장될 디렉토리 경로이기도 합니다. 보통 x.y.z의 형태로 이름을 사용하며, x로는 회사의 domain ID로서 보통 com, org, kr 등을 사용하며, y로는 domain name에 해당하고, z로는 package 의 이름에 해당합니다. 이 이름은 전체 패키지에서 오직 하나만 존재해야 합니다. 여 기서는 com.beagleboard.hello라고 이름을 만들어 사용해 봅시다.

우리가 실험에서 사용할 버전이 Android 4.0.3이므로, Build SDK 항목에서 'Android 4.0.3'를 선택하도록 합니다. 그리고 Minimum Required SDK의 경우는 호환이 되도록 하는 최소 버전을 의미합니다. 선택되어 있는 것 그대로 사용하도록 합 시다. 다음 그림과 같이 설정을 마치고 Next 버튼을 클릭해 다음 단계로 진행합니다.

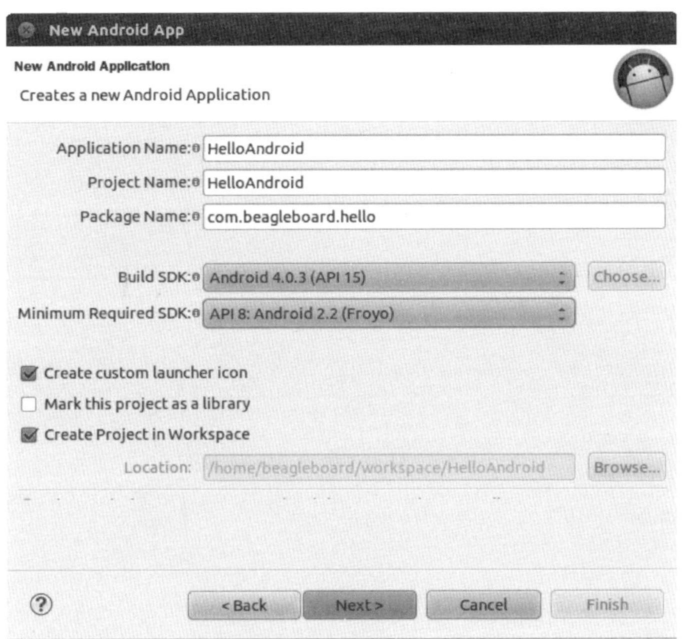

▲ 애플리케이션 이름과 프로젝트 이름의 설정

프로젝트 생성의 다음 단계는 애플리케이션의 아이콘을 설정하는 단계입니다. 이 단 계에서 미리 만들어둔 아이콘을 그림 형태로 불러올 수도 있습니다. 여기서는 아무 설 정 변경없이 Next 버튼을 클릭해서 다음 단계로 진행합니다.

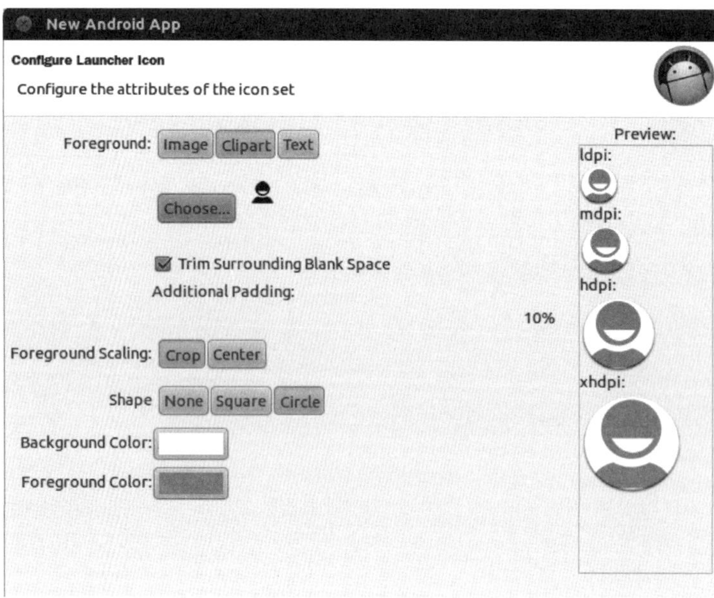

▲ 아이콘 설정

이번 단계에서는 Activity의 스타일을 선택하게 되는데, 다음 그림에서와 같이
BlankActivity를 선택하고 Create Activity를 체크한 후, 다음 단계로 진행합니다.

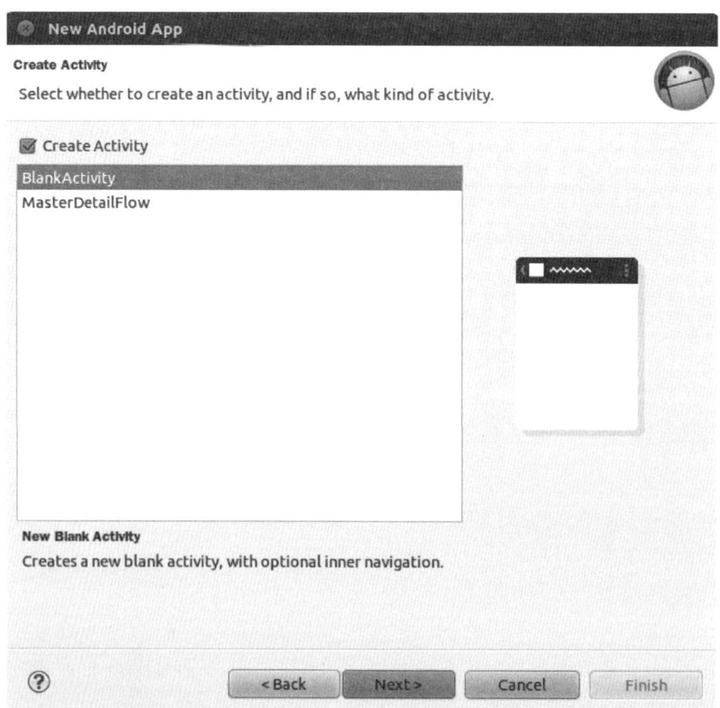

▲ Activity 설정

이제 마지막 단계로서 activity 이름을 지정해 줍니다. 이제 Next 버튼을 클릭해서
안드로이드 프로젝트 설정을 모두 마칩니다.

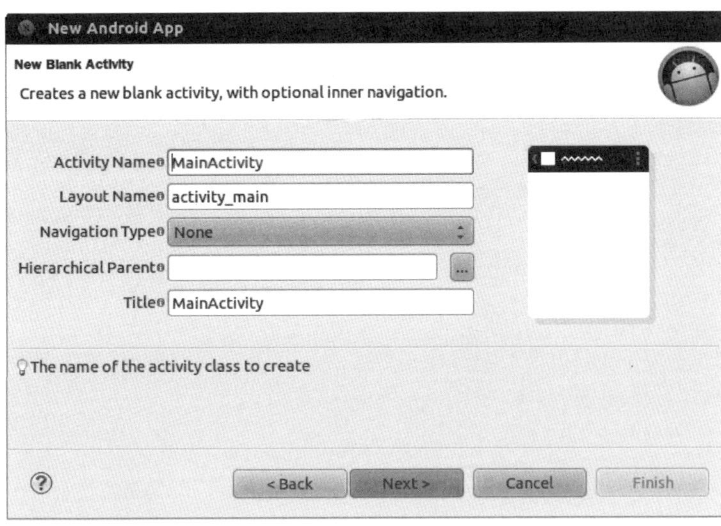

▲ Activity 이름 설정

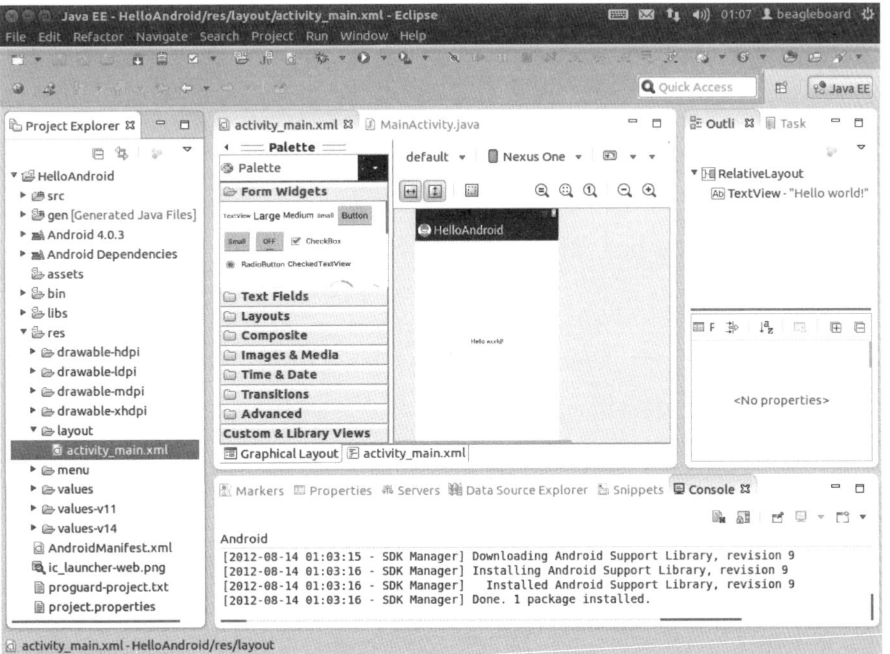

▲ 프로젝트 시작화면

기본적으로 안드로이드 프로젝트 위저드를 사용해서 프로젝트를 생성하면, 위 그림과
같이 여러 디렉토리 아래에 기본적인 파일들이 생성되는 것을 확인할 수 있습니다. src

비글보드를 이용한 안드로이드 임베디드 시스템 가이드북

디렉토리의 닫힌 폴더를 열어보면, MainActivity.java 파일이 있는 것을 확인할 수 있습니다. 이 파일을 더블 클릭해서 작성된 코드를 열어보면 다음과 같습니다.

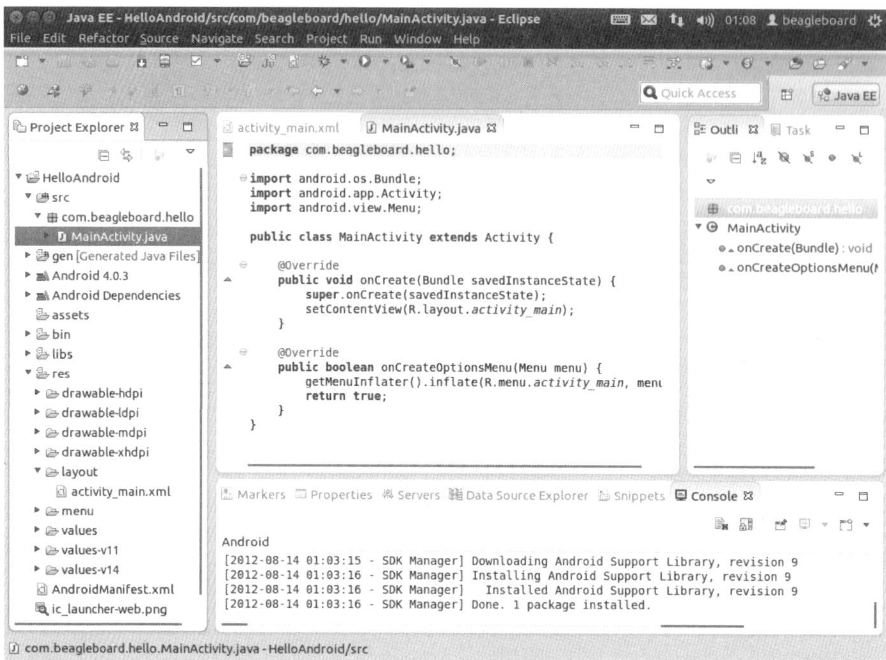

▲ HelloAndroidActivity.java의 내용

기본적으로 생성할 MainActivity 클래스는 Activity 클래스를 기반으로 생성이 되었는데, Activity 클래스는 동작을 수행하는 하나의 애플리케이션 요소에 해당합니다. 이 activity가 시작될 때는, 안드로이드 시스템에 의해서 onCreate 메서드가 호출이 되어서 실행됩니다. .

화면에 "Hello, Android"를 출력하기 위해서 TextView 클래스를 사용합니다. 그래서 소스 코드를 다음과 같이 수정합니다. 이 클래스를 사용하기 위해 "android.widget.TextView"를 import하고 onCreate 메서드의 내용을 수정합니다.

```java
package com.beagleboard.hello;

import android.os.Bundle;
import android.app.Activity;
import android.view.Menu;
import android.widget.TextView;

public class MainActivity extends Activity {

    @Override
    public void onCreate(Bundle savedInstanceState) {
        super.onCreate(savedInstanceState);
        TextView tv = new TextView(this);
        tv.setText("Hello, Android");
        setContentView(tv);
    }

    @Override
    public boolean onCreateOptionsMenu(Menu menu) {
        getMenuInflater().inflate(R.menu.activity_main, men
        return true;
    }
```

▲ "Hello, Android"를 출력하기 위한 코드

이제 작성한 소스 코드를 빌드해서 동작을 확인하는 단계가 남아있습니다. 하지만, 실제 애플리케이션이 동작하기 위해서는 안드로이드가 구동되는 하드웨어가 있어야 확인이 가능합니다. 실제 안드로이드 폰과 같은 하드웨어가 없는 상태에서 기능을 테스트하기 위해서 안드로이드 개발 환경에서 안드로이드 폰 에뮬레이터를 제공합니다. 에뮬레이터를 설정하기 위해서 ADV 설정을 먼저 수행합니다.

ADV 설정을 하기 위해서 [Window]→[AVD Manager] 메뉴를 클릭합니다. 그러면 다음과 같이 Android Virtual Device Manager를 설정하기 위한 창이 실행되는 것을 확인할 수 있습니다. New 버튼을 클릭해서 사용할 AVD를 설정합니다.

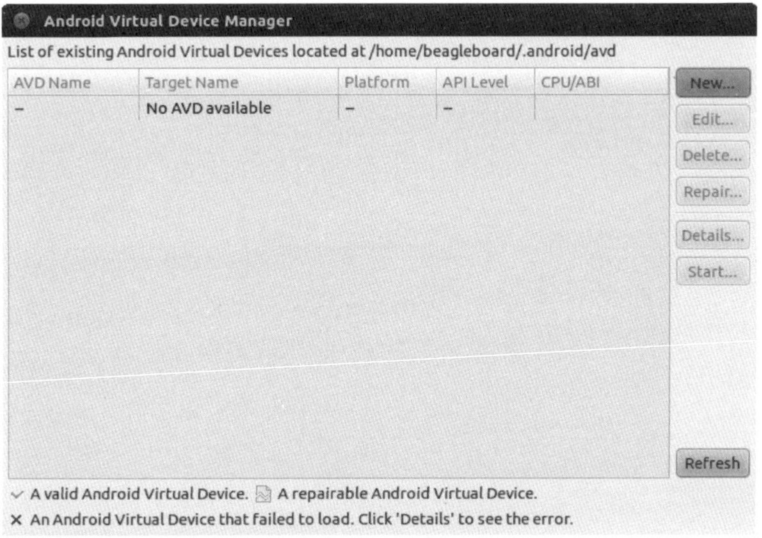

▲ AVD 관리 화면

New를 클릭하면 다음 그림과 같이 AVD를 생성하는 창이 나타나는데, AVD 설정에서 우리가 사용할 H/W에 대한 대략적인 설정이 가능한 것을 알 수 있습니다.

Name은 가상 장비간의 구분을 위한 이름으로 이미 등록된 것과 중복되지 않도록 설정합니다. 처음 등록하는 것이므로 간단히 avd_4.0.3으로 이름을 추가하였습니다. Target은 Android 4.0.3 - API Level 15를 선택합니다. 그리고 CPU/ABI 항목에서 ARM(armeabi-v7a)를 선택합니다. 기본적으로 이 세 가지만 설정을 하면 AVD를 생성할 수 있습니다. 그 외에 SD Card는 사용할 머신에 SD 카드의 존재를 설정하고, Skin에는 스크린의 해상도 등을 설정하며 여기서는 수정없이 그대로 놔두고 Create AVD 버튼을 클릭합니다.

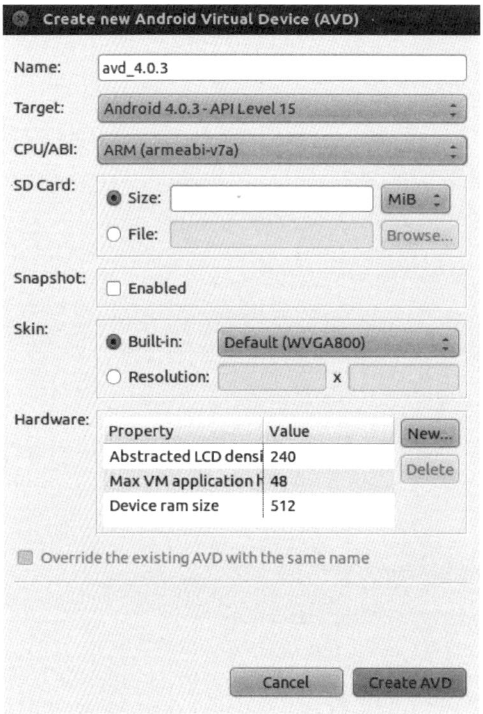

▲ AVD 설정 화면

AVD 생성이 완료되면 AVD list에 등록된 것을 확인할 수 있습니다. 이제 앞에서 작성한 애플리케이션을 실행시켜 보도록 하겠습니다. 이클립스에서 [Run]→[Run] 메뉴를 클릭해 애플리케이션을 실행합니다.

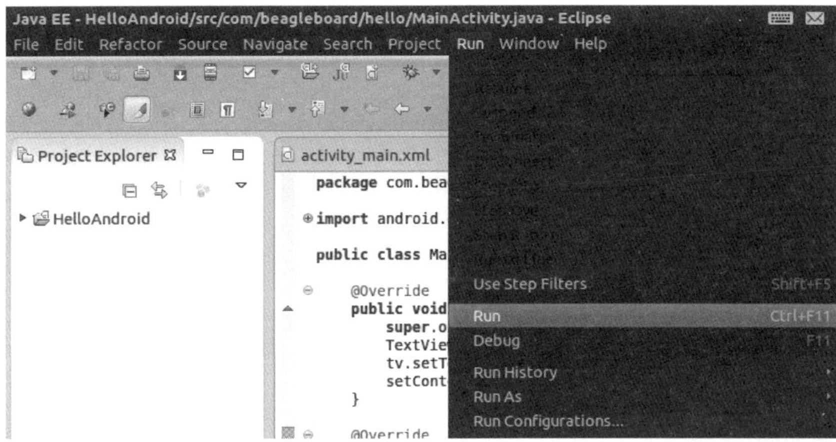

▲ 이클립스에서 안드로이드 코드 실행

실행하면 프로젝트를 실행할 방식을 묻는 창이 나타나는데, 다음 그림과 같이 Android Application을 선택해서 OK 버튼을 클릭합니다.

▲ 이클립스에서 안드로이드 애플리케이션 실행

이제 에뮬레이터가 실행되는데 시간이 조금 소요될 수 있습니다. 어느 정도 지나면 에뮬레이터 상에서 "Hello, Android"가 출력되는 것을 확인할 수 있습니다.

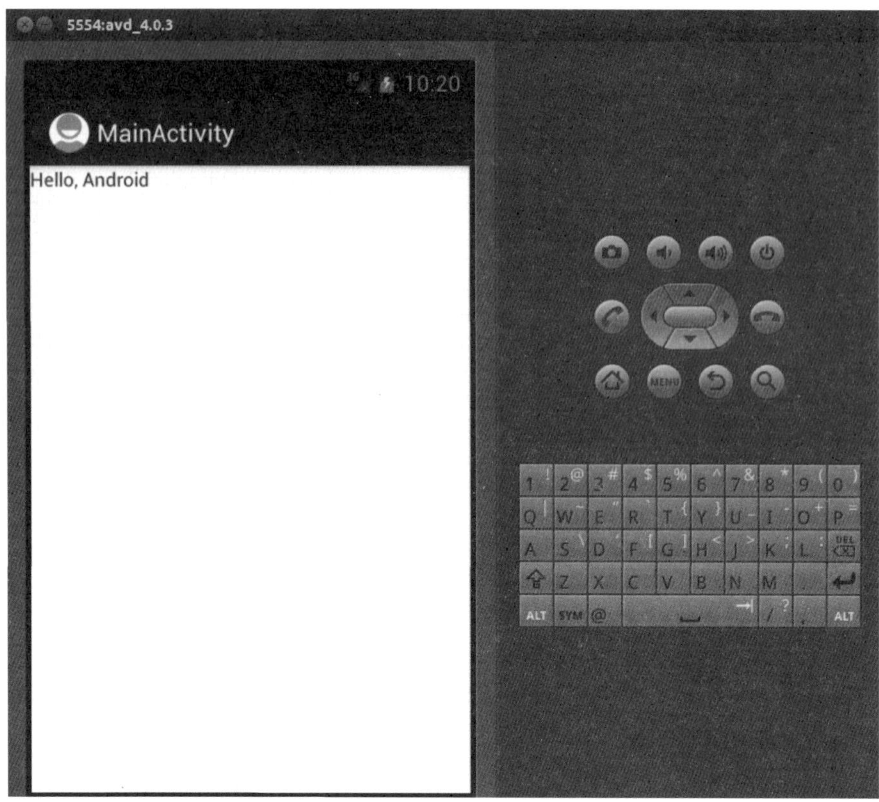

▲ 구동된 에뮬레이터와 "Hello, Android"가 출력된 화면

Android ADB 사용하기

ADB(Android Debug Bridge)는 안드로이드 애플리케이션을 개발하는데 있어, 매우 중요한 역할을 합니다. ADB는 안드로이드 기기와 사용자가 사용하는 Host PC를 연결해 주는 장치로, ADB를 사용하여 안드로이드 애플리케이션을 설치하는 것은 물론, 설치된 안드로이드 애플리케이션의 디버깅 작업을 도와줍니다. 또 다른 용도로는 안드로이드 기기에 새로운 파일을 올리거나 안드로이드 내부의 리눅스 파트를 직접 콘솔 창을 통해 접근 가능하게 합니다.

앞서 이클립스에서 안드로이드 SDK를 설치함과 동시에 ADB가 설치되었습니다. ADB의 사용법은 사용자 Host PC의 USB 포트와 안드로이드 기기의 USB 포트를 연결합니다.

비글보드에서 사용하는 ADB 포트와 스마트 폰에서 사용하는 ADB 포트는 다릅니다. 비글보드에서는 USB OTG 포트가 ADB로 사용되며, 스마트 폰에서는 5핀 usb 포트가 사용됩니다.

ADB는 android-sdk-linux 폴더 내부에 있습니다. 어느 위치에서도 ADB를 편하게 사용하기 위해서는 PATH를 등록합니다.

```
export PATH=~/home/beagleboard/eclipse/android-sdk-linux:$PATH
```

ADB를 사용하는 몇 가지 유용한 명령어가 있습니다.

- "adb devices"

  host PC에 접속되어 있는 모든 안드로이드 기기들의 리스트를 보여줍니다.

- "adb shell"

  안드로이드 기기를 shell을 통하여 접근합니다. 리눅스의 터미널과 비슷한 역할을 합니다. 여기서 안드로이드의 root 계정 권한도 얻을 수 있습니다.

- "adb push"

  host PC에서 안드로이드 기기로 파일을 전송할 수 있습니다.

- "adb logcat"

  안드로이드 커널의 로그 메시지를 사용자에게 보여줍니다.

Section 08.

Android NDK 사용하기

앞에서 작성된 드라이버를 안드로이드 애플리케이션에서 사용하기 위해서는 JNI 인터페이스 라이브러리가 필요합니다. JNI 라이브러리는 구글의 NDK(Native Development Kit)를 이용하여 개발되었습니다.

NDK는 안드로이드 애플리케이션에서 C 언어 또는 C++ 언어로 제작된 함수를 사용할 수 있게 합니다. 오디오 드라이버는 리눅스 용으로 개발되어 C 언어로 되어 있습니다. 따라서 안드로이드 애플리케이션에서 C 언어로 제작된 함수를 부르는 것이 필요한데, 이를 위하여 JNI를 사용합니다.

NDK의 사용법은 다음과 같습니다.

① 이클립스내에서 Native 함수를 정의

② 안드로이드 소스 디렉토리로 이동하여, Native 함수의 header file 생성

③ 안드로이드 소스 디렉토리에 jni 디렉토리 생성 후, 내부에 c 파일을 제작하여 native 함수 내부를 제작

④ 안드로이드 애플리케이션을 빌드

이번 Chapter에서는 비글보드에 빌드된 안드로이드 플랫폼을 활용하는 애플리케이션 개발에 관한 내용을 알아보았습니다. 안드로이드 애플리케이션 개발 환경을 구축하기 위해서, 필수적으로 필요한 JDK, 이클립스, SDK, ADT 등을 설치해 보았으며, 이러한 환경을 기반으로 여러분들이 생각하는 안드로이드 애플리케이션을 개발하고, 이를 비글보드 위에서 연동시켜 볼 수 있을 것입니다.

이 Chapter에서 다룬 내용은 비단 비글보드 뿐만이 아니라, 기타 하드웨어에도 안드로이드 플랫폼을 구축하고 그에 따른 애플리케이션 개발을 하는 과정에 있어서도 활용될 수 있을 것입니다. 안드로이드 플랫폼의 장점인 플랫폼은 하부 하드웨어에 상관 없이 동일한 개발 환경을 제공해 줄 수 있기 때문입니다.

chapter 13
비디오 카메라 시스템 만들기

이 Chapter에서는 비글보드와 USB 웹캠을 이용하여 비디오 카메라 시스템을 만드는 방법을 알아보도록 하겠습니다. 비글보드에 웹캠을 연결하여 안드로이드 시스템에 인식시키는 방법과 그것을 활용하여 비디오 카메라 안드로이드 애플리케이션을 작성하는 방법을 배우게 됩니다.

Section 01.
비글보드에 USB 웹캠 연결하기

비글보드에 USB 웹캠을 연결하고 사용하기 위해서는 커널이 웹캠을 인식할 수 있도록 다시 컴파일을 해야 합니다. chapter 03에서 다루었던 커널 컴파일 과정을 상기시켜 menuconfig를 통해 커널을 다시 컴파일합니다.

▍▍▍▍ **안드로이드 Linux 커널의 빌드**

```
beagleboard@ubuntu:~$ cd rowboat-android/kernel
beagleboard@ubuntu:~/rowboat-android/kernel$ make ARCH=
arm CROSS_COMPILE=arm-eabi- distclean
beagleboard@ubuntu:~/rowboat-android/kernel$ make ARCH=
arm CROSS_COMPILE=arm-eabi- omap3_beagle_android_defconfig
beagleboard@ubuntu:~/rowboat-android/kernel$ make ARCH=
arm CROSS_COMPILE=arm-eabi- menuconfig
beagleboard@ubuntu:~/rowboat-android/kernel$ make ARCH=
arm CROSS_COMPILE=arm-eabi- uImage
```

커널을 재설정하고 컴파일하는 단계는 총 네 단계로 구성되어 있습니다. 여기서 menuconfig를 사용하는 단계를 제외한 나머지 단계들은 Chapter 03에서 다루었던 내용과 같습니다. menuconfig를 수행하면 여러분은 다음과 같은 화면을 보게 될 것입니다.

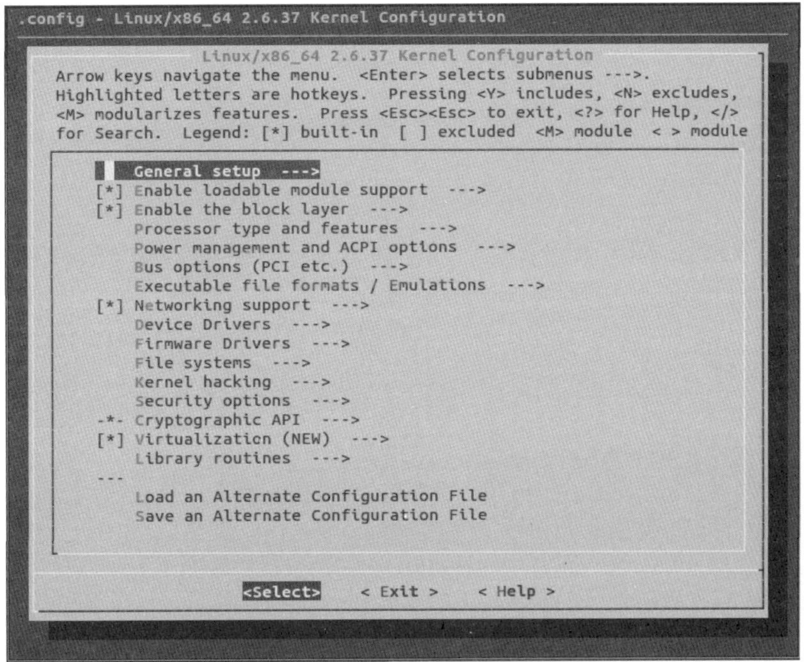

▲ menuconfig를 실행한 모습

menuconfig 화면에서 다음과 같은 순서로 이동하면서 Video For Linux를 선택합니다. 커널에 완전히 기능을 포함시키기 위하여 〈*〉 표시가 되도록 선택합니다.

IIIII **menuconfig를 통하여 커널 설정**

```
[Device Drivers] --〉 [Multimedia Support 선택] --〉
[Video For Linux 선택] --〉 저장 후 다시 컴파일
```

이제 Chapter 03에서 다루었던 방법으로 커널을 다시 컴파일하고 비글보드에 올려 부팅합니다. 그리고 웹캠을 연결하면 보드에서 인식이 될 것입니다. 성공적으로 인식이 되면 기본적으로 설치되어있는 카메라 애플리케이션을 사용할 수도 있습니다. 그러나 여기서는 직접 카메라 애플리케이션을 작성해보도록 하겠습니다. 왜냐하면 웹캠과 비글보드를 활용하면 여러 가지 재미있는 시스템을 구축할 수 있기 때문입니다.

Section 02.

안드로이드 카메라 애플리케이션 구현하기

여기서는 하드웨어를 활용하여 안드로이드 카메라 애플리케이션을 구현하는 방법에 대하여 자세히 다루도록 하겠습니다. 이 과정에서 다루게 될 안드로이드 클래스는 다음과 같습니다.

- android.hardware.Camera
- android.view.View.SurfaceView
- android.view.SurfaceHolder
- android.view.SurfaceHolder.Callback
- android.view.ViewGroup.FrameLayout

여기서 우리가 구현할 카메라 애플리케이션의 모습은 다음과 같습니다.

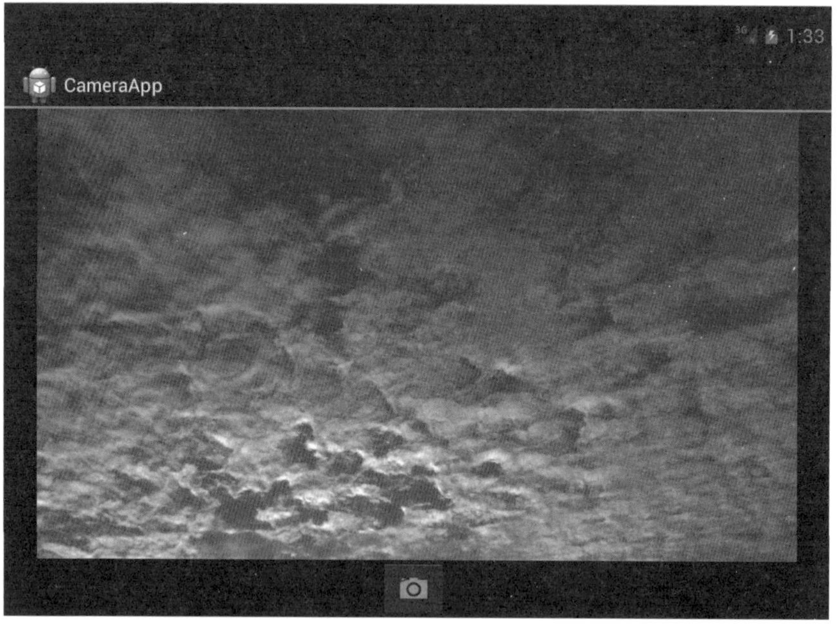

▲ 카메라 애플리케이션의 모습

구름 사진이 있는 뷰에서는 웹캠에서 들어오는 영상을 보여줍니다. 사용자가 가운데 하단의 카메라 버튼을 누르면 사진을 찍습니다.

프로젝트 생성

이제 본격적으로 안드로이드 비디오 카메라 애플리케이션을 구현해보도록 하겠습니다. 이클립스를 실행시키고 다음 그림과 같이 새로운 안드로이드 프로젝트를 생성합니다. 이클립스 설정이 익숙하지 않으면 'chapter 12. 안드로이드 앱 개발 환경 구축하기'를 참고하도록 합니다.

먼저 이클립스의 [File]→[Project] 메뉴를 통해서 새로운 안드로이드 프로젝트를 생성합니다.

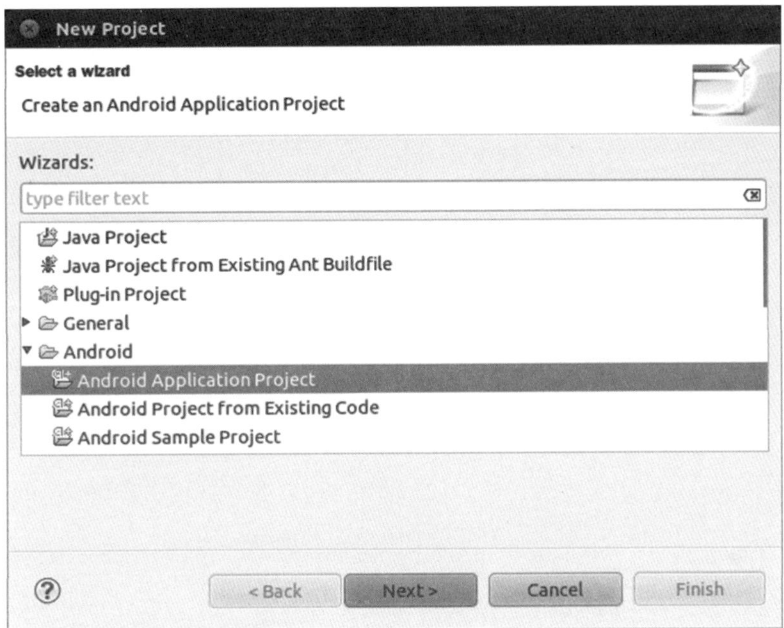

▲ 새로운 안드로이드 프로젝트를 생성

이 후 프로젝트를 생성하기 위해 몇 가지 단계를 통해서 설정을 하게 됩니다. 모든 과정은 다음에 나오는 그림을 보고 따라서 설정하면 프로젝트를 생성할 수 있습니다.

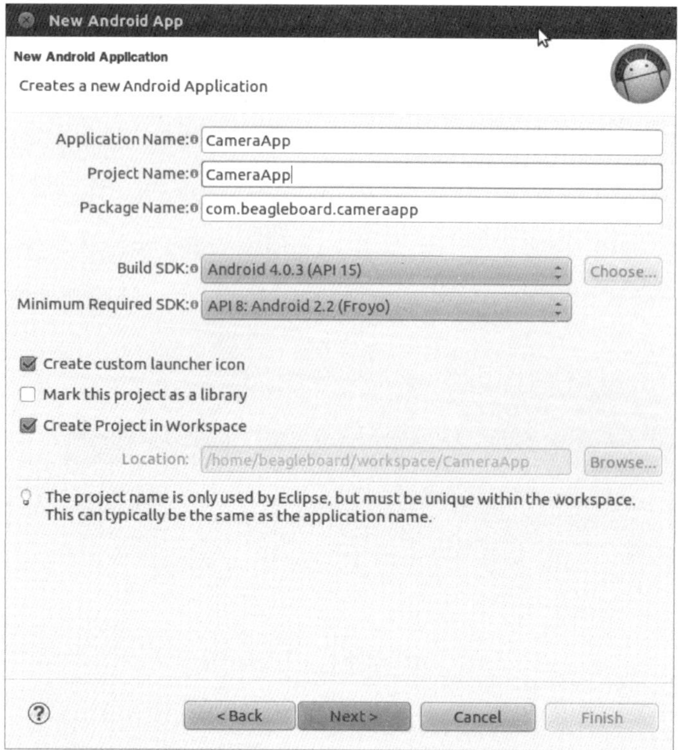

▲ 프로젝트 및 패키지 이름 설정

위 그림과 같이 프로젝트 이름은 CameraApp으로, Package Name은 com.
beagleboard.cameraapp로 설정하도록 하겠습니다. 우리가 사용하는 안드로이드
버전에 맞추어 Build SDK는 4.0.3 (API 15)를 선택하면 됩니다.

다음으로 아이콘 설정과 관련된 위저드 창이 나오는데 그대로 두고 다음 단계로 넘어
가도록 합니다.

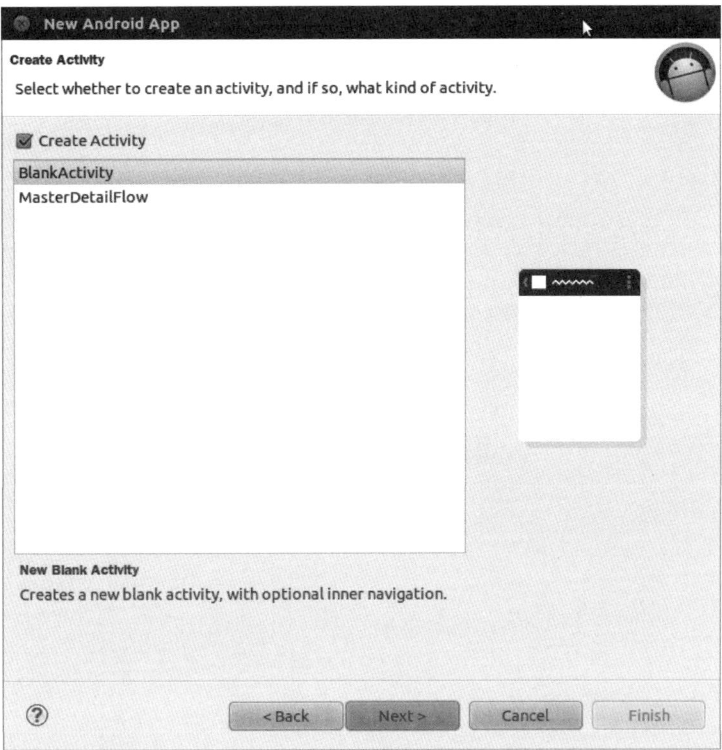

▲ Activity 설정

Activity 설정 부분은 BlankActivity를 선택한 상태로 진행하도록 합니다. 기본적으로 BlankActivity가 선택이 되어있습니다.

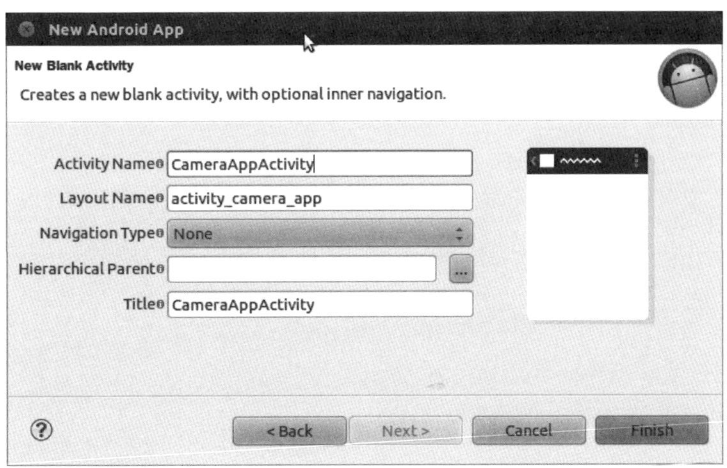

▲ Activity 이름 설정

다음으로 Activity의 이름을 CameraAppActivity로 설정하도록 하겠습니다. 이 경우 Layout Name은 자동으로 activity_camera_app으로 설정됩니다. 이것은 카메라 앱의 layout을 꾸미기 위해서 수정할 xml 파일의 이름이기도 합니다.

이상으로 프로젝트 설정을 마치고 이제 "Finish" 버튼을 클릭하면 다음 그림과 같이 기본적으로 구성된 프로젝트가 생성된 모습을 확인할 수 있습니다.

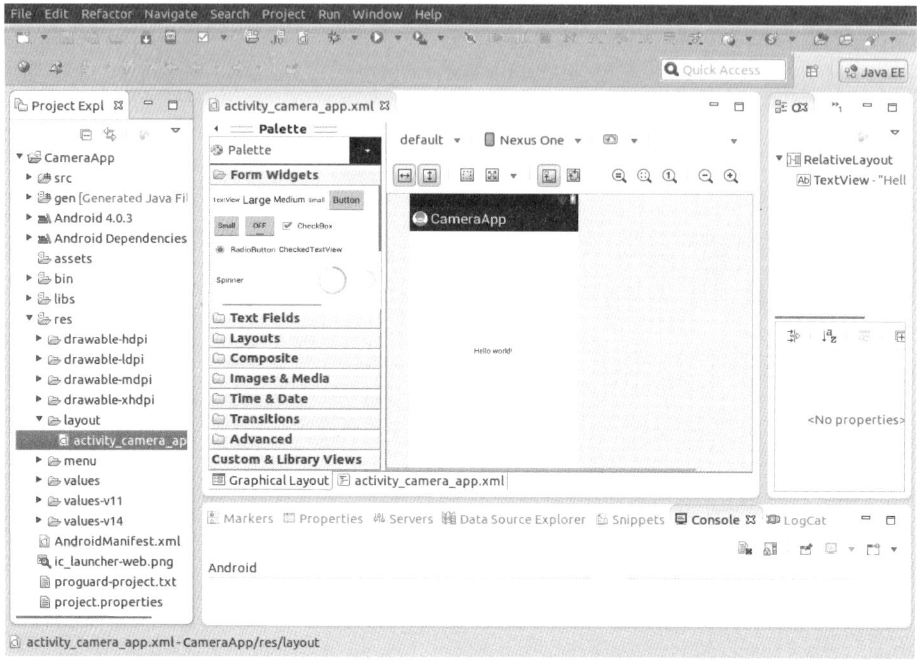

▲ 생성된 새 프로젝트

프로젝트가 성공적으로 생성되면 왼쪽의 패키지 탐색창(Package Explorer)에 새로 생성한 프로젝트가 나타납니다.

권한(Permission) 설정하기

프로젝트 탐색창에서 AndroidManifest.xml을 클릭하면, 오른쪽의 편집창에 XML을 수정하기 위한 UI 화면이 나타나는 것을 확인할 수 있습니다. 우리는 직접 코드를 수정할 것이므로 화면 아래에 있는 5개의 탭 중에서 AndroidManifest.xml라고 적힌 탭을 클릭하면 파일 소스를 볼 수 있고, 편집도 할 수 있습니다. AndroidManifest.xml 탭을 클릭해 파일 소스를 보면 다음과 같습니다.

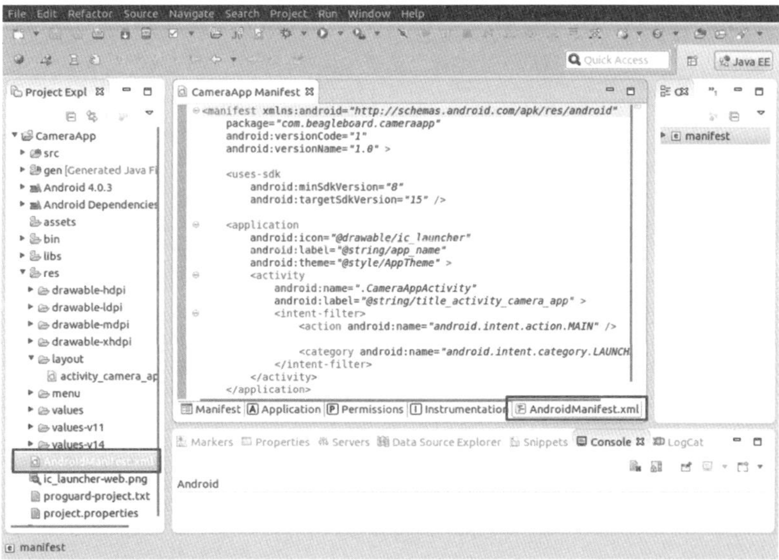

▲ AndroidManifest.xml 파일

이제 카메라 자원을 사용할 수 있도록 애플리케이션 권한을 설정하기 위하여 다음 세 줄을 AndroidManifest.xml에 추가합니다.

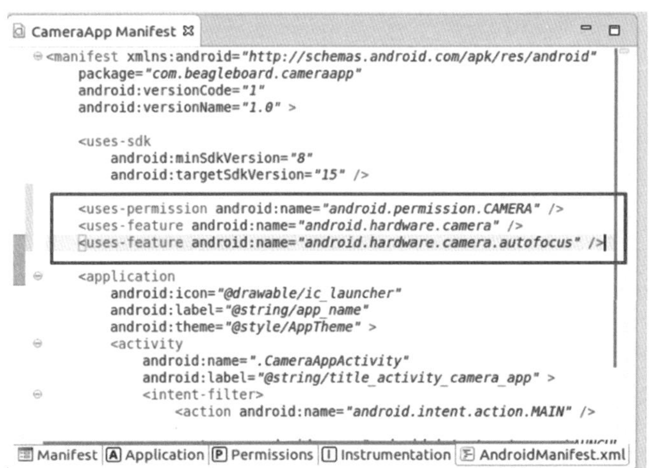

▲ 카메라를 사용할 때 필요한 권한 설정

UI 레이아웃 설정하기

이제부터 애플리케이션의 UI를 설정하도록 하겠습니다. UI는 res/layout 폴더에 들어있는 activity_camera_app.xml 파일을 수정하여 설정할 수 있습니다. 이 파일의 이름은 프로젝트 생성 단계 중 activity 이름 설정 단계에서 layout name으로 정해

비글보드를 이용한 안드로이드 임베디드 시스템 가이드북

진 것으로 결정이 됩니다.

현재 예제에서는 activity_camera_app.xml 이름으로 설정이 되었습니다. activity_camera_app.xml을 찾아 클릭하여 편집 창에 열어보면, 하단에 화면을 렌더링하여 보여주는 Graphical Layout 탭과 소스를 보여주는 activity_camera_app.xml 탭이 있습니다. activity_camera_app.xml 탭을 클릭하여 소스를 편집합니다.

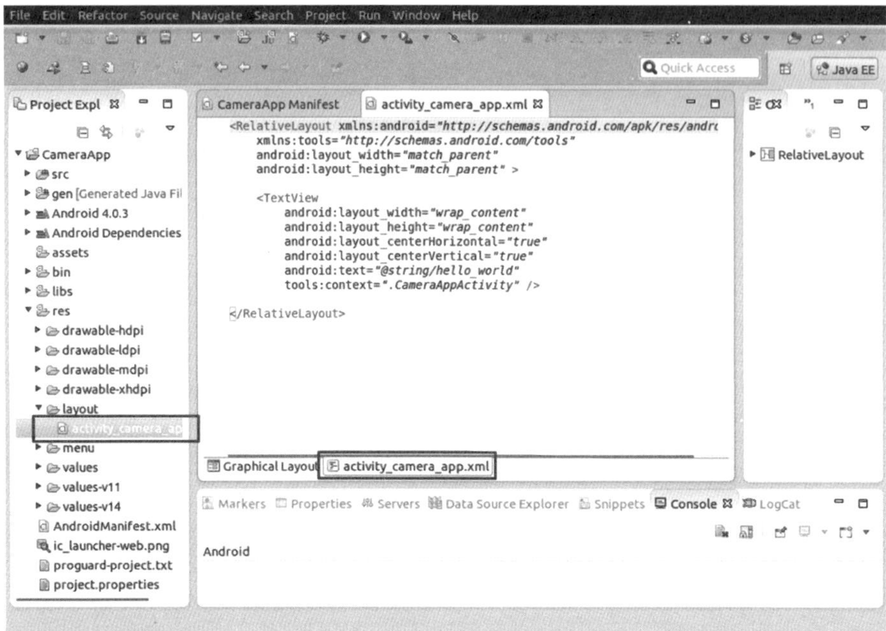

▲ 편집 전의 activity_camera_app.xml

이제 activity_camera_app.xml 파일을 수정하여 애플리케이션의 UI를 작성합니다. 다음 그림에서와 같이 CameraApp 애플리케이션은 하나의 FrameLayout과 하나의 ImageButton으로 구성되어 있습니다. FrameLayout과 ImageButton에 대해서는 뒤에서 자세히 다루도록 하겠습니다. 여기서는 activity_camera_app.xml을 수정하여 FrameLayout과 ImageButton의 너비나 높이와 같은 설정을 하는 방법을 먼저 알아보도록 하겠습니다.

▲ 편집 전의 activity_camera_app.xml

우선 activity_camera_app.xml을 다음과 같이 수정합니다. Layout에
FrameLayout과 ImageButton을 추가합니다. 기본적으로 설정된 TextView
의 구성은 삭제하도록 하겠습니다. 그리고 전체 layout을 RelativeLayout에서
LinearLayout으로 수정하도록 합니다.

⫶⫶⫶⫶⫶ activity_ camera_app.xml 수정

```xml
<LinearLayout xmlns:android=
"http://schemas.android.com/apk/res/android"
  xmlns:tools="http://schemas.android.com/tools"
  android:layout_width="fill_parent"
  android:layout_height="fill_parent"
  android:orientation="vertical" >

<FrameLayout
  android:id="@+id/preview"
  android:layout_width="match_parent"
  android:layout_height="0dp"
  android:layout_weight="1" />

<ImageButton
  android:id="@+id/button"
  android:layout_width="wrap_content"
  android:layout_height="wrap_content"
```

비글보드를 이용한 안드로이드 임베디드 시스템 가이드북

```
        android:layout_gravity="center"
        android:contentDescription="@string/button"
        android:src="@android:drawable/ic_menu_camera" />



</LinearLayout>
```

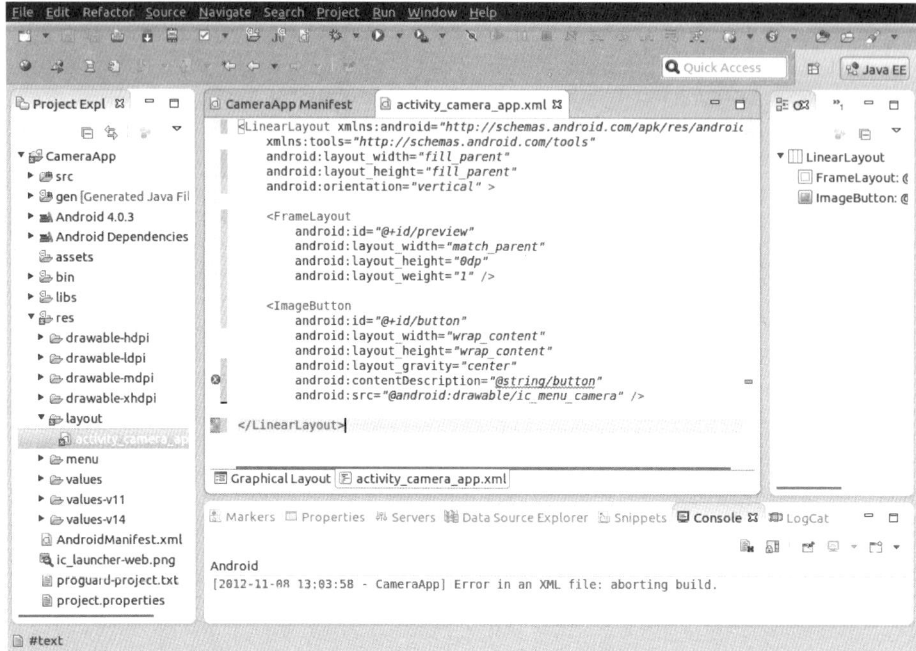

▲ CameraApp 애플리케이션의 UI

수정을 하게되면 위 그림과 같이 ImageButton 설정에서 하나의 에러가 발생하는 것을 확인할 수 있습니다. 이 부분은 FrameLayout과 ImageButton에 대해서 설명을 드리고, 다시 수정하도록 하겠습니다.

FrameLayout과 ImageButton과 같은 위젯들은 안드로이드 화면 내에서 각각의 크기, 즉 너비와 높이를 갖습니다. 위젯의 너비와 높이는 layout_width와 layout_height 속성(attribute)으로 설정합니다.

- android:layout_width – 위젯의 너비를 설정합니다. match_parent는 이 위젯이 속할 부모 뷰(View)의 너비와 같도록 설정하라는 뜻입니다. px, dp 등의 단위를 사용하여 너비를 직접 지정할 수도 있습니다.
- android:layout_height – 위젯의 높이를 설정합니다. 여기서도 match_parent를 사용하여 부모 뷰의 높이와 같도록 설정할 수 있으며 px, dp 등을 사용하여 높이를 직접 지정할 수도 있습니다.

그런데 여기서 주목할 점은 FrameLayout의 높이가 0으로 설정된 점입니다. 왜 높이를 0으로 설정했을까요? 그것은 FrameLayout의 높이를 부모 뷰의 높이에서 아래 ImageButton의 높이를 제외한 만큼 설정하기 위함입니다. FrameLayout의 부모 뷰는 모든 자식(child) 뷰를 순차적으로 나열하는 LinearLayout입니다. 따라서 FrameLayout 바로 아래 ImageButton이 자리하게 됩니다. 여기서 FrameLayout의 높이를 ImageButton을 제외한 남은 영역의 높이가 되도록 하기 위해서는 layout_height를 0으로 설정하고 layout_weight 값을 1로 설정합니다.

- android:layout_weight – 위젯의 너비나 높이를 같은 부모 뷰에 속한 다른 자식 뷰와의 비율로 설정하기 위해 사용되는 속성입니다.

FrameLayout과 ImageButton은 나중에 자바 코드에서 읽어들여 사용합니다. 자바 코드에서 xml 파일에 정의한 위젯에 접근하기 위해서는 id 속성이 설정되어 있어야 합니다.

- android:id – 위젯의 id를 설정할 때 사용합니다. 나중에 자바 코드에서 위젯에 접근하기 위해서 사용됩니다. 위젯에 새로운 id를 할당하는 방법은 android:id="@+id/" 다음에 원하는 id를 문자열로 적으면 됩니다. id는 현재 xml 파일 내에서는 유일해야 하지만 프로젝트에 속한 모든 xml 내에서 유일할 필요는 없습니다. 그 이유는 뒤에서 설명합니다.

activity_comera_app.xml을 보면 FrameLayout에는 preview라는 id가, 그리고 ImageButton에는 button이라는 id가 설정되어 있음을 알 수 있습니다.

ImageButton 위젯에는 contentDescription이라는 속성이 있습니다. 이 속성은 그 이름대로 이 위젯이 어떤 역할을 하는 것인지 기술할 때 필요한 속성입니다. 반드시 설정해야 하는 속성은 아니지만 설정하지 않으면 경고(warning)가 생기기 때문에 적절한 문자열을 contentDescription 속성에 입력합니다.

문자열을 UI를 표현하는 xml 파일에 곧바로 입력하는 것은 언어 호환성에 좋지 않습니다. 따라서 안드로이드는 문자열을 res/values 폴더에 들어있는 strings.xml에 정의하여 사용하는 것을 권장합니다. strings.xml을 열어 다음과 같이 볼드체로 표기된 문자열을 입력해 봅니다.

▥ strings.xml 수정

```xml
<?xml version="1.0" encoding="utf-8"?>
<resources>

    <string name="hello">Hello world, CameraAppActivity!</string>
```

```
    <string name="app_name">CameraApp</string>
    <string name="button">Button</string>

</resources>
```

애플리케이션에서 사용되는 문자열은 strings.xml 파일에 정의합니다. 이렇게 하는 것이 언어 호환성을 높이기 때문에 안드로이드에서 권장하는 방법입니다.

SurfaceView를 사용하여 미리보기(Preview) 화면 구현하기

SurfaveView는 다른 뷰와 마찬가지로 화면에 그림을 표현하는데 사용됩니다. 그러나 그림을 표현하는 성능이 일반 뷰보다 월등히 뛰어나기 때문에 게임과 같이 화면이 빠르게 변하는 애플리케이션에서 사용됩니다. CameraApp도 웹캠에서 들어오는 영상을 계속해서 화면에 그려줘야 하기 때문에 SurfaceView를 사용합니다.

이제 본격적으로 SurfaceView를 이용하여 미리보기 기능을 하는 Preview 클래스를 만들어 보겠습니다. 다음과 같이 Preview.java 파일을 만들고 그 파일에 SurfaceView를 확장(extends)하여 Preview 클래스를 정의합니다.

⁞⁞⁞⁞ Preview.java

```java
package com.beagleboard.camera;

import android.content.Context;
import android.view.SurfaceHolder;
import android.view.SurfaceView;

public class Preview extends SurfaceView implements SurfaceHolder.
Callback {

    public Preview(Context context) {
        super(context);

    }

    @Override
    public void surfaceChanged(SurfaceHolder holder, int format,
        int width, int height) {

    }

    @Override
    public void surfaceCreated(SurfaceHolder holder) {
```

```
    }

    @Override
    public void surfaceDestroyed(SurfaceHolder holder) {

    }
}
```

SurfaceHolder.Callback 인터페이스(interface)는 SurfaceView에 어떤 변화가 생겼을 때 호출되는 추상 메서드들을 가지고 있습니다. 그래서 다음 세 개의 추상 (abstract) 메서드를 반드시 구현해야 합니다.

- abstract void surfaceChanged(SurfaceHolder holder, int format, int width, int height) : SurfaceView의 크기나 구조가 변경되었을 때 호출됩니다.
- abstract void surfaceCreated(SurfaceHolder holder) : SurfaceView가 새롭게 생성되면 호출됩니다.
- abstract void surfaceDestroyed(SurfaceHolder holder) : SurfaceView가 소멸되면 호출됩니다.

CameraApp에서는 SurfaceView가 생성되었을 때 카메라 장치를 열게(open) 됩니다. 이를 위해 surfaceCreate 메서드를 다음과 같이 수정합니다.

||||| surfaceCreate 메서드 수정

```
...
public class Preview extends SurfaceView implements
SurfaceHolder.Callback {

    private SurfaceHolder holder;
    private Camera camera;

    public Preview(Context context) {
        super(context);

        holder = getHolder();
        holder.addCallback(this);
    }

    @Override
    public void surfaceChanged(SurfaceHolder holder, int format,
        int width, int height) {

    }
```

```java
@Override
public void surfaceCreated(SurfaceHolder holder) {
    camera = Camera.open();
    try {
        camera.setPreviewDisplay(holder);
    } catch (IOException e) {
        e.printStackTrace();
    }
}

@Override
public void surfaceDestroyed(SurfaceHolder holder) {

}
}
```

SurfaceView가 생성되면 카메라를 열고 미리보기 화면을 설정합니다.

카메라는 Camera.open 메서드를 이용하여 접근할 수 있습니다. 또한 setPreviewDisplay 메서드를 이용하여 쉽게 미리보기 화면을 나타낼 뷰를 설정할 수 있는데, 이를 위해서는 SurfaceHolder 객체가 필요합니다. 모든 SurfaceView 는 SurfaceHolder 객체를 하나씩 가지고 있는데 그 객체를 얻어오기 위해서는 getHolder 메서드를 사용하면 됩니다. 그리고 그렇게 불러 온 SurfaceHolder 객체 에 addCallback 메서드를 이용하여 Callback 객체를 지정합니다. Preview 클래스 가 SurfaceHolder.Callback 인터페이스를 직접 구현하고 있으므로 addCallback 메서드의 파라미터로 this를 넘겨주면 됩니다.

마찬가지로 SurfaceView가 소멸될 때에는 Camera.stopPreview 메서드를 호출하 여 미리보기 화면에 영상을 그리는 것을 중지하고 Camera.release 메서드를 호출하 여 카메라 자원을 릴리스합니다.

setPreviewDisplay 메서드를 호출했다고 해서 화면에 영상이 보이기 시작하는 것은 아닙니다. Camera.startPreview 메서드 함수를 호출했을 때 비로소 화면에 웹캠의 영상이 보이기 시작합니다. 그렇다면 startPreivew 메서드를 어디서 호출해야 할까 요? SurfaceView가 생성되자마자 미리보기를 시작하기 위하여 startPreview 메서 드를 호출할 수 있겠지만, 그 전에 미리보기 화면의 크기를 설정해 줘야 합니다. 미리 보기 화면 크기는 Camera.Parameters 클래스와 Camera.setParameters 메서드 를 이용해서 할 수 있습니다.

다음 코드는 완성된 Preview.java 입니다.

|||||| **완성된 Preview.java**

```java
package com.beagleboard.camera;

import java.io.IOException;

import android.content.Context;
import android.hardware.Camera;
import android.view.SurfaceHolder;
import android.view.SurfaceView;

public class Preview extends SurfaceView implements
SurfaceHolder.Callback {

    private SurfaceHolder holder;
    private Camera camera;

    public Preview(Context context) {
        super(context);

        holder = getHolder();
        holder.addCallback(this);
    }

    @Override
    public void surfaceChanged(SurfaceHolder holder, int format,
        int width, int height) {

        Camera.Parameters params = camera.getParameters();
        params.setPreviewSize(width, height);
        camera.setParameters(params);
        camera.startPreview();
    }

    @Override
    public void surfaceCreated(SurfaceHolder holder) {
        camera = Camera.open();
        try {
            camera.setPreviewDisplay(holder);
        } catch (IOException e) {
            e.printStackTrace();
        }
    }

    @Override
```

```
public void surfaceDestroyed(SurfaceHolder holder) {
    camera.stopPreview();
    camera.release();
  }
}
```

Preview 클래스를 사용하여 CameraAppActivity 작성하기

이제는 Preview 클래스를 활용하여 카메라 애플리케이션의 실제 동작을 구현할 차례
입니다. 앞에서 CameraApp 프로젝트를 생성할 때 CameraAppActivity.java 파일
이 자동으로 작성되어 패키지에 포함되어 있습니다. 이 파일을 수정하여 가운데 버튼
을 눌렀을 때 사진이 찍히도록 합니다.

‖‖‖ Preview를 포함한 CameraAppActivity.java

```java
package com.beagleboard.camera;

import android.app.Activity;
import android.os.Bundle;
import android.view.View;
import android.view.View.OnClickListener;
import android.widget.FrameLayout;
import android.widget.ImageButton;

public class CameraAppActivity extends Activity {
    private Preview preview;
    private ImageButton button;
    private FrameLayout previewLayout;

    /** Called when the activity is first created. */
    @Override
    public void onCreate(Bundle savedInstanceState) {
        super.onCreate(savedInstanceState);
        setContentView(R.layout.main);
        preview = new Preview(getApplicationContext());
        previewLayout = (FrameLayout) findViewById(R.id.preview);
        previewLayout.addView(preview);
        button = (ImageButton) findViewById(R.id.button);

        button.setOnClickListener(new OnClickListener() {

            @Override
            public void onClick(View v) {
```

```
        }
    });
  }
}
```

위의 코드는 앞에서 만든 Preview 클래스를 FrameLayout에 포함시키는 방법을 보여주고 있습니다. Preview 생성자에 넘겨줄 Context는 객체는 getApplicationContext 메서드를 호출하여 얻어옵니다. findViewById 메서드와 main.xml에서 FrameLayout에 할당한 id를 이용하여 FrameLayout 객체를 얻어올 수 있습니다. 그런데 여기서 존재하지 않는 id를 findViewById 메서드의 파라미터로 넘겨주게 되면 null이 리턴되므로 주의해야 합니다.

다음으로는 이렇게 얻어 온 FrameLayout 객체에 Preview 객체를 포함시킬 차례입니다. FrameLayout은 여러 가지 뷰를 자식(child)으로 가질 수 있는 ViewGroup 중 하나입니다. FrameLayout은 다른 ViewGroup들과는 다르게 자식 뷰를 주어진 영역 안에 겹쳐서 그리는 가장 간단한 ViewGroup입니다. 따라서 Preview와 같은 커스텀 뷰(Custom View) 하나만 포함하는 UI를 생성하기에 적합하다고 할 수 있습니다. FrameLayout에 Preview를 포함시키는 방법은 addView 메서드를 호출하는 것입니다.

이제 앞에서 작성한 Preview 클래스를 상기해보기 바랍니다. Preview 클래스의 생성자에서 SurfaceHolder를 생성하고 Callback을 설정하였습니다. 따라서 Preview 객체가 화면에 그려지는 순간 Callback의 세 함수들에 따라 미리보기 화면이 동작할 것입니다.

이제 버튼을 클릭했을 때 사진을 찍은 후, 사진을 화면에 보여주도록 하는 기능을 구현할 차례입니다. 앞서 FrameLayout 객체를 얻어올 때와 마찬가지로 findViewById 메서드와 main.xml에서 ImageButton 객체에 할당한 id를 사용하여 ImageButton 객체를 가져옵니다. ImageButton 객체는 기능상으로 Button 객체와 동일하나 ImageButton은 버튼 가운데 그림을 표현할 수 있고 Button은 버튼 가운데 텍스를 표현할 수 있다는 차이가 있습니다.

그렇게 해서 얻어온 ImageButton 객체에 OnClickListener를 등록하여 버튼이 클릭되었을 때의 동작을 정의할 차례입니다. 버튼이 눌리게 되면 onClick 메서드가 자동으로 호출됩니다. 위의 코드에서는 onClick 메서드 내부가 비어있기 때문에 아직은 버튼을 눌러도 아무 동작도 하지 않습니다. 이제 onClick 메서드 내부를 구현하여 CameraAppActivity의 나머지 부분을 완성합니다.

||||| 완성된 CameraAppActivity.java 소스 코드

```java
package com.beagleboard.camera;

import java.io.FileNotFoundException;
import java.io.FileOutputStream;
import java.io.IOException;

import android.app.Activity;
import android.hardware.Camera;
import android.hardware.Camera.PictureCallback;
import android.hardware.Camera.ShutterCallback;
import android.os.Bundle;
import android.view.View;
import android.view.View.OnClickListener;
import android.widget.FrameLayout;
import android.widget.ImageButton;

public class CameraAppActivity extends Activity {

    private Preview preview;
    private ImageButton button;
    private FrameLayout previewLayout;

    /** Called when the activity is first created. */
    @Override
    public void onCreate(Bundle savedInstanceState) {
        super.onCreate(savedInstanceState);
        setContentView(R.layout.main);

        preview = new Preview(getApplicationContext());

        previewLayout = (FrameLayout) findViewById(R.id.preview);

        previewLayout.addView(preview);

        button = (ImageButton) findViewById(R.id.button);

        button.setOnClickListener(new OnClickListener() {

            @Override
            public void onClick(View v) {
                preview.camera.takePicture(
                        shutterCallback,
                        pictureCallback,
                        jpegCallback
                        );
```

```
            }

        });
    }


    ShutterCallback shutterCallback = new ShutterCallback() {

        @Override
        public void onShutter() {
            // TODO Auto-generated method stub
        }
    };


    PictureCallback pictureCallback = new PictureCallback() {

        @Override
        public void onPictureTaken(byte[] data, Camera camera) {
            // TODO Auto-generated method stub
        }
    };


    PictureCallback jpegCallback = new PictureCallback() {

        @Override
        public void onPictureTaken(byte[] data, Camera camera) {
            FileOutputStream fos = null;

            try {
                fos = new FileOutputStream("photo.jpg");
                fos.write(data);
                fos.close();
            } catch (FileNotFoundException e) {
                // TODO Auto-generated catch block
                e.printStackTrace();
            } catch (IOException e) {
                // TODO Auto-generated catch block
                e.printStackTrace();
            }
        }
    };


}
```

카메라를 이용하여 사진을 촬영하기 위해서는 Camera.takePicture 메서드를 사용
합니다. CameraAppActivity.java에서 onClick 메서드 내부를 보면 takePicture

메서드가 호출되어 사진을 촬영하고 있다는 것을 알 수 있습니다. takePicture 메서 드는 ShutterCallback, PictureCallback, 그리고 PictureCallback의 객체를 파라 미터로 받습니다. 각 객체는 코드의 하단부에 구현되어 있습니다.

이제 카메라 애플리케이션이 완성되었습니다. APK 파일을 생성하여 비글보드의 파 일 시스템에 넣고 실행하면 카메라 애플리케이션이 제대로 동작할 것입니다. 카메라 애플리케이션 외에도 비글보드와 웹캠을 사용하면 다양한 애플리케이션들을 작성할 수 있습니다. 다음 그림에서와 같이 로봇에 비글보드와 웹캠을 로봇에 설치하여 무인 탐사 장치를 만들 수 있습니다. 여러분도 여기서 습득한 내용을 바탕으로 조금 더 복 잡한 시스템 구현에 도전해 보기 바랍니다.

▲ 비글보드와 웹캠을 사용한 로봇

이 Chapter에서는 비글보드와 USB 웹캠을 이용하여 비디오 카메라 시스템을 구축하기 위한 실습을 수행해 보았습 니다. 이번 실습을 기반으로 비글보드 뿐만이 아니라, 여러 안드로이드 기반의 임베디드 보드에 이를 적용시켜 카메 라 하드웨어 장치를 안드로이드 시스템에 인식시키고, 영상 관련 시스템을 제작해 볼 수 있을 것입니다.

시중에 많이 유통되고 있는 디지털 카메라가 발전하여 안드로이드 플랫폼 위에서 구동되는 시스템이 개발된다면, 이 번 Chapter에서 수행했던 실습 내용이 활용될 수 있을 것입니다.

한글

비글보드로 배우는
안드로이드 임베디드 시스템

1판 1쇄 발행 2013년 1월 11일

저　　자　박규호, 박기웅
발 행 인　김길수
발 행 처　(주)영진닷컴
주　　소　서울시 금천구 가산동 664번지 대륭테크노타운 13차 10층 (우)153–803

대표전화　1588–0789
대표팩스　(02) 2105–2207
등　　록　2007. 4. 27. 제16–4189호

값 20,000원

© 2013. (주)영진닷컴

ISBN　978–89–314–4344–8

※ 본 도서의 내용 문의는 woongbak@dju.kr로 해주시기 바랍니다.

http://www.youngjin.com